本书为北京市教育委员会科研计划项目社科计划一般项目“大学生劳动权益保障问题研究”（项目编号：SM201211626002）项目成果

Research on
the protection of youth labor rights and interests

青年劳动权益保障问题研究

李　勤◎著

法律出版社
LAW PRESS · CHINA
北京

图书在版编目（CIP）数据

青年劳动权益保障问题研究 / 李勤著. -- 北京 : 法律出版社, 2024. -- ISBN 978 - 7 - 5197 - 9239 - 8

Ⅰ. D922.504

中国国家版本馆 CIP 数据核字第 2024WS2380 号

青年劳动权益保障问题研究
QINGNIAN LAODONG QUANYI BAOZHANG WENTI YANJIU

李 勤 著

责任编辑 魏艳丽
装帧设计 汪奇峰 苏 慰

出版发行 法律出版社
编辑统筹 法商出版分社
责任校对 王 丰 李景美 张翼羽
责任印制 胡晓雅
经　　销 新华书店

开本 710 毫米 × 1000 毫米 1/16
印张 15.25 **字数** 215 千
版本 2024 年 11 月第 1 版
印次 2024 年 11 月第 1 次印刷
印刷 北京新生代彩印制版有限公司

地址:北京市丰台区莲花池西里 7 号(100073)
网址:www.lawpress.com.cn
投稿邮箱:info@lawpress.com.cn
举报盗版邮箱:jbwq@lawpress.com.cn
销售电话:010 - 83938349
客服电话:010 - 83938350
咨询电话:010 - 63939796

书号:ISBN 978 - 7 - 5197 - 9239 - 8
定价:58.00 元

凡购买本社图书,如有印装错误,我社负责退换。电话:010 - 83938349

前言 FOREWORD

青年是国家的未来、民族的希望。党的二十大报告明确提出要“将青年工作提升到战略性工作的高度，用党的科学理论武装青年，用党的初心使命感召青年，做青年朋友的知心人、青年工作的热心人、青年群众的引路人”，这是党对广大干部和教育工作者的殷切嘱托。

在当今社会，大学生和青年人作为劳动力市场的重要组成部分，为经济的发展和社会的进步注入了源源不断的活力。处于职业生涯起步阶段的大学生和青年人往往缺乏足够的社会经验和法律知识，尤其是在劳动权益保护方面面临着诸多挑战。比如，遭遇不公正的招聘条件、不合理的试用期规定、拖欠工资、过度加班却没有相应报酬等；再如，急于找到工作而忽视自身权益的保护，或在面对权益被侵犯时，不知道如何有效地维护自己的合法权益，等等。因此，本书结合工作实务，从政策解读、案例剖析、理论释义等方面介绍了青年劳动权益保护的基本理论知识和实践操作经验。

为了更好地保护青年人的合法劳动权益，尤其是大学生的劳动权益，笔者结合多年的教学和工作经验编写了本书。本书分为绪言和十三个专题，分别是：专题一“大学生劳动权益保障相关政策的文本分析”、专题二“大学生劳动法律主体资格研究”、专题三“青年就业中的劳动合同订立问题研究”、专题四“青年就业中的培训和竞业限制问题研究”、专题五“青年就业中的劳动合同期限问题研究”、专题六“青年就业中的就业歧视问题研究”、专题七“青年就业中的工资和工作时间问题研究”、专题八“青年就业中的劳动合同的履行与变更问题”、专题九“青年就业中劳动合同解除问题研究”、专题十“青年就业中的职业道德问题研究”、专题十一“青年就业中的劳务派遣和非全日制用工问题研究”、专题十二“新业态经济中青年的劳动权益问题研究”、专题十三“青年就业中的劳动保障问题研究”。每一个专题均是按照典型案例、法理分析、理论释义、拓展案例四大模块进行论述。

本书旨在深入探讨大学生和青年人劳动权益保护中面临的常见问题以及解决之道。在内容上，选用了最高人民法院的指导性案例，同时整理再现了国内劳动权益保护方面的经典案例，为大学生和青年人提供实用的劳动权益保护指南，帮助他们增强法律意识，提高自我保护能力，在职业生涯中少走弯路，实现自身的价值和梦想。

本书主用于法律事务、青少年工作与管理等专业学生的专业课学习；也可作为社会工作、政务服务等相关专业学生的专业拓展课学习。除此之外，我们也希望本书能够为青年人在工作生涯中提供有益的参考与指导。

由于水平所限，本书还有很多不足之处，恳请广大读者和专家学者予以批评指正。

李　勤

2024年10月

目录 CONTENTS

绪　言 001
一、基本概念解析 003
二、研究方法 014
三、编写体例 014

专题一　大学生劳动权益保障相关政策的文本分析 015
【典型案例】 015
【法理分析】 017
【理论释义】 018
一、大学生"勤工助学"相关文本分析 019
二、大学生"顶岗实习"相关文本分析 025
三、大学生"毕业实习"相关文本分析 037
【拓展案例】 038

专题二　大学生劳动法律主体资格研究 046
【典型案例】 046
【法理分析】 048
【理论释义】 050
一、法律主体 050
二、大学生的劳动法主体资格问题 056

三、大学生劳动权益的救济 059
【拓展案例】 060

专题三　青年就业中的劳动合同订立问题研究 065
【典型案例】 065
【法理分析】 066
【理论释义】 067
一、劳动合同订立原则 068
二、劳动合同订立的时间 071
三、劳动合同订立时当事人的权利义务 074
四、劳动合同订立的程序 078
五、劳动合同订立的法律责任 078
【拓展案例】 081

专题四　青年就业中的培训与竞业限制问题研究 083
【典型案例】 083
【法理分析】 084
【理论释义】 085
一、劳动合同的必备条款 086
二、劳动合同的可备条款 089
【拓展案例】 094

专题五　青年就业中的劳动合同期限问题研究 097
【典型案例】 097
【法理分析】 098
【理论释义】 099
一、劳动合同期限 099
二、试用期条款 101

【拓展案例】 103

专题六　青年就业中的就业歧视问题研究 110

【典型案例】 110

【法理分析】 111

【理论释义】 112

一、劳动就业权概述 115

二、反对就业歧视 121

【拓展案例】 125

专题七　青年就业中的工资和工作时间问题研究 130

【典型案例】 130

【法理分析】 131

【理论释义】 132

一、工资概述 132

二、工作时间制度 139

【拓展案例一】 145

【拓展案例二】 147

专题八　青年就业中的劳动合同的履行与变更问题 149

【典型案例】 149

【法理分析】 151

【理论释义】 152

一、劳动合同的履行 152

二、劳动合同的变更 153

三、用人单位的规章制度和劳动纪律 156

【拓展案例】 158

专题九　青年就业中劳动合同解除问题研究 162

【典型案例】 162

【法理分析】 163

【理论释义】 163

一、劳动合同终止 164

二、劳动合同解除 165

【拓展案例】 172

专题十　青年就业中的职业道德问题研究 175

【典型案例】 175

【法理分析】 175

【理论释义】 176

一、职业道德概述 177

二、劳动合同的效力 179

【拓展案例】 182

专题十一　青年就业中的劳务派遣和非全日制用工问题研究 185

【典型案例】 185

【法理分析】 186

【理论释义】 186

一、劳务派遣 187

二、非全日制用工的法律规定 190

【拓展案例】 191

专题十二　新业态经济中青年的劳动权益问题研究 195

【典型案例】 195

【法理分析】 196

【理论释义】 197

一、劳动合同与劳务合同的实践分析 198
二、平台经济中的劳动关系 200
【拓展案例】 203

专题十三　青年就业中的劳动保障问题研究 208
【典型案例】 208
【法理分析】 209
【理论释义】 210
一、养老保险 212
二、医疗保险 213
三、失业保险 214
四、工伤保险 215
五、生育保险 218
【拓展案例】 218

专题十四　青年就业中的劳动纠纷解决途径 222
【典型案例】 222
【法理分析】 223
【理论释义】 223
一、劳动纠纷概述 223
二、劳动纠纷解决途径 224
【拓展案例】 227

参考文献 230

绪　言

习近平总书记在纪念五四运动100周年大会上发表的讲话中明确指出："把青年一代培养造就成德智体美劳全面发展的社会主义建设者和接班人，是事关党和国家前途命运的重大战略任务，是全党的共同政治责任。"2021年12月中国青少年研究中心、中国国际青年交流中心、清华大学青少年德育研究中心、北京大学中国国情研究中心联合课题组发布的《国际青年发展指数报告2021》显示，有关国际组织和各国政府高度重视青年发展，制定了一系列支持青年发展的政策规划，青年发展水平显著提升。[1]

当今的人类命运共同体，比以往任何时候都需要青年肩负起重任。据统计全球青年人有12亿，占全球人口的16%；到2030年预计全球青年人数量将增长7%，达到近13亿。[2]"未来属于年轻一代"，不仅是代际更替上的必然，意味着青年人迟早要掌握话语权，成为社会发展的中流砥柱；在另一层面上，也意味着青年人身上所富含的拼搏意识、挑战精神、创新活力等特质，必将更为深刻地影响人类文明的进程与走势。尽管青年人存在巨大潜力，但他们在教育和就业等方面仍然面临不少困难。2019年联合国经济和社会事务部发布的《世界青年报告：青年人与2030年可持续发展议程》的报告中指出，在教育方面，全球有1.42亿高中适龄青年人失学。

[1] 《〈国际青年发展指数报告2021〉发布》，载中国青少年研究中心网，http://www.cycrc.org.cn/xw/xwdt/202112/t20211230_107328.html。

[2] 《青年》，载联合国官网2022年1月14日，https://www.un.org/zh/global-issues/youth。

此外，青年人就业状况并不乐观。目前，全球有7100万青年人处于失业状态，另有许多青年人从事危险或非正式工作。据国际劳工组织估计，全球约有1.56亿生活在中低收入国家的青年人处于贫困当中。[1]

2017年4月，依据党和国家的有关政策法规，按照经济社会发展的总体目标和要求，结合我国青年发展的实际情况，中共中央、国务院印发了《中长期青年发展规划（2016—2025年）》，并要求各地区、各部门结合实际认真贯彻落实。这是我国第一份系统阐述青年发展的中央文件、第一部全面促进青年发展的国家规划，从顶层设计的角度对青年发展作出了战略擘画，明确提出党管青年原则和青年优先发展理念，把党的青年工作实践推进到新的历史阶段。规划涉及7个主题，10个方面的内容，指明了青年工作的发展目标，即2020年初步形成具有中国特色的青年发展政策体系和工作机制，广大青年思想政治素养和全面发展水平进一步提升，在决胜全面建成小康社会伟大实践中的生力军和突击队作用得到充分发挥。截至2019年，全国31个省（自治区、直辖市）和新疆生产建设兵团已全部制定出台省级青年发展规划，形成“国家规划+地方规划”的青年发展规划体系。同时，各地按照中央关于“县级以上党委和政府建立青年工作联席会议机制”的要求，相继建立促进《中长期青年发展规划（2016—2025年）》纵深实施的联席会议机制，已建立26个省级青年工作联席会议、193个市级联席会议、577个县级联席会议。[2] 2021年，将深入实施青年发展规划写入“十四五”规划纲要中，截至目前，青年发展规划扎实推进。据不完全统计，目前已有8个省级、27个地市级、121个县级“十四五”规划设立青年发展专节，7个省级规划对青年发展进行专门集中表述，4个省级政

---

〔1〕《世界青年报告：全球12亿青年人对2030年议程至关重要》，载新华社2019年2月21日。转引自百度网2021年1月6日，https：//baijiahao. baidu. com/s? id = 1626063689524604785&wfr = spider&for = pc。

〔2〕《形成“国家规划+地方规划”的青年发展规划体系，全国省级青年发展规划全部出台》，载中国青年网2021年10月16日，http：//www. youth. cn/。

府工作报告专门部署青年发展工作。[1] 我国的青年发展规划体系初步形成，促进青年发展的制度机制基本成型，青年优先发展理念逐步普及。但是，青年发展评价指标体系，青年发展状况监测机制，党委领导下统筹协调青年发展重大问题的常态化制度等问题仍然是具有中国特色的青年发展政策体系和工作机制亟须解决的问题。[2] 到2025年，具有中国特色的青年发展政策体系和工作机制更加完善，广大青年思想政治素养和全面发展水平明显提升，不断成长为志存高远、德才并重、情理兼修、勇于开拓，堪当实现中华民族伟大复兴中国梦历史重任的有生力量。

一、基本概念解析

本书是围绕青年劳动权益、大学生劳动权益展开的，有必要对“青年”“青年标准”“青年发展政策”“大学生”“劳动权益”等概念进行深度剖析。

（一）青年

“老年”“青年”“少年”，向来都是一组模糊的概念，民间的理解莫衷一是，官方也从来都没有明确的说法。按照规定，共青团员年满28岁以后就要退团，但国内的“杰出青年”“青年五四奖章”则将青年定义在18~40周岁，而联合国对青年的界定标准则是45周岁以下。针对“五四”半天假，国务院法制办则规定14~18周岁的青年为适用人群。标准如此混乱，争议在所难免。[3]

---

〔1〕参见杜沂蒙：《青年的这些事儿，写进了“十四五”规划》，载中国青年网2021年10月16日，http：//www. youth. cn/。

〔2〕参见林楠：《我国青年政策的回顾、现状与展望——张良驯〈青年发展导论〉读后而作》，载微信公众号“青年学报”2022年1月14日，https：//mp. weixin. qq. com/s/UT8UYQsUCXw0SPXeivA93w。

〔3〕参见盛大林：《主体模糊的“半天假”不放也罢》，载《中国青年报》2008年5月6日，http：//zqb. cyol. com/content/2008－05/06/content_ 2169441. htm，访问日期：2020年7月16日。

年轻人自古有之，青年也有自己的历史存在，18 世纪基督教会创办青年联合会以后，青年这一说法正式出现。但现代意义上的青年及青年概念，是工业革命和学校教育的产物。

在中国，1900 年梁启超（1873—1928）撰写《少年中国说》一文，写作当时他自己就是一个 27 岁的年轻人，但文章没有用“青年”这个概念，而是“少年”这一概念。

1903 年制定、1904 年颁布的“癸卯学制”[1]，在中国教育史上具有重要作用。这一制度取代了私塾、书院、国子监，将清政府的教育划分为基本教育和专业教育两个层级，其中，基本教育包括初等教育（又分为蒙育院、初小和高小）、中等教育和高等教育三部分。“癸卯学制”的颁布，促使清政府在 1905 年正式废除科举制，使中国的青年人获得了在学校场域“聚集”在一起的机会和公共空间。但是在这一学制中，虽然按照生理年龄划分了受教育的门槛，如作为幼儿教育机构的蒙养院招收 3 ~7 岁幼儿，作为与中等教育系列并行的师范学堂招收 18 岁以上、25 岁以下的高小毕业生和同等学力者等，但是仍然没有出现“青年”这个概念。

青年概念在中国最早出现是在 1915 年陈独秀先生在上海创办的青年杂志——《新青年》，陈独秀也就成为在中国社会的公共舆论场中最早提出青年概念的人。

工业社会的发展建设过程中，青年逐渐被建构成一个社会类别或社会范畴，除了学校教育制度的建构外，还有一股重要的来自青年群体自身的力量，这就是青年运动。1919 年爆发的五四运动和 1925 年爆发的“五卅”运动，成为中国社会建构青年的一个重要机制，是具有里程碑意义的事件。

---

〔1〕“癸卯学制”是清末法制改革的内容之一，是“我国第一个正式实施的学制”，最初于光绪二十九年（癸卯年，1903 年）拟定，光绪三十年（1904 年）颁布执行，由张之洞、荣庆、张百熙主持拟定的一系列学制系统文件，包括《学务纲要》《各学堂管理通则》《蒙养院章程及家庭教育法章程》《初等小学堂章程》《高等小学堂章程》等，统称《奏定学堂章程》。“癸卯学制”被视为中国近代教育史上第一部由国家颁布的并在全国实行的学制系统，成为中国近代教育走向制度化、法制化阶段的标志。这一学制的主要内容是承袭日本的学制，修业年限长，明显反映了“中学为体，西学为用”的思想。

之所以说它们是具有里程碑意义的事件，主要原因在于，青年运动意味着青年不仅在一定的空间场域集聚在一起了，它还作为一种巨大的力量，在中国历史的舞台上出现了，标志着中国青年开始鲜活地站上了中国政治和历史舞台。青年是国家的未来、民族的希望。青年兴则民族兴，青年强则国家强。促进青年更好成长、更快发展，是国家的基础性、战略性工程。

（二）青年标准（青年的年龄界定）

“青年”即一个人依法享有平等待遇的年龄开始，该年龄通常被称为“成年年龄”。目前国内外对“青年”这一概念并没有统一的、明确的年龄上界定。但是大多数国家都给青年划定了年龄界线，成年年龄通常为18岁。一个人一旦超过该年龄界线，就被认定为成年人。然而，由于不同的社会文化、制度、经济和政治因素，不同国家对“青年”的实际定义和理解存在细微的差别。

“青年”一词的涵义在世界各地因社会而异。关于青年的定义随着政治、经济和社会文化情况的波动而不断有所改变，联合国及其各机构对青年的定义也不尽相同。1985年联合国在筹备“国际青年年”的背景下，出于统计目的，在不影响会员国所作任何其他定义的情况下，将“青年”定义为年龄介于15~24岁的人。联合国公布的有关青年的所有统计数字，诸如联合国系统每年出版的关于人口统计、教育、就业和医疗卫生的统计年鉴，均依据以上定义。

1989年颁布的《联合国儿童权利公约》第一条中明确指出儿童是18岁以下的任何人，主要目的是能为尽可能大规模的同年龄组人群提供保护和权利保障。

联合国教科文组织在1982年将青年的年龄确定为14~34岁；2002年则更改为16~45岁。

联合国世界卫生组织根据人体素质和平均寿命，对青年年龄的规定随着时间的推移有三次修订。1992年，将青年人界定为14~44岁；2000年5月，修改了这一分类，确定了新的年龄分段：15~44岁为青年人，45~59

岁为中年人，60～74 岁为年轻老年人，75～89 岁为老年人，90 岁以上为长寿老人；2020 年，联合国世界卫生组织再次修订，确定新的年龄分段为：0～17 岁为未成年人，18～65 岁为青年人，66～79 岁为中年人，80～99 岁为老年人，100 岁以上为长寿。

联合国人口基金会则将青年人的年龄规定为 14～24 岁。联合国各机构关于“青年”的标准见表 0－1。

表 0－1　联合国各机构关于“青年”的标准

发布机构	年龄规定/岁	发布年份
联合国大会	15～24	1985
联合国教科文组织	14～34 16～45	1982 2002
联合国世界卫生组织	14～44 15～44 18～65	1992 2000 2020
联合国人口基金会	14～24	1998

中国社会对“青年”这一概念并没有进行年龄上的统一的、明确的界定。

《现代汉语词典》对“青年”的解释是：指人十五六岁到三十岁左右的阶段。

1949 年 12 月中央人民政府政务院正式宣布确定 5 月 4 日为青年节时，曾指出庆祝青年节的对象为中等以上学校学生，相应的为中学生、大学生、研究生、博士生，年龄基本为 13～29 周岁。

1982 年修订的《中国共产主义青年团章程》第一条规定，“年龄在十四周岁以上，二十八周岁以下的中国青年，……可以申请加入中国共产主义青年团”。2008 年 1 月 1 日施行、2013 年修订的《全国年节及纪念日放假办法》第三条第二款规定，“青年节（5 月 4 日），14 周岁以上的青年放假半天”。

2017 年中共中央、国务院颁布的《中长期青年发展规划（2016—2025

年)》中规定青年为14～35周岁。

中华全国青年联合会，简称全国青联，是中国共产党领导下的人民团体，是以中国共产主义青年团为核心力量的各青年团体的联合组织，是我国各族各界青年广泛的爱国统一战线组织。这一组织在选任委员时规定："新出任委员年龄小于四十周岁，连任委员年龄小于四十五周岁；常务委员会委员当选时，年龄小于四十五周岁。"

国内"十大杰出青年"的评选，参评年龄段一般是18～40周岁。在各个地方政府评选"杰出青年"时，对青年的标准可放宽到40～45周岁。同时，在具体的行业也有具体的规定，如教育部门在评选优秀青年教师时，往往界定为40周岁以下。

我国政府和社会团体关于"青年"的标准，见表0－2。

表0－2　我国政府和社会团体关于"青年"的标准

发布机构	年龄规定	发布时间
中央人民政府政务院	13～29周岁	1949年
国务院	14～28周岁 《全国年节及纪念日放假办法》	2008年
	14～35周岁 《中长期青年发展规划（2016—2025年）》	2017年
中国共产主义青年团	14～28周岁 《中国共产主义青年团章程》	1982年通过， 2018年修改
中华全国青年联合会	18～45周岁 《中华全国青年联合会章程》	1979年通过， 2020年修改

可见，无论是联合国及其各机构还是中国政府、各社会团体对青年的年龄规定都不尽相同。

（三）青年发展政策

青年发展问题进入联合国舆论场和联合国议程经历了一个相当长的过程。1960年、1965年的联大通过《关于在青年中促进各国人民之间的和平、相互尊重和了解的理想的宣言》，1985年确立“国际青年年”，提出“和平、发展、参与”这一青年领域主题。1995年第50届联大通过《到2000年及其后世界青年行动纲领》，提出教育、就业、贫困与饥饿、健康、环境、药物滥用、青少年犯罪、闲暇活动、女孩和青年妇女、有效参与社会生活和决策共10个优先领域。2005年第60届联大审查《到2000年及其后世界青年行动纲领》10年执行情况后，又增列全球化、信息通信技术、艾滋病、武装冲突、老龄化社会中的代际关系5个优先领域。2018年9月24日，联合国纽约总部在联大第73届会议期间举行了“青年2030：联合国青年战略”发布活动，联合国秘书长古特雷斯正式发布了《青年2030：联合国青年战略》，该战略的愿景是建设一个每位青年的人权得以实现，每位青年都能充分发挥潜力，认可青年力量、韧性和作为变革推动者所做的积极贡献的世界。目标是扩大和加强影响，在全球、区域和国家各级扩大行动范围，以满足全球各类青年需求，促进青年权利实现，确保青年参与《2030年可持续发展议程》及其他相关全球议程和框架的实施、审查和后续行动。该战略确定了五大关键领域：第一，将开辟新的路线，让年轻人参与进来，并扩大他们的声音；第二，将加强对他们获得教育和保健服务的关注；第三，通过关注培训和就业，将为其赋予经济权能置于发展战略之前；第四，更加努力地确保青年人的权利得到维护，并促进他们的公民和政治参与；第五，将优先支持面临冲突和人道主义危机的年轻人，包括让他们参与和平进程。[1]

在联合国致力于制定和推动青年发展政策的同时，各国纷纷制定本国的青年发展政策。例如，2010年澳大利亚启动《全国年轻人发展战略》，针对12～24周岁的青年群体制定了以下目标：让青年有权建立自己的生活，让青年人对自己的行为负责，让青年自强和勇敢，建设安全、健康、富有活力的成长机制。确立了健康与幸福、教育、家庭、社区参与、上网、工

---

〔1〕《联合国启动“青年2030”战略，促进18亿青年推动全球变革》，载联合国网，https://news.un.org/zh/story/2018/09/1018462。

作、早期干预和安全等发展内容。

2012年印度发布《国家青年政策（2012年）》草案征求意见稿。该草案第一次承认青年并不是一个简单的同类群体，而是因其居住地、环境、家庭社会经济地位和个人生活方式的不同而存在许多差别，因此应该加以分析和区别对待。把青年的年龄界定为16～30岁。再细分为3组：16～20岁为第一组，主要需要接受教育；20～25岁为第二组，主要需要掌握就业技能；25～30岁为第三组，主要需要能够自我就业和有经营技能。[1]

2013年美国由跨部门青年项目工作组编写了《青年发展道路——联邦青年发展战略草案》，覆盖美国所有青年（10～24岁），尤其是与学校、工作和家庭脱节的脆弱青年群体，给予其全方位帮助。青年发展的内容涉及健康、安全、住房、教育、预防校园暴力、青少年司法干预、服务性学习、提供社会参与机会、职业培训、就业。

2013年英国发布《青年政策白皮书》，针对13～19岁青年的家庭、就业、个人发展、身心健康、弱势群体保护、预防犯罪6个方面，提出了针对性的措施和改革。通过启动“青年创业计划”和“国家就业运动计划”，鼓励青年自我创业、激励失业青年重新就业，为青年职业发展提供支持和保障。动员企业界和社会力量志愿为18～30周岁的失业、半失业青年提供创业咨询以及资金、技术和网络支持。包括：提供创业启动资金青年人的信用担保、债券式的介于商业贷款和慈善救济之间资金救济方式；提供创业辅导，由经验丰富的企业家或职业经理人志愿担任创业导师；雇主提供有补贴的工作（雇主每周获得60英镑的补贴）；环境工作组织提供的为期6个月的工作；自愿性组织的雇主提供的为期6个月的工作；全日制教育或培训，最终获得经过认可的资格证书。

1993年6月俄罗斯联邦最高委员会批准了俄罗斯联邦国家青年政策领域的第一个综合性战略文件——《俄罗斯联邦国家青年政策的主要方向》，

---

〔1〕 参见戈松雪：《印度修改国家青年政策》，载公文库网2020年5月14日，https：//www. gongwk. com/article/678121. jhtml。

这一文件中明确规定"14～30岁的俄罗斯联邦国家公民"是青年政策的实施对象之一。此后，俄罗斯联邦政府陆续出台多个涉及青年政策的文件，直至2020年12月30日，经俄罗斯联邦国家杜马和联邦委员会审议通过，普京总统签署批准了《俄罗斯联邦青年政策法》，该法律对青年政策的相关概念进行了更新和补充，对"青年政策""青年""年轻家庭""从事青年工作的专业人员""青年社会组织""青年专业人才""青年政策的主体""青年政策的基础设施""青年自我实现"等概念作出了法律层面的解释。其中"青年专业人才"指的是35岁以下（含35岁），已完成初级职业教育课程和（或）职业培训且初次就业的俄罗斯联邦公民。[1]

2017年中国颁布《中长期青年发展规划（2016—2025年）》，这是我国发布的第一个关于青年发展的纲要，纲要明确了我国青年发展的指导思想、根本遵循和总体目标；围绕青年思想道德、青年教育、青年健康、青年婚恋、青年就业创业、青年文化、青年融入与社会参与、维护青少年合法权益、预防青少年违法犯罪、青年社会保障10个领域，对每一领域的发展目标、发展措施进行了详细的阐述；明确地强调青年发展的侧重点，应致力于青年马克思主义者培养工程、青年社会主义核心价值观培养工程、青年体质健康提升工程、青年就业见习计划、青年文化精品工程、青年网络文明发展工程、中国青年志愿者行动、青年民族团结进步促进工程、港澳台青少年交流工程、青少年事务社会工作专业人才队伍建设工程10个重点项目工程，明确阐释每一个工程的建设目标和主要任务。在坚持中国共产党统一领导的前提下，从组织规划、经费投入、阵地建设、监测评估等保障机制的监督，通过大力宣传党和国家关于青年工作的重大战略思想和方针政策，宣传关心青年就是关心未来的理念，宣传青年先进典型和成功经验，形成全社会关心、支持青年发展的良好社会氛围。

---

〔1〕参见孙铭泽：《当代俄罗斯国家青年政策研究》，中国石油大学2021年硕士学位论文。

（四）大学生

大学生（college student）泛指正在或已接受过大学教育的高级专业人才群体。根据《现代汉语词典》中的解释，“大学”是实施高等教育的学校的一种，包含综合大学和专科大学、学院；“大学生”是指在高等学校读书的学生。[1]

我国“大学生”是指国家计划内招生、列入国家教育委员会学籍管理，正在全日制普通高等学校就读的学生。“普通高等学校”是指按照国家规定的设置标准和审批程序批准举办的，通过全国普通高等学校统一招生考试，招收高中毕业生为主要培养对象，实施高等教育的全日制大学、独立设置的学院和高等专科学校、高等职业学校和其他机构。

百度词条中将“大学生”解释为：大学生（研究生、本科生、专科生）是社会的一个特殊群体，是指接受过大学教育的人，作为社会新技术、新思想的前沿群体、国家培养的高级专业人才，代表着最先进的流行文化。大学生，即在大学注册入学和接受教育的群体统称，包括全日制和在职业余学习两类，通常为在校生，不含自考生。大学生包括专科生、本科生和研究生（硕士生、博士生）。即三级四等，三级是指预科大学—专科、初级大学—本科、高级大学—研究生；四等是指专科生、本科生、硕士生、博士生。无论什么学习类型，从国际通行严格意义上说，“学士、硕士、博士”层次是大学生最主要的等级形式。培育大学生的机构包括：普通高等学校（包括承担研究生教育的科研机构）、专门学院、职业技术学院、高等专科学校的在籍和已经毕业的各类型的学生。也就是说，高等教育专科层次以上的在籍学生，含专科生在内的学生均为“大学生”。大学生代表年轻有活力一族，是推动社会进步的栋梁之材。[2]

可见，我国大学生的年龄跨度很大，从入学年龄（6周岁）看，通常

---

〔1〕参见《现代汉语词典》（第6版），商务印书馆2012年版，第246页。

〔2〕“大学生”词条，载百度百科，http：//baike. baidu. com/subview/10103/5066475. htm。

情况下专科生、本科生介于18~22岁，硕士生介于22~24岁，博士生介于24~26岁。随着高等教育的普及，大学生的年龄跨度呈现进一步增大的趋势。

（五）劳动权益

劳动权益是指基于劳动权所获得的利益。劳动权指公民所享有的获得就业机会的权利，又称“劳动权利”“工作权利”。它是劳动者自下而上的权利，在劳动者所享有的各项基本权利中居于首要地位；是人权的重要组成部分，是一种宪法性权利，在劳动权的权利义务关系中，权利人是公民，义务人则是国家。劳动权因其具有生存权与发展权的属性而备受关注。简而言之，劳动权即有劳动能力的公民有获得参与社会劳动和领取相应的报酬的权利。劳动权是获得生存权的必要条件。英文翻译为“right to work”。[1]

劳动权的提出，始于资本主义社会。在资本主义制度下，失业问题是社会的严重问题。劳动者为了避免失业、得到生存条件而不断进行斗争。一些进步学者亦提出了保护劳动和保护劳动者的主张，空想社会主义者圣西门首先提出“一切人都应当劳动”的原则和“人人都有劳动权利”的思想，他主张在未来的理想社会中，人们的社会地位和个人收入应当与他的才能和贡献成正比。进入20世纪，尤其是在第二次世界大战以后，许多国家的宪法中均规定公民有劳动权。德国1919年颁布的《魏玛宪法》第163条规定：“德国人民应有可能之机会，从事经济劳动，以维持生计。”1946

---

〔1〕 参见薛波主编：《元照英美法词典》，潘汉典总审定，北京大学出版社2014年版，第1204页。〈英〉工作权；劳动权。这一词语至少包含两个经常混淆的含义。一是指免受限制性规则的阻挠，获得工作的自由。只能雇佣工会成员就是一项限制性规则。这项权利是法定权利，但经常被工会否认。二是指要求获得工作的权利。尽管经常有人主张后者是一项权利，但它不是一项法定权利，因为工作能否获得总是取决于经济因素，而非由法律决定。然而，前者是个人的一项重要自由。它合理地确保只有得到足够培训，具有相当技能的人才能够从事那些有一定技能要求的工作，如合格的医生。但由于性别、种族、肤色等不相关的因素，通常是由于某人不是某一指定的工会的成员（该处规定只能雇佣某一工会成员）而被剥夺工作的机会，这就是对个人自由的非法侵害。

年通过的《法兰西共和国宪法》在序文中规定:“任何人有工作之义务,并享有就业之权利。”苏联公有制国家的宪法中规定了公民有劳动的权利。《国际劳工组织章程》(1919 年制定,1972 年修订,1974 年 11 月 1 日生效)在“序言”中规定“防止失业”为其活动宗旨之一;国际劳工组织《费城宣言》(1944 年第 26 届国际劳工大会通过)规定“充分就业”为该组织所要达到的 10 项努力目标之一;《世界人权宣言》提出“人人有权工作”;《经济、社会、文化国际公约》提出“承认工作权”。这些规定对于推动各国的保障劳动权立法均起到了积极的作用。中华人民共和国成立以后,公民的劳动权受到高度重视,并得到切实有效的保障。1954 年、1975 年、1978 年通过的《宪法》均规定“公民有劳动的权利”。1982 年通过的《宪法》第四十二条第一、二款规定:中华人民共和国公民有劳动的权利和义务。国家通过各种途径,创造劳动就业条件,加强劳动保护,改善劳动条件,并在发展生产的基础上,提高劳动报酬和福利待遇。1994 年颁布,1995 年实行的《劳动法》第三条采用列举的方式规定了劳动者的权利与义务,明确指出:“劳动者享有平等就业和选择职业的权利、取得劳动报酬的权利、休息休假的权利、获得劳动安全卫生保护的权利、接受职业技能培训的权利、享受社会保险和福利的权利、提请劳动争议处理的权利以及法律规定的其他劳动权利。劳动者应当完成劳动任务,提高职业技能,执行劳动安全卫生规程,遵守劳动纪律和职业道德。”

总之,当今世界各国法律均规定公民不分性别和民族,享有平等的劳动权,但是行使劳动权利有明确的年龄限制,只有达到法律许可就业的年龄之后才能实际享受劳动权,否则即为使用童工,为法律所禁止。1973 年国际劳工组织通过的《准予就业最低年龄公约》(第 138 号公约)规定,参加工业劳动的最低年龄标准为 15 周岁。我国劳动法律法规规定最低就业年龄为 16 周岁。实现劳动权除符合法定的年龄条件外还包括不受限制性规则束缚的自由(如不准规定不雇佣某一工会组织的会员)和得到公平报酬的权利等内容。

二、研究方法

本书依托于北京市教育委员会科研计划一般项目《青年劳动权益保护对策研究》,[1] 以大学生群体为主要研究对象，进而将研究对象扩展到青年劳动者群体中，主要采取的研究方法有归纳与演绎方法、因果分析法、文献研究法和案例分析法。

文献研究主要是对我国现有的关于大学生群体的勤工助学、社会实践、顶岗实习等特殊教学环节的法律法规进行文本分析。

案例分析法是围绕最高人民法院发布的涉及劳动争议、社会保险的指导性案例（第 32 批共 7 件指导性案例，第 9 批指导性案例中的 1 件，第 7 批中的 1 件指导性案例），中国法院网公布的典型性案例、中国裁判文书网的案例等，在阐述案例的同时，进行针对性的分析。

三、编写体例

本书采用专题形式撰写，每一个专题的内容均包括典型案例、法理分析、理论释义、拓展案例 4 个模块。

---

[1] 北京市教育委员会一般项目：项目号 SM201211626002。

专题一 大学生劳动权益保障相关政策的文本分析

【典型案例】[1]

杨某方，男，自2012年9月至2015年7月在昆明铁路机械学校数控技术应用专业学习，于2015年7月1日毕业。2014年5月12日，杨某方与昆明市殷联机械厂，签订了《实习生进厂试用协议书》（以下简称《协议》），《协议》约定因工作需要，招用杨某方在机械厂项目部实习（做学徒），从2014年5月12日起至2015年6月30日止，其中实习期一个月满后（从2014年5月12日起至6月11日止），按计件工资发放，月薪为1581元。杨某方毕业后，经双方同意，可以签订正式合同，确立劳动关系，明确双方的权利及义务。《协议》还对其他事项进行了约定，如工作时间、劳动纪律等。

2015年7月16日14时左右，杨某方在操作液压机进行工件加工时，因机械事故造成其双手拇指被压。事故发生后，昆明市殷联机械厂将杨某方送往昆明市四七八医院住院治疗14天，并支付了杨某方住院期间的全部医疗费用。经医院治疗最终的诊断结果是，杨某方的伤情为左手拇指末节完全断伤；右手拇指不全离断伤。

---

〔1〕 云南省昆明市中级人民法院民事判决书，（2016）云01民终4727号。

杨某方自受伤后，即从 2015 年 7 月 17 日起就不再到昆明市殷联机械厂上班。2015 年 8 月 16 日，杨某方向昆明市人力资源和社会保障局申请认定工伤，2015 年 10 月 8 日，该局作出编号为 2015160104 的认定工伤决定书，认定杨某方因工受伤为工伤。后杨某方又向昆明市劳动能力鉴定委员会申请因工伤残等级鉴定，该委员会于 2016 年 1 月 11 日作出昆劳鉴（2015）A1232 号关于因工伤残等级鉴定结论的通知，认定杨某方因工伤导致八级伤残。

因昆明市殷联机械厂未向杨某方支付相应的工伤保险待遇，杨某方向昆明经济技术开发区劳动人事争议仲裁委员会提起劳动仲裁。仲裁委的裁决结果为：（1）由昆明市殷联机械厂支付杨某方 2014 年 6 月 12 日至 2015 年 4 月 11 日未签订书面劳动合同的二倍工资差额 17,391 元（1581 元/月 × 11 个月，不含已领取的工资）；（2）昆明市殷联机械厂支付杨某方经济补偿金 3162 元（1581 元/月 ×2 个月）；（3）昆明市殷联机械厂支付杨某方一次性伤残补助金 30,131.75 元（本人工资 2739.25 元/月 ×11 个月）、一次性工伤医疗补助金 27,392.52 元（2014 年度昆明市社会平均工资 4565.42 元/月 ×6 个月）、一次性伤残就业补助金 82,177.56 元（2014 年度昆明市社会平均工资 4565.42 元/月 ×18 个月）；（4）昆明市殷联机械厂支付杨某方 2015 年 7 月 16 日至 2016 年 1 月 11 日停工留薪期工资 9486 元（1581 元/月 ×6 个月）；（5）昆明市殷联机械厂支付杨某方住院伙食补助费 512.86 元（昆明市最低工资标准 1570 元/月 ÷30 天 ×70% ×14 天）；（6）昆明市殷联机械厂支付杨某方伤残等级鉴定费 300 元。以上 6 项共计 170,553.69 元。昆明市殷联机械厂不服该仲裁裁决，在法定期限内向昆明市呈贡区人民法院提起诉讼，诉求撤销仲裁裁决书。

一审法院受理后，经审查查明法律事实，最终判决昆明市殷联机械厂支付杨某方人民币 138,840.94 元，其中经济补偿金 1581 元、一次性伤残补助金 17,391 元、一次性工伤医疗补助金 27,392.52 元、一次性伤残就业补助金为 82,177.56 元、停工留薪期间工资 9486 元、住院伙食补助费 512.86 元、伤残等级鉴定费 300 元；驳回昆明市殷联机械厂的其他诉讼请求。

昆明市殷联机械厂不服一审判决，向昆明市中级人民法院申请上诉，要求撤销一审判决。经审查后，昆明市中级人民法院驳回昆明市殷联机械厂的上诉请求，维持了一审法院的判决。

【法理分析】

本案中，双方争议的焦点是杨某方是否与昆明殷联机械厂形成了劳动关系，关于这个问题，需要根据工作期限的不同阶段进行分析。杨某方于2014年5月12日以实习生的身份进入昆明市殷联机械厂工作，自2015年7月17日受伤不再工作，在此期间（2014年5月12日至2015年7月1日）产生的争议，涉及顶岗实习阶段、毕业实习阶段、毕业后正式就业阶段三部分法律关系。

（1）自2014年6月12日起至2015年4月11日止双方属于顶岗实习阶段，未建立劳动关系

自2014年6月12日起至2015年4月11日止，这一期间杨某方系在校学生，且双方签订了《实习生进厂试用协议书》，杨某方与实习单位即昆明市殷联机械厂之间并未建立劳动关系，故对仲裁委认定支付未签订书面合同的二倍工资差额的裁决不予采信；对昆明市殷联机械厂认为不支付二倍工资的诉讼主张，有事实及法律依据予以支持。

（2）自2015年4月12日起至7月1日止双方属于毕业实习阶段，仍未建立劳动关系

自2015年4月12日起至7月1日止，这一期间杨某方系在校学生，还未领取毕业证，与所在学校之间的教育行政管理关系是其主要的社会关系，虽然杨某方仍然在昆明市殷联机械厂工作，但是处于毕业实习阶段，双方仍然不存在劳动关系。

（3）自2015年7月2日起至2016年1月11日止，双方构成事实劳动关系

自2015年7月2日起至2016年1月11日止，杨某方已经从昆明铁路

机械学校毕业，继续在昆明市殷联机械厂工作，双方未签订书面劳动合同，因此构成事实劳动关系。昆明市殷联机械厂应承担未签订劳动合同的法律责任。

【理论释义】

原劳动部《关于贯彻执行〈中华人民共和国劳动法〉若干问题的意见》第十二条规定：在校生利用业余时间勤工助学，不视为就业，未建立劳动关系，可以不签订劳动合同。

2005 年，中宣部、中央文明办、教育部、共青团中央四部门联合印发《关于进一步加强和改进大学生社会实践的意见》对大学生实践教学、军政训练、社会调查、生产劳动、社会服务、科技发明、勤工助学等类型的实践活动等提出了明确要求。为了进一步提高高校人才培养质量，创新人才培养模式，贯彻落实坚持教育与生产劳动和社会实践相结合的党的教育方针，促进学生成长成才，各高校纷纷开始分类制定实践教学标准，增加实践教学比重；加强实践教学管理，提高实验、实习、实践和毕业设计（论文）质量；支持中等、高等职业学校学生参加企业技改、工艺创新等实践活动，努力建立大学生社会实践保障体系，不断探索实践育人的长效机制。通知明确要求各高校要把组织开展社会实践活动与组织课堂教学摆在同等重要的位置，明确各类学生参加社会实践活动的时间等基本要求，倡导学生参加生产劳动、志愿服务和公益活动，鼓励学生参加勤工助学，支持学生开展科技发明活动，力争使社会实践活动做到重要节点有主题，重大活动有影响，常规活动有品牌。

2022 年 1 月，教育部、工业和信息化部、财政部、人力资源和社会保障部、应急管理部、国务院国资委、市场监管总局、中国银保监会（已撤销）联合印发了新修订的《职业学校学生实习管理规定》，明确规定了学生实习的本质是教学活动，是实践教学的重要环节。

产教融合实践育人、政校企行协同育人已经成为全社会的共同责任，需要各地区各部门的大力支持和各高校的积极努力，这一意见深刻影响了高校教育教学制度的建设。直到现在，国家和地方政府仍然在法律层面不断出台各项新举措，为培养高素质人才保驾护航。

一、大学生“勤工助学”相关文本分析

2007 年，教育部、财政部联合下发《高等学校学生勤工助学管理办法》，从法规层面规范大学生勤工助学活动。这一规定虽然存在原则性强、可操作性弱的短板，但是标志着我国大学生勤工助学活动开始有了国家层面法律规范的保障。

（一）国家层面的规范性法律文件

从国家层面看，关于勤工助学主要是教育部、财政部、共青团中央等部委和社会团体联合下发的行政规章，按照时间顺序主要是 1993 年原国家教委、财政部联合印发《关于进一步做好高等学校勤工助学工作意见的通知》（教财〔1993〕62 号）；1994 年原国家教委、财政部联合印发《关于在普通高等学校设立勤工助学基金的通知》（教财〔1994〕35 号）；2005 年共青团中央、教育部《关于进一步做好大学生勤工助学工作的意见》（中青联发〔2005〕14 号）；2007 年、2018 年教育部、财政部联合印发《高等学校学生勤工助学管理办法》（教财〔2007〕7 号与教财〔2018〕12 号）。其中教财〔2007〕7 号文已经失效，教财〔2018〕12 号是对教财〔2007〕7 号的修订。下文主要分析研究《高等学校学生勤工助学管理办法》（教财〔2018〕12 号）的条款。

《高等学校学生勤工助学管理办法》共有 33 条，主要分为总则、组织机构、学校职责、勤工助学管理服务组织职责、校内勤工助学岗位设置、校内勤工助学活动管理、勤工助学酬金标准及支付、法律责任 8 个部分。

总则部分主要是概念性规定，包含立法目的与宗旨、高等学校的范围、学生的范围、勤工助学的概念、本质、基本原则等。保障学生合法权益，

帮助学生顺利完成学业，发挥勤工助学育人功能，培养学生自立自强、创新创业精神，增强学生社会实践能力是立法目的。高等学校是指全日制普通本科高等学校、高等职业学校和高等专科学校；学生是指高等学校招收的专科生、本科生、研究生、高职生、第二学士学位学生等。可见非全日制的业余大学、函授大学、自学考试机构、广播电视大学及其学生并不在此规定保护范围中。勤工助学是由学校在不影响正常教学秩序和学生正常学习的前提下有组织地开展的，由学校统一组织和管理，是学校学生资助工作的重要组成部分，是提高学生综合素质和资助家庭经济困难学生的有效途径，是实现全程育人、全方位育人的有效平台。学生私自在校外兼职的行为不属于勤工助学办法保护的范围。

《高等学校学生勤工助学管理办法》中明确规定学校必须设立专门的勤工助学管理服务组织，结合学校的实际情况，制定完善本校学生勤工助学活动的实施办法，同时筹措经费，设立勤工助学专项资金，并制定资金使用与管理办法。勤工助学管理服务组织应当合理确定校内勤工助学岗位；积极开发校外勤工助学资源。收集校外勤工助学信息，开拓校外勤工助学渠道，并纳入学校管理。接受学生参加勤工助学活动的申请，组织学生开展必要的勤工助学岗前培训和安全教育，维护勤工助学学生的合法权益。安排勤工助学岗位，应优先考虑家庭经济困难的学生。对少数民族学生从事勤工助学活动，应尊重其风俗习惯。不得组织学生参加有毒、有害和危险的生产作业以及超过学生身体承受能力、有碍学生身心健康的劳动。由此可知，校外勤工助学受保护的前提是工作单位必须是学校联络和审核后的才可以。

校内勤工助学岗位设置应以校内教学助理、科研助理、行政管理助理和学校公共服务等为主。以每个家庭经济困难学生月平均上岗工时原则上不低于20小时为标准，测算出学期内全校每月需要的勤工助学总工时数（20工时×家庭经济困难学生总数），统筹安排、设置校内勤工助学岗位。勤工助学岗位既要满足学生需求，又要保证学生不因参加勤工助学而影响学习。学生参加勤工助学的时间原则上每周不超过8小时，每月不超过40

小时。寒暑假勤工助学时间可根据学校的具体情况适当延长。勤工助学岗位分固定岗位和临时岗位。固定岗位是指持续一个学期以上的长期性岗位和寒暑假期间的连续性岗位；临时岗位是指不具有长期性，通过一次或几次勤工助学活动即完成任务的工作岗位。固定岗位按月计酬。以每月 40 个工时的酬金原则上不低于当地政府或有关部门制定的最低工资标准或居民最低生活保障标准为计酬基准，可适当上下浮动。临时岗位按小时计酬。每小时酬金可参照学校当地政府或有关部门规定的最低小时工资标准合理确定，原则上不低于每小时 12 元人民币。学生参与校内非营利性单位的勤工助学活动，其劳动报酬由勤工助学管理服务组织从勤工助学专项资金中支付；学生参与校内营利性单位或有专门经费项目的勤工助学活动，其劳动报酬原则上由用人单位支付或从项目经费中开支。在校内开展勤工助学活动的，学生及用人单位须遵守国家及学校勤工助学相关管理规定。

校外用人单位聘用学生勤工助学，须向学校勤工助学管理服务组织提出申请，提供法人资格证书副本和相关的证明文件。经学校审核同意，学校勤工助学管理服务组织推荐适合工作要求的学生参加勤工助学活动。酬金标准不应低于学校当地政府或有关部门规定的最低工资标准，由用人单位、学校与学生协商确定，并写入聘用协议。学生参加校外勤工助学，其劳动报酬由校外用人单位按协议支付。学生在校外开展勤工助学活动的，勤工助学管理服务组织必须经学校授权，代表学校与用人单位和学生三方签订具有法律效力的协议书。签订协议书并办理相关聘用手续后，学生方可开展勤工助学活动。协议书必须明确学校、用人单位和学生等各方的权利和义务，开展勤工助学活动的学生如发生意外伤害事故的处理办法以及争议解决方法。

《高等学校学生勤工助学管理办法》中有三点需要着重注意：一是非全日制的业余大学、函授大学、自学考试机构、广播电视大学及其学生并不在此规定保护范围中；二是校外勤工助学受保护的前提是工作单位必须是学校联络和审核后的才可以；三是校外勤工助学需由学校、用人单位、学生三方签订具有法律效力的协议书。

（二）地方层面的规范性法律文件

通过法信网搜索，截至2020年年底，共有4个地方政府出台了专门规范勤工助学的地方性规定。[1] 分别是北京市（京教学〔2000〕024号）、山东省（鲁教财字〔2007〕19号）、海南省（琼教外〔2018〕9号）、福建省（闽教学〔2020〕52号）；其他省市多是转发执行教育部、财政部的规定（教财〔2018〕12号）。将4个省市的规定，归纳为以下几点内容。

1. 福建省、山东省的规定与教育部、财政部的规定（教财〔2018〕12号）保持一致，但有细微差别

《福建省高等学校勤工助学管理办法（试行）》的规定沿用教育部、财政部的规定（教财〔2018〕12号），但是结合福建省的具体情况有所改动。例如，校内勤工助学岗位设置除固定岗位和临时岗位外，增加了项目型岗位，即根据单项工作任务予以考核，考核通过即完成任务。同时，对项目型岗位进行扩展，分为校内项目性岗位和校外项目型岗位，校内/校外项目型岗位均以计件报酬的方式，按工作任务的难易程度、工作量和工作时间等综合情况，由岗位发布单位确定并公布酬金金额。此外，每小时酬金可参照学校当地政府或有关部门规定的最低小时工资标准合理确定，原则上不低于每小时15元人民币。

《山东省高等学校勤工助学管理实施办法》的规定沿用教育部、财政部的规定（教财〔2007〕7号），这个规定已经失效，因此山东省的地方性规定修改势在必行。其主要内容与教育部、财政部的规定基本相同，没有明显的不同。

2. 海南省的规定主要是针对国际学生（非中国籍的学生）的勤工助学活动

《海南省高等学校国际学生校外勤工助学管理暂行办法》的规定是根据

---

〔1〕 载法信网2020年12月1日，http：//192.0.100.105：82/search/GeneralLawSearch_ Result.aspx？keyTitle_ jd = 勤工助学 &isAdvSearch = 0&usersearchtype = 1。

《出境入境管理法》《外国人入境出境管理条例》《劳动法》《学校招收和培养国际学生管理办法》等法律法规制定，主要是针对国际学生的勤工助学活动。国际学生明确限定为是根据《国籍法》不具有中国国籍且在海南省高等院校接受教育的外国学生（包括学历生和非学历生）。国际学生须年满18周岁，在中国境内持有有效学习居留许可；须在校完成一学年以上（含）修学课程，且剩余有效居留时间为半年以上；已修读学业课程成绩全部达到合格以上标准；在校期间遵纪守法，无不良记录才具备申请勤工助学的条件。国际学生出现以下情况之一的由管理机构撤销勤工助学签注许可：勤工助学协议期满或者国际学生与用人单位协商同意终止协议的；因用人单位经营变更、国际学生罹患重病或意外伤害事故，导致勤工助学无法继续进行的；因自然灾害等不可抗力，导致勤工助学无法继续进行的；用人单位超过勤工助学协议规定的用工时限，经警告未及时改正的；国际学生在勤工助学签注单位以外的单位工作的；国际学生因勤工助学影响正常学业，导致考试（考核）不合格的；国际学生违反校纪校规并受到处分的；国际学生违反我国法律法规的；出入境管理部门依法认为须撤销签注的其他情形、权益保障、监管的规定等。此外还有勤工助学的岗位、权益保障、监管等内容。

3.《北京地区普通高等学校学生勤工助学活动的规定》具有强烈的地域色彩和开拓性

这一规定是2000年颁布的，当时教育部并没有类似的规定。与教育部、财政部的规定相比，虽然这一规定有些陈旧，但是其中的内容还有许多对司法实践有裨益的部分。该规定具有以下几个明显的特色。

首先，这一规定是北京市教育委员会、共青团北京市委员会、北京市劳动和社会保障局三部门联合下发的。北京市劳动和社会保障局的介入，在规范勤工助学中的工资、工时、工作条件、工伤保险、纠纷解决等方面更具有针对性和规范性，更有利于保护大学生的劳动权益。

其次，建立了校外勤工助学的统一管理机制。对需到校外开展勤工助学活动的学生，统一印发《北京高校学生勤工助学工作证》；统一签署由北京市劳动和社会保障局制作的《北京高校学生勤工助学活动协议书》，共同维护学校、学生和用人单位在勤工助学活动中的合法权益。

最后，专章规定校外用人单位在勤工助学活动中的责任。共有 10 个条文。校外用人单位聘用勤工助学的学生必须向学校提供法人资格证书副本和相关的证明文件，在学校学生勤工助学管理服务机构办理登记手续，取得勤工助学管理服务机构同意，才可以招聘学生并办理聘用手续；与学校和学生三方签订《北京高校学生勤工助学活动协议书》，并须加盖单位或人事部门的公章；用人单位应保护学生在勤工助学劳动过程中的安全和健康，为勤工助学的学生提供良好的安全生产条件和环境，不得要求学生从事不适合学生的工作，禁止以招聘学生参加勤工助学活动为借口从事任何形式的违法活动；与学生双方协商劳动报酬标准，但不应低于北京市规定的最低工资标准，且不得克扣学生的合法劳动报酬；不得聘用 16 周岁以下的学生参加勤工助学活动，不得聘用 16 ~ 18 周岁的学生从事国家规定禁止的特殊工种工作；对在勤工助学劳动过程中发生工伤的学生，由用人单位比照工伤保险有关规定给付一次性待遇；与学生发生争议的，应按照双方签定的劳务协议友好协商解决，如不能达成一致意见的，按照有关法律法规规定的程序办理。

尤其是“对勤工助学学生在劳动过程中发生工伤，比照工伤保险规定给付一次性待遇”的规定，至今仍然具有指导意义，在司法实践中常被引用；“与学生发生争议的，应按照双方签定的劳务协议友好协商解决”这一规定，明确将勤工助学学生与用人单位的关系定义为劳务关系，有效地减少了适用法律的争议。

我国法律规定，地方性规定必须符合国家规定，不得与国家规定相违背，但对国家规定中未涉及部分可以制定相应的规范。北京市和海南省的规定对大学生的权益保护具有有益的补充作用，在司法实践中发挥了一定的作用。

二、大学生"顶岗实习"相关文本分析

2007年，教育部与财政部联合印发了《中等职业学校学生实习管理办法》（教职成〔2007〕4号，已失效），该文件对规范中等职业学校学生实习管理发挥了重要作用。但随着职业教育的快速发展和外部环境的变化，职业学校学生实习逐渐呈现出许多新的特点，也出现了一系列新的问题，亟须进一步完善制度设计。2014年颁布的《国务院关于加快发展现代职业教育的决定》，进一步要求加大实习实训在教学中的比重，创新顶岗实习形式，强化以育人为目标的实习实训考核评价。实习是职业教育的基本环节，加强实习管理，是保证实习教学效果，提高人才培养质量的重要保障。2022年《职业院校实习管理规定》修订施行，明确了职业学校在实习管理方面的责权利，确立了"安全第一、预防为主"的原则，强化实习单位主要负责人安全生产第一责任人职责，严格执行国家及地方安全生产、职业卫生、人格权保护等有关规定。随着职业教育的快速发展和经济社会发展的新形势新要求，职业学校学生实习工作中呈现出新的问题，受到各方的密切关注，亟须从制度层面加以引导规范，从而有效地维护学生、学校和实习单位的合法权益。

（一）国家层面的规范性法律文件

国家层面的规范性法律文件主要有两个：一是全国人民代表大会常务委员会执法检查组关于检查《中华人民共和国职业教育法》实施情况的报告（2015年6月29日在第十二届全国人民代表大会常务委员会第十五次会议上通过）；二是2016年6月11日，教育部、财政部、人力资源和社会保障部、安全监管总局、原保监会联合印发的《关于印发〈职业学校学生实习管理规定〉的通知》（教职成〔2016〕3号），这一规定在2021年12月，由教育部、工业和信息化部、财政部、人力资源和社会保障部、应急管理部、国务院国资委、市场监管总局、中国银保监会联合进行修订并印发

全国。

1. 2016 年颁布的《职业学校学生实习管理规定》概述

（1）整体内容简介

全文共 6 章 39 条。第一章总则，主要包括文件制定的法律依据和目的，实习的分类和定义，实习工作的总体原则和政府相关部门责任等。第二章实习组织，明确了实习单位的资质要求，实习组织方式，实习时间等。第三章实习管理，主要包括健全实习管理制度、签订实习协议、保障学生知情权、保护学生基本权利、实习岗位的禁止性规定、实习报酬、实习单位免税政策、实习纪律等。第四章实习考核，提出建立以育人为目标的实习考核评价制度，将实习考核结果纳入学籍档案，对违反实习纪律的学生的处理，实习材料的立卷归档等。第五章安全职责，提出对职业学校、实习单位在保障学生实习安全方面的要求。第六章附则，对相关补充事项作了说明。

与 2007 年《中等职业学校学生实习管理办法》相比，该文件有 4 个显著变化：一是明确了实习概念，将实习分为认识实习、跟岗实习和顶岗实习，并进行分类管理。同时，调整规范范围，从中职扩展为包括高职在内的所有职业学校。二是强调全过程管理，细化了部分内容，条款从 17 条扩充到 39 条。三是突出实习的教育教学属性，明确“实习”的概念，包括认识实习、跟岗实习和顶岗实习，并对这三类实习进行了具体界定。强调实习的教学属性。明确职业学校学生实习是实现职业教育培养目标，增强学生综合能力的基本环节，是教育教学的核心部分。从培养目标出发，明确实习岗位应符合专业培养目标要求，与学生所学专业对口或相近。四是更加关注重点难点问题，完善顶层设计。

（2）强化实习管理

首先，强调实习的全过程管理。《职业学校学生实习管理规定》覆盖实习过程中的各个环节，包括实习组织、实习管理、实习考核、安全职责等，实现了全过程管理。

其次，明确各方的管理职责。教育行政部门负责统筹指导职业学校学生实习工作；职业学校主管部门负责职业学校实习的监督管理。职业学校应当会同实习单位共同组织实施学生实习。

再次，建立实习指导教师制度。《职业学校学生实习管理规定》要求，职业学校和实习单位应当分别选派经验丰富、业务素质好、责任心强、安全防范意识高的实习指导教师和专门人员全程指导、共同管理学生实习。实习指导教师和实习单位指定的专人应负责学生实习期间的业务指导和日常巡视工作，定期检查并向职业学校和实习单位报告学生实习情况，及时处理实习中出现的有关问题，并做好记录。

最后，对违规组织实习提出处罚措施。《职业学校学生实习管理规定》提出，对违反本规定组织学生实习的职业学校，由职业学校主管部门责令改正。拒不改正的，对直接负责的主管人员和其他直接责任人依照有关规定给予处分。因工作失误造成重大事故的，应依法依规对相关责任人追究责任。

（3）着重保障学生的合法权益

一是协议约定。《职业学校学生实习管理规定》要求跟岗实习、顶岗实习必须签订三方协议，明确各自责任、权利和义务，并对实习协议的基本内容作出规定。

二是明确禁止性事项。《职业学校学生实习管理规定》第十五条和第十六条，对实习中的禁止性情形作出要求，提出“六不得”，即不得安排、接收一年级在校学生顶岗实习；不得安排未满16周岁的学生跟岗实习、顶岗实习；不得安排未成年学生从事《未成年工特殊保护规定》中禁忌从事的劳动；不得安排实习的女学生从事《女职工劳动保护特别规定》中禁忌从事的劳动；不得安排学生到酒吧、夜总会、歌厅、洗浴中心等营业性娱乐场所实习；不得通过中介机构或有偿代理组织、安排和管理学生实习工作。除相关专业和实习岗位有特殊要求，并报上级主管部门备案的实习安排外，不得有以下三种情况：安排学生从事高空、井下、放射性、有毒、易燃易爆，以及其他具有较高安全风险的实习；安排学生在法定节假日实习；安排学生加班和上夜班。

三是首次提出顶岗实习学生报酬底线。《职业学校学生实习管理规定》

要求，接收学生顶岗实习的实习单位，应参考本单位相同岗位的报酬标准和顶岗实习学生的工作量、工作强度、工作时间等因素，合理确定顶岗实习报酬，原则上不低于本单位相同岗位试用期工资标准的 80%，并按照实习协议约定，以货币形式及时、足额支付给学生。

四是要求职业学校和实习单位不得向学生收取实习押金、顶岗实习报酬提成、管理费或者其他形式的实习费用，不得扣押学生的居民身份证，不得要求学生提供担保或者以其他名义收取学生财物。

五是对顶岗实习学生占实习单位在岗人数比例作出约定。《职业学校学生实习管理规定》明确顶岗实习学生的人数不超过实习单位在岗职工总数的 10%，在具体岗位顶岗实习的学生人数不高于同类岗位在岗职工总人数的 20%。

（4）加强学生安全与对用人单位的监管

一是强调实习全过程的安全管理。从安全要求、安全制度、岗前培训、实习保险、事故赔偿等角度，规范安全防患、责任保险以及事故处理等环节的权利义务。

二是协议约束。实习协议的必备条款共有 8 项，其中两项和安全相关，包括：实习期间劳动保护和劳动安全、卫生、职业病危害防护条件和责任保险与伤亡事故处理办法，对不属于保险赔付范围或者超出保险赔付额度部分的由实习单位、职业学校学生依法承担相应责任。

三是强调要为实习学生投保实习责任保险。2009 年，教育部联合财政部、原保监会联合印发了《关于在中等职业学校推行学生实习责任保险的通知》（教职成〔2009〕13 号），明确中等职业学校可以根据自身专业设置、教学安排等实际情况，选择为最后一年学生投保全年学生实习责任保险，或者为全部学生投保与其实习期间相对应的学生实习责任保险。《职业学校学生实习管理规定》进一步明确，职业学校和实习单位应根据国家有关规定，为实习学生投保实习责任保险，并提出要推动建立学生实习强制责任保险。

实习单位是学生实习工作中的一个重要主体，调动实习单位的积极性，是做好实习工作的一个重要保障。从管理的角度对实习单位进行约束和规范，这主要出于以下几个方面的考虑。

一是参与职业学校的学生实习，是实习单位履行社会责任，发挥重要办学主体作用的体现。《国务院关于加快发展现代职业教育的决定》要求，规模以上企业要有机构或人员组织实施职工教育培训、对接职业院校，设立学生实习和教师实践岗位。企业开展职业教育的情况纳入企业社会责任报告。

二是兼顾责任和保障。在学生实习过程中，实习单位依法承担相应责任。同时，《职业学校学生实习管理规定》也从政府支持、税收减免、协议约束等方面提出要保护实习单位权益，制定措施鼓励实习单位接收学生实习。

三是尽快研究制定《校企合作促进办法》。《国务院关于加快发展现代职业教育的决定》中明确提出要研究制定促进校企合作办学有关法规和激励政策，目前，正在研究制定的《校企合作促进办法》将从激发企业参与职业教育的内生动力，强化落实现有鼓励政策和提出新的鼓励措施等方面进一步完善在校企合作过程中的企业权益保护。

2. 2021年修订颁布的《职业学校学生实习管理规定》的特色[1]

2021年修订颁布的《职业学校学生实习管理规定》在2016年颁布的《职业学校学生实习管理规定》中总则、实习组织、实习管理、实习考核、安全职责、附则六章内容的基础上，增加了2个章节（“保障措施”和“监督与管理”），新增11条内容，达到8章50条。主要的变化如下。

一是结合实际重新整合实习管理范围、内涵和边界。在范围上，将高职本科学校实习纳入2021年修订颁布的《职业学校学生实习管理规定》的适用对象，统一标准、规范管理；在内涵上，适应数字时代职业场景、岗位形态的变化，重新界定实习分类，将“跟岗实习”“顶岗实习”统一为“岗位实习”，进一步扩大和优化了实习岗位供给；在边界上，对于建在校

[1] 教育部职业教育与成人教育司负责人就《职业学校学生实习管理规定》（2021年修订）答记者问，载教育部官网2022年2月15日，http：//www. moe. gov. cn/jyb_ xwfb/s271/202201/t20220121_ 595544. html。

内或园区的生产性实训基地、厂中校、校中厂、虚拟仿真实训基地等，已经可以基本再现真实职业场景的，也可作为实习单位，并明确了相应要求。

二是进一步将实习融入校企协同育人范畴。规定职业学校应当优先选择“与学校有稳定合作关系的企（事）业单位”，同时“鼓励和引导企（事）业单位等按岗位总量的一定比例，设立实习岗位并对外发布岗位信息”，“加强实习前培训，使学生、实习指导教师和专门人员熟悉各实习阶段的任务和要求”，强化实习单位主要负责人安全生产第一责任人职责。

三是要求学校等各方进一步提高实习管理水平。系统梳理实习单位选择的具体条件，明确要求“实习单位名单须经校级党组织会议研究确定后对外公开”，明确学生实习工作校内管理体制与运行机制；支持结合学徒制培养、中高职贯通培养等合作探索多种形式的实践性教学改革；在遇有突发事件或重大风险时，按照属地管理要求做好分类管控工作，遇有重要情况不得迟报、瞒报、漏报。

四是进一步明确了跨省实习的管理规定。明确职业学校组织学生跨省实习的，须事先经学校主管部门同意，按程序报省级主管部门备案。跨省实习数量较大的省份之间，要建立跨省实习常态化协同机制，实习派出地要将相关信息提供实习单位所在地省级教育主管部门，由实习单位所在地一并纳入本地实习日常监管体系，及时通告监管发现的问题并积极协调有关部门做好事件处置工作。

五是进一步完善实习保险政策。提出加快发展职业学校学生实习责任保险和适应职业学校学生实习需求的意外伤害保险产品。鼓励保险公司对学徒制保险专门确定费率，实现学生实习保险全覆盖。积极探索职业学校实习学生参加工伤保险办法。

六是明确了对违规职业学校和实习单位的处理规定。对违反本规定组织学生实习的职业学校，由职业学校主管部门依法责令改正，拒不改正或者管理混乱，造成严重后果、恶劣影响的，应当对学校依法处理。实习单位违反规定的行为，若法律法规规定了法律责任的，县级以上地方人民政府或地方有关职能部门应当依法依规追究责任。

七是着眼实习全过程，针对关键节点，通过1个“严禁”、27个“不得”为学生实习画出红线，明确学生、学校、实习单位的行为准则。针对实习内容不对口的问题，规定不得安排与专业无关的简单重复劳动、高强度劳动，明确实习内容“应基本覆盖专业所对应岗位（群）的典型工作任务，原则上不得跨专业大类安排实习”“不得仅安排学生从事简单重复劳动”“不得安排学生从事Ⅲ级强度及以上体力劳动或其他有害身心健康的实习”“严禁以营利为目的违规组织实习”。针对强制实习的问题，进一步保障学生和家长的知情权，明确了所有学生参加统一组织的岗位实习均应当取得学生、学生监护人或家长签字的知情同意书，对学生及其法定监护人或家长明确不同意学校实习安排的，可自行选择符合条件的岗位实习单位。不得强制职业学校安排学生到指定单位实习，不得扣押学生的学生证、居民身份证或其他证件。

中介机构介入实习赚取“人头费”，是产生强制实习、付费实习的重要源头，社会反映较为强烈。针对中介机构参与学生实习的问题，《职业学校学生实习管理规定》明确实习三方协议必须由职业学校、实习单位、学生三方签署，重申不得通过中介机构或有偿代理组织、安排和管理学生实习工作。违反规定从事学生实习中介活动或有偿代理的，法律法规规定了法律责任的，由相关部门依法依规追究责任；构成犯罪的，依法追究刑事责任。针对学生实习加班和考勤的问题，在原规定原则上不得“安排学生加班和上夜班”的基础上，进一步增加了实习单位应遵守国家关于工作时间和休息休假的规定，保障学生在岗位实习期间按规定享有休息休假、获得劳动卫生安全保护、接受技术技能指导等权利的要求，明确“不得简单套用实习单位考勤制度，不得对学生简单套用员工标准进行考核”。针对学生实习报酬和费用的问题，规定实习单位应给予学生适当的实习报酬，原则上不低于本单位相同岗位工资标准的80%或最低档工资标准、支付周期不得超过1个月，不得以物品或代金券等代替货币支付或经过第三方转发，不得向学生收取实习押金、培训费、实习报酬提成、管理费、实习材料费、就业服务费或者其他形式的实习费用，不得要求学生提供担保或者以其他名义收取学生财物。

八是对部门协同机制进行了专项规定。教育部门会同有关部门建立职业学校学生实习管理工作协调落实机制。结合部门职责，工信部门要鼓励先进制造业企业、“专精特新”企业、产教融合型企业以及有条件的中小企业等积极参与实习。财政部门要落实职业学校生均拨款制度，统筹考虑学生实习安全保障相关支出和学费水平，科学合理确定生均拨款标准。人力资源和社会保障部门要加强对所属技工学校实习的管理，结合劳动保障监察加强执法，并积极探索职业学校实习生参加工伤保险办法。应急管理部门要将实习安全责任履行情况作为安全生产检查的重要内容。国资部门要指导支持国有企业特别是大型企业积极规范参与职业学校实习工作。市场监管部门要将有实习违规行为的企业信息纳入社会信用体系，并按规定进行失信联合惩戒。银保监会（已撤销）要依法监管职业学校学生实习责任保险和人身意外伤害保险。

九是配套发布《实习协议示范文本（试行)》。《实习协议示范文本（试行)》主要包括基本信息、甲乙丙方权利与义务、协议解除和附则，共54个条款，涵盖基本要求、条件保障、安全保护、风险防控、意外事故处理、考核评价、违约责任等实习全过程、各方面，明晰了三方在实习各环节的权利与义务。《实习协议示范文本（试行)》作为推荐使用的协议文本，旨在为实习各方签订实习协议提供示范指导，提升实习协议的规范性、科学性和签订率。实习三方可在符合法律法规的前提下，结合实际情况，遵照《实习协议示范文本（试行)》订立补充协议，并按照法律法规规定和协议约定承担相应的权利与义务。

（二）地方层面的规范性法律文件

以“顶岗实习”作为关键词在“法信网”检索地方规范性法律文件，[1] 共检索到6个地方规范性法律文件，其中3个明确限定为师范类大

---

[1] 载法信网2020年12月1日，http://192.0.100.105:82/search/GeneralLawSearch_Result.aspx?keyTitle_jd=顶岗实习&isAdvSearch=0&usersearchtype=1。

学生，其余2个是高职学生，1个是中职学生，具体见表1－1。

表1－1　关于“顶岗实习”的地方规范性法律文件

序号	名称	文号
1	《关于印发黑龙江、吉林两省高校师范类大学生来阿勒泰地区顶岗实习支教实施方案的通知》	阿行办发〔2017〕107号
2	《关于加强高等职业院校学生顶岗实习管理工作的意见》	渝教高〔2013〕43号
3	《关于在本市中等职业学校开展顶岗实习状况调查的通知》	京教办函〔2011〕52号
4	《关于加强高等职业院校顶岗实习工作的意见》	鲁教高字〔2009〕12号
5	《昭通市师范教育专业毕业生顶岗实习支教实施方案》	昭政发〔2008〕37号
6	《关于进一步完善师范生顶岗实习支教工作的通知》	浙教师〔2008〕238号

1. 地方政府关于顶岗实习的内容中较多地关注师范生的权益

师范生的顶岗实习单位由政府统一安排，相关的权益保障措施可操作性强。比如，为实习支教大学生（含带队教师）发放生活补助、购买人身意外伤害险、免费提供食宿、报销往返交通费等。以阿勒泰地区的规定为例，具体标准如下：生活补助标准不低于1500元/月，不足15天按半个月计算，超过15天（含）按一个月计算；为每名支教大学生购买不低于400元/年的人身意外伤害险；顶岗实习支教大学生在入疆前需在学校属地三甲医院参加体检，体检项目以血压、心电图、胸部X线、尿常规、生化全项、乙肝五项为主，所需费用由支教大学生先行垫付，到受援单位持发票实报实销。体检不合格者受援单位不予接收，体检费用由其本人负责。为支教大学生提供免费住宿条件，配备床、被褥、衣柜、书桌、电视、宽带、洗衣机、热水器、炊具等生活必需品；由受援单位统一免费提供标准食堂用餐，伙食标准不低于900元/月，若不能提供食堂用餐的，应发放不低于30元/天/人的伙食补助（含节假日）；每学期为支教大学生报销一次往返路费（火车硬卧）及120元/天的途中伙食补助；此外，支教大学生支教期满后，因工作需要及本人自愿申请留疆继续支教的，应与下期支教大学生享受以上同等待遇；在当地特岗教师招聘中，对曾在阿勒泰地区支教表现优秀的大学生提供一定政策上的倾斜，优先录用。支教大学生在支教期满后，由地区教育行政部门颁发《大学生顶岗实习支教证书》。

2. 普通高校、高职、中职的顶岗实习的规定在结合地区特色的同时沿用教育部的规定

以重庆市的规定为例，明确规定学生顶岗实习工作由高等职业院校统一规划、协调和安排，各高等职业院校应联合实习单位成立顶岗实习管理组织，院（校）长是学生顶岗实习工作的第一责任人，共同制订顶岗实习计划，共同负责学生顶岗实习的组织、管理和考核工作。要深化与行业企业的合作，建立一批相对稳定的校外顶岗实习基地，强化顶岗实习的过程管理和考核；建立院校与实习单位相结合的顶岗实习质量监督与考核机制，实行学校和实习单位共同考核制度，校企共同制定实习评价标准，共同评定学生顶岗实习的成绩，注重过程考核。在成绩评价中要将实习学生的技能水平、职业道德、职业素养、劳动态度、劳动纪律等内容以及实习过程中独立或与他人合作完成的技术改革和创新成果等作为重要考核指标，共同考核学生的实习效果。各院校应将顶岗实习环节列入专业人才培养方案和教学计划，在制订顶岗实习计划的基础上，还应制定《顶岗实习大纲》（或《顶岗实习课程标准》）、《顶岗实习指导书》、《顶岗实习手册》等。顶岗实习教学计划应包括：实习教学所要达到的总目标、各实习环节安排、课题内容、形式、程序、时间分配、实习岗位、安保措施、考核要求及方式方法等；保证学生顶岗实习既有学习任务，又有生产任务，力求做到毕业设计（论文）、顶岗实习、就业三者的有机结合。顶岗实习时间累计不得少于半年，实习形式可灵活多样，支持鼓励工学交替、多学期、分段式等改革创新，原则上不得安排一年级学生进行顶岗实习。原则上应选择具有独立法人资格、依法经营、管理规范、规模较大、技术先进、有较高社会信誉或具有较高资质等级，提供岗位与学生所学专业对口或相近的实习单位组织学生顶岗实习。

学生由于个人原因要求自行选择实习单位的，必须由学生本人和家长

共同提出申请并提供实习单位同意接收该学生顶岗实习的公函或实习协议，经学校批准后方可进行实习。对自行选择实习单位的学生也应定期进行实习过程检查和考核。要联合实习单位建立实习指导教师制度，院校要安排指导教师加强对学生岗位职业要求和专业技能、实习安全等方面的指导，杜绝放任自流现象，确保顶岗实习工作取得实效。

高等职业院校应选派优秀教师指导学生顶岗实习工作，同时聘请实习单位技术骨干、能工巧匠为兼职指导教师，建立一支相对稳定的专兼结合的顶岗实习指导教师队伍，要加强学生顶岗实习期间的思想政治教育、职业安全教育、职业技能教育和职业道德教育。学生到实习单位顶岗实习前，学校、实习单位、学生应签订三方顶岗实习协议，明确各自的责任、权利和义务。顶岗实习协议应当包括以下内容：（1）学校和实习单位的名称、地址和法定代表人或者主要负责人，实习单位接收学生实习工作负责人和实习指导教师的姓名，实习学生和家长的姓名、专业班组、注册学号及实习期间的住址；（2）实习期限；（3）实习内容和实习地点；（4）实习时间、休息休假；（5）实习劳动保护；（6）实习报酬；（7）实习责任保险、工伤保险和其他保险；（8）实习纪律；（9）实习终止条件；（10）学校和实习单位双方认为需要约定的其他事项。

高等职业院校应制定《实习学生安全管理规定》及《实习学生安全及突发事件应急预案》等有关制度，建立实习指导教师指导日志。实习期间，学校要安排专人对实习工作进行巡回检查，定期检查顶岗实习的进展情况，及时处理实习中出现的有关问题，并做好检查内容记录，确保学生顶岗实习工作的正常秩序。要充分运用现代信息技术，构建信息化顶岗实习管理平台，与实习单位共同加强顶岗实习的过程管理。高等职业院校和实习单位都应重视安全保障工作，加强顶岗实习学生安全意识教育、岗前安全生产教育和培训，保证顶岗实习学生具备必要的安全生产知识和自我保护能力，掌握本岗位的安全操作技能。未经安全生产教育和培训的实习学生，不得顶岗作业。学生每天顶岗实习时间不超过8小时，原则上不安排上夜班和加班。各高等职业院校应当根据专业设置、教学安排等实际情况，为实习学生投保与其实习岗位相对应的学生实习责任保险、工伤保险等险种。保险责任范围应当覆盖学生实习活动的全过程，包括学生实习期间遭受人身意外事故和法律法规行政规章认定为工伤情形下校方依法应当承担的责任，以及相关法律费用和学生实习第三者责任。学生实习责任保险的经费应从学校学费中列支，不得向学生另行收费。顶岗实习期间学生人身伤害事故的赔偿，应当依据《侵权责任法》（现为《民法典》）和教育部《学生伤害事故处理办法》等有关规定处理。不得通过中介机构直接组织、安排和管理实习工作，不得安排学生从事没有安全保障的实习工作，不得安排学生到酒吧、夜总会、歌厅、洗浴中心等营业性娱乐场所实习。严禁学生利用顶岗实习名义参与赌博、传销等非法活动。

山东省的规定与重庆市的规定很多方面是相同的，如实习目的、宗旨、原则；实习管理制度；实习指导教师队伍建设；学校、学生、实习单位三方责任制度；实习质量监督与考核机制等，但不同的是山东省的规定中更强调学校要严格遵守国家有关法律法规，为学生提供良好的顶岗实习条件和安全健康的实习环境。学校不得通过中介机构直接组织、安排和管理实习工作，不得安排学生从事没有安全保障的实习工作，不得安排学生到酒吧、夜总会、歌厅、洗浴中心等营业性娱乐场所实习。学校要与实习单位协商保证学生每天顶岗实习时间不超过8小时。学校要加强对学生的职业道德教育、法制教育与安全意识教育，明确实习期间学生的行为规范和安全要求，提高学生的自我防护能力。严禁学生参与赌博、传销等非法活动。学校和实习单位要为实习学生购买意外伤害保险等相关保险，具体事宜由学校和实习单位协商办理。学校不得扣发或拖欠实习单位向实习学生支付的实习报酬。学校和实习单位要关心爱护实习学生，帮助解决实习中存在的实际困难，维护学生的合法利益。各级教育行政主管部门、高职院校举办者要高度重视顶岗实习工作，切实加强对顶岗实习工作的领导和管理，帮助高职院校协调与企业的关系，制定相关政策和优惠措施，鼓励、引导企业接受高职院校学生顶岗实习。

需要注意的是，在以上地方性规定中，实践中引起热议的是实习责任保险制度，很多专家学者均提出应该建立健全实习责任险，为实习学生投保与其实习岗位相对应的学生实习责任保险、工伤保险等险种。保险责任范围应当覆盖学生实习活动的全过程。

三、大学生“毕业实习”相关文本分析

目前我国没有专门的关于毕业实习的法律规定，具体的规定多散见于毕业生就业创业工作制度中。

（一）国家层面的规范性法律文件

以 2021 年为例，主要是两个国家部委规范性文件的出台。

一是《教育部关于做好 2021 届全国普通高校毕业生就业创业工作的通知》（教学〔2020〕5 号）中规定：推进就业实习见习。建立全国高校毕业生就业实习信息平台，汇集发布高校毕业生就业实习岗位信息。各地各高校要将实习作为促就业的重要渠道，加快完善就业实习管理制度，深化校企校地合作，建设大学生就业实习基地，开发更多就业实习岗位，推动更多毕业生通过实习实现就业。配合有关部门实施好“三年百万青年见习计划”，提供不断线就业服务，推动离校未就业毕业生参与就业见习。

二是《人力资源社会保障部关于做好 2021 年全国高校毕业生就业创业工作的通知》（人社部函〔2021〕27 号）中规定：积极拓展就业见习。各地要按照扩大见习规模的要求，明确本地年度目标任务，细化措施安排，抓好见习组织实施。多渠道募集见习岗位，动员企事业单位履行社会责任，提供更多能够发挥毕业生专长的管理、技术、科研类岗位。制定见习单位目录和岗位清单，广泛发布并向毕业生及时推送，举办见习宣传推介、专场招募、双向洽谈活动，将有见习需求的毕业生及时组织到见习活动中。推进见习规范管理，指导做好见习协议签订、带教制度落实、见习待遇保障相关工作。开展高校毕业生就业见习示范单位创建活动，选树一批岗位质量高、见习成效好、行业代表性强的单位，带动提升见习吸引力和见习

工作质量。

（二）地方层面的规范性法律文件

专门的规范高校学生实习见习的规定，目前只有广东省出台了地方性法规，其余多为地方政府规章或者规范性文件。

2010 年 1 月 22 日广东省第十一届人民代表大会常务委员会第十六次会议通过《广东省高等学校学生实习与毕业生就业见习条例》，其中明确了一些基本概念，规定了一些基本制度，列举了学校、学生、实习单位的权利义务与法律责任。如毕业生就业见习（以下简称见习），是指各级人民政府或者人民团体组织毕业后一年内尚未就业的毕业生到国家机关、企业事业单位、社会团体及其他社会组织进行的就业适应性训练。明确地指出保障学生实习是全社会的共同责任。学生实习一般由学校统一组织。学生要求自行联系实习单位的，应当经学校同意。学校应当安排实习指导教师掌握实习情况，统一管理和考核。学校、实习基地和实习学生应当签订三方实习协议，明确各方的权利、义务和责任。实习协议应当包括以下主要内容：学校和实习单位的名称、地址、法定代表人或者主要负责人，实习学生的姓名、住址和注册学号；符合教学大纲要求的实习期限；实习方式、内容和岗位；实习终止条件；违约责任；争议的解决方式。实习协议可以根据实习的性质和需要，约定意外伤害保险的投保人、投保额度、损害赔偿、实习报酬、保密等其他事项。学生应当尊重实习指导教师和实习指导人员，遵守实习单位的规章制度和劳动纪律，保守实习单位的秘密。学生顶岗实习期间，实习单位应当按照同岗位职工工资的一定比例向学生支付实习报酬等。

【拓展案例】[1]

上诉人上海棒约翰餐饮管理有限公司（以下简称棒约翰公司）因与被

---

〔1〕 胡某星与上海棒约翰餐饮管理有限公司确认劳动关系纠纷案，江苏省南京市中级人民法院（2016）苏 01 民终 5116 号民事判决书。

上诉人胡某星确认劳动关系纠纷一案，不服南京市秦淮区人民法院于2016年3月23日作出的（2015）秦民初字第5093号民事判决，向二审法院提起上诉。二审法院于2016年6月20日立案后，依法组成合议庭，于2016年7月6日公开开庭进行了审理。上诉人棒约翰公司的委托诉讼代理人严巍、被上诉人胡某星的委托代理人高雯到庭参加诉讼。本案现已审理终结。

棒约翰公司上诉请求：撤销原判，依法改判驳回胡某星的诉讼请求。事实和理由如下：

1. 胡某星的身份是在校大学生，不是法律意义上的劳动者。胡某星作为在校大学生，缺少社会实践经验，故其在毕业实习阶段，在实习单位有工作经验的人的指导下积累工作经验，这属于教学过程的一部分，与大四期间普通大学生的教学实习相同。

2. 胡某星不是以就业为目的签订实习协议，胡某星享有工资、岗位、福利待遇，不代表双方已建立劳动关系。胡某星的求职书和简历中均标明其身份为“在校大学生”、最近工作时间为期2个月、求职意向为“实习”，故胡某星的求职目的为短期实习。基于此，棒约翰公司与其签订了《在校生实习协议》而非《劳动合同》。不能据此直接认定双方之间存在劳动关系。棒约翰公司给予实习生一定的福利待遇，是为了最大限度地保障实习生的权益，这是企业具有社会责任感的体现，并不代表企业与实习生建立了劳动关系。

3. 胡某星与棒约翰公司客观上不符合劳动关系成立的情形。劳社部发〔2005〕12号《关于确立劳动关系有关事项的通知》第一条规定：“用人单位招用劳动者未订立书面劳动合同，但同时具备下列情形的，劳动关系成立：（一）用人单位和劳动者符合法律、法规规定的主体资格；（二）用人单位依法制定的各项劳动规章适用于劳动者，劳动者受用人单位的劳动管理，从事用人单位安排的有报酬的劳动；（三）劳动者提供的劳动是用人单位业务的组成部分。”首先，胡某星是在校大学生，不具有该条规定的“劳动者”身份。其次，实习生虽然并非正式员工，但是为了便于实习生锻炼自身的职业技能，维护企业的秩序，其也应当遵守企业的规章制度，服从单位的管理。且胡某星并未完全受棒约翰公司劳动规章制度的管理。胡某星于2015年4月17日发生交通事故，但胡某星并未以任何方式告知棒约翰公司，也未履行请假手续，棒约翰公司对此也并未将其记为旷工或缺勤，根本原因是棒约翰公司的各项劳动规章制度并不全部适用于胡某星，其对胡某星的管理有别于对一般劳动者的管理。最后，胡某星在棒约翰公司从事的业务是见习，并非棒约翰公司的业务组成部分，棒约翰公司无胡某星亦可正常运转。

4. 原劳动部《关于贯彻执行〈中华人民共和国劳动法〉若干问题的意见》第十二条规定："在校生利用业余时间勤工助学，不视为就业，未建立劳动关系，可以不签订劳动合同。"一审法院将其解释为"该规定应指在校学生不以就业为目的，利用学习之余的空闲打工补贴学费、生活费的情形"错误。只要在校生利用业余时间勤工助学即不视为就业、不存在劳动关系，也不存在所谓的以就业为目的的勤工助学和不以就业为目的的勤工助学之分。

被上诉人胡某星辩称，一审认定事实清楚，适用法律正确，请求驳回上诉，维持原判。事实和理由如下：

1. 胡某星虽然为在校大学生，但完全具备劳动关系的主体资格。胡某星与棒约翰公司签订劳动合同时已年满22周岁，符合《劳动法》规定的就业年龄，具备与用工单位建立劳动关系的行为能力与责任能力。其在校大学生的身份也非劳动法规排除适用的对象，法律没有禁止临毕业大学生就业的规定。

2. 胡某星与棒约翰公司签订的《在校生实习协议》虽名为实习协议，但本质是以就业为目的的劳动合同。棒约翰公司未向胡某星的学校发布招聘实习生的信息，而是在前程无忧网站上向所有不特定公众发布招聘餐厅助理的信息，其目的明确为招聘与其确立劳动关系的劳动者。胡某星在看到棒约翰公司的招聘信息后，向其投递简历，虽然简历中的工作性质标注的是"实习"，但是求职状态一栏明确标注为"目前正在找工作"，且简历中胡某星写明了其入读的学校，入读的时间，就自身情况对棒约翰公司无任何隐瞒，棒约翰公司对胡某星的大学生身份，以及签订协议时胡某星距离毕业不足三个月的事实明知。胡某星经过了在南京的面试及上海的二次面试，棒约翰公司称正常实习需要三个月，正好胡某星距离毕业还有三个月，故棒约翰公司先与胡某星签订实习协议，待其毕业后再转签正式劳动合同。双方的邮件往来记录中明确记载胡某星“拿到毕业证书后即可换签劳动合同”“每天工作8小时”“转正后社保缴纳”等内容，录用通知中也载明了实习工资、转正工资。因此，可以确定胡某星是以就业为目的，且准备在毕业后长期在棒约翰公司工作，同样棒约翰公司对此情况也完全认可。

3. 胡某星在进入棒约翰公司工作后，完全接受用人单位的管理，按合同约定付出劳动；棒约翰公司也定时向其发放劳动报酬，双方之间形成了真实的劳动合同关系。棒约翰公司以胡某星即使不上班餐厅仍可正常运转为由推定双方不存在劳动关系，既无事实依据，也无法律依据。若如按棒约翰公司所主张，其给付胡某星的工资仅为福利，则棒约翰公司无理由要在协议及录取通知书中明确数额。

4. 一审法院对原劳动部《关于贯彻执行〈中华人民共和国劳动法〉若干问题的意见》第十二条规定的解读正确。棒约翰公司主张胡某星系利用业余时间勤工助学，但在2015年3月的上课期间，胡某星每天在棒约翰公司工作8小时，从上午八九点到下午五六点，并非业余时间。综上，从胡某星的工作时间、工作内容、工作报酬方面都可以确定棒约翰公司与胡某星之间存在事实上的劳动关系。

胡某星向一审法院起诉请求：确认其与棒约翰公司之间存在劳动关系。

一审法院认定的事实：胡某星系东南大学成贤学院2011级学生，2015年2月17日棒约翰公司向胡某星发出录用通知，载明胡某星的工作岗位为餐厅见习助理，工作地点为南京，实习期工资为2700元/月，转正工资为2900元/月。双方于2015年3月2日签订《在校生实习协议》，协议约定胡某星从事餐厅见习助理工作，实习期限为2015年3月2日至2016年3月1日，棒约翰公司每月支付胡某星实习津贴2700元，棒约翰公司不为胡某星缴纳社会保险费。胡某星在棒约翰公司工作期间，棒约翰公司与胡某星及胡某星所在学校间并未签订三方协议，棒约翰公司也没有向胡某星所在学校支付任何费用。胡某星每天工作8小时。棒约翰公司每月通过银行发放胡某星的实习补贴至2015年6月，银行对账单中的摘要标注为“工资”。2015年4月17日胡某星在上班路上发生交通事故，并住院手术，后未再至棒约翰公司处工作。2015年6月22日，胡某星领取到东南大学成贤学院的毕业证书。2015年7月15日，胡某星向南京市劳动人事争议仲裁委员会提出仲裁申请，请求确认其与棒约翰公司之间存在劳动关系。2015年7月23日，棒约翰公司作出《终止实习协议通知书》，终止胡某星、棒约翰公司双方签订的《在校生实习协议》。2015年8月27日，南京市劳动人事争议仲裁委员会经审查认为，胡某星至棒约翰公司实习以及发生交通事故时为在校大学生，且胡某星发生交通事故后未再至棒约翰公司处工作，故裁决对胡某星的仲裁请求不予支持。胡某星不服，于法定期限内诉至一审法院。

一审法院认为，胡某星与棒约翰公司签订协议时已年满22周岁，符合《劳动法》规定的就业年龄，具备与用工单位建立劳动关系的行为能力与责任能力，且法律并未将在校学生排除在外，学生身份并不当然限制胡某星作为普通劳动者加入劳动力群体。原劳动部《关于贯彻执行〈中华人民共和国劳动法〉若干问题的意见》第十二条规定：“在校生利用业余时间勤工助学，不视为就业，未建立劳动关系，可以不签订劳动合同。”该规定应指在校学生不以就业为目的，利用学习之余的空闲时间打工补贴学费、生活费的情形。本案中胡某星进入棒约翰公司时距离其毕业只剩3个多月的时间，棒约翰公司在录用胡某星时对其学习情况、毕业时间应当清楚，双方签订的协议期限持续到胡某星毕业后近9个月，可以看出胡某星向棒约翰公司明确表达了求职就业的愿望，棒约翰公司也认可胡某星的就业目的，双方就此形成真实的劳动关系，而且胡某星在棒约翰公司处每天工作时间达8小时，并非利用业余时间勤工助学，而是以就业为目的在棒约翰公司处工作。棒约翰公司主张胡某星为实习生，不具备劳动主体资格，但实习是以学习为目的，到机关、企业、事业单位等参加社会实践，巩固、补充课堂知识，没有工资，不存在由实习生与单位签订劳动合同、明确岗位、报酬、福利待遇等的情形。胡某星的情形显然不属于实习。胡某星、棒约翰公司签订的《在校生实习协议》本质上为劳动合同，胡某星、棒约翰公司之间存在劳动关系，该协议属双方真实意思表示，不违反法律、行政法规的禁止性规定，合法、有效，对双方均具有法律约束力。综上，一审法院依据《劳动法》第十七条、第十八条，《民事诉讼法》第六十四条、第一百四十二条之规定，判决：确认胡某星与棒约翰公司自 2015 年 3 月 2 日起存在劳动关系。

在二审期间，当事人围绕上诉请求依法提交了证据。法院组织当事人进行了证据交换和质证。

被上诉人胡某星提交了一组电子邮件打印件，该组邮件系胡某星于 2015 年 2 月 6 日至 17 日应聘期间，其与棒约翰公司人事部员工许某丽的电子往来邮件。其中 2015 年 2 月 17 日许某丽发送给胡某星的电子邮件中，附有一份棒约翰公司给胡某星的录用聘书，聘书上载明："实习协议：一年（拿到毕业证书后即可换签劳动合同）；工作时间：做五休二，每天工作 8 小时；转正后社保缴纳：苏州当地社保；公积金：委托外企德科代办……" 2015 年 2 月 17 日胡某星发送给许某丽的电子邮件中，胡某星就社会保险缴纳地点的问题向许某丽询问"社保缴纳为什么是苏州不是南京"。胡某星以此证明其至棒约翰公司应聘系以就业为目的，棒约翰公司知晓胡某星即将毕业的事实，双方签订的实习协议具备劳动合同的全部内容，故其与棒约翰公司签订的"在校生实习协议"本质上是劳动关系。

棒约翰公司质证认为，对该组证据的真实性不持异议，但与本案不存在关联性。邮件中"拿到毕业证书后换签劳动合同"的表述，恰恰能够证明只有在胡某星拿到毕业证书之后，棒约翰公司才会与胡某星签订劳动合同，而在胡某星拿到毕业证书之前，因胡某星不具备劳动者的主体资格，双方不可能形成劳动关系，所以签订的是实习协议而非劳动合同。双方对社会保险缴纳等问题的沟通，也证明因胡某星的身份关系在学校，缺少身为劳动者的主体资格，所以棒约翰公司才无法为其缴纳社会保险。双方即使存在劳动关系，也应当自胡某星拿到毕业证书之后。

法院认定如下：棒约翰公司对胡某星提供的与棒约翰公司人事部许某丽之间的电子往来邮件的真实性不持异议，法院对该组证据的真实性予以确认。棒约翰公司发给胡某星的录用聘书中，明确载明“拿到毕业证书后换签劳动合同”以及缴纳社会保险等事宜，该内容可以印证胡某星应聘棒约翰公司系以求职为目的，且棒约翰公司应当知晓，故该证据与本案存在关联性。对一审法院查明的无争议事实，因双方当事人不持异议，二审法院予以确认。

法院认为：本案争议焦点为胡某星与棒约翰公司之间是否存在劳动关系。关于在校大学生能否成为劳动关系的主体，我国劳动法律法规并未作出禁止性规定。《劳动法》第十五条第一款规定：“禁止用人单位招用未满十六周岁的未成年人。”原劳动部《关于贯彻执行〈中华人民共和国劳动法〉若干问题的意见》第四条规定：“公务员和比照实行公务员制度的事业组织和社会团体的工作人员，以及农村劳动者（乡镇企业职工和进城务工、经商的农民除外）、现役军人和家庭保姆等不适用劳动法。”该条规定并未将在校大学生包括在内。胡某星应聘棒约翰公司时已满 22 周岁，是即将毕业的大学四年级学生，具有完全民事行为能力和责任能力，依法具有与用人单位建立劳动关系的主体资格。上诉人关于胡某星是在校大学生、不是法律意义上的劳动者的上诉理由无法律依据。

原劳动部《关于贯彻执行〈中华人民共和国劳动法〉若干问题的意见》第十二条规定：“在校生利用业余时间勤工助学，不视为就业，未建立劳动关系，可以不签订劳动合同。”该规定从规范劳动合同制度的角度，将“利用业余时间勤工助学”的在校生排除在劳动关系主体之外。胡某星应聘棒约翰公司时，虽然离毕业还有 3 个多月，但已基本完成了学业，其在取得毕业证书之前进入劳动力市场的行为并不受法律所限制。其每周工作 5 天、每天工作 8 小时的作息时间，符合全日制劳动合同的特点。其与棒约翰公司签订的期限为一年协议，时间跨度至其毕业以后，也与利用学习之余提供短期或不定期劳务的勤工助学情形不相符合。此外，从胡某星与棒约翰公司之间有关应聘事项的电子邮件看，棒约翰公司对胡某星系即将毕业的在校学生身份是明知的，双方就社会保险待遇问题亦有沟通，且棒约翰公司承诺胡某星在“毕业后换签劳动合同”。由此可见，胡某星与棒约翰公司签订《在校生实习协议》的目的，是与棒约翰公司建立稳定的劳动关系，而非“利用业余时间勤工助学”。一审法院对该规定的理解并无不当，上诉人就此提出的上诉理由不能成立。

棒约翰公司与胡某星签订的合同名称虽为《在校生实习协议》，但从棒约翰公司发布的招聘信息、胡某星应聘和面试的过程，以及双方所订协议中工作岗位明确、劳动报酬亦不显著低于同行业劳动者的劳动报酬等内容看，胡某星为棒约翰公司提供的劳动，显然不同于在校大学生以学习为目的而进行的社会实践活动。综上，胡某星为棒约翰公司提供的劳动既不属于“利用业余时间勤工助学”，也不属于以学习和教学为目的的在校学生实习，胡某星与棒约翰公司之间自 2015 年 3 月 2 日起存在劳动关系。上诉人主张胡某星提供的劳动系在校生实习的上诉理由不能成立。

综上，上诉人棒约翰公司的上诉理由不能成立，对其上诉请求不予支持。一审法院认定事实清楚，所作判决并无不当，二审法院予以维持。依照《民事诉讼法》第一百七十条第一款第（一）项之规定，判决驳回上诉，维持原判。

专题二　大学生劳动法律主体资格研究

【典型案例】[1]

郭某因与江苏益丰大药房连锁有限公司（以下简称益丰公司）发生劳动争议纠纷，向江苏省南京市白下区人民法院提起诉讼。

郭某是南京市莫愁职业高级中学 2008 届毕业生。2007 年 10 月，郭某至益丰公司处进行求职登记，经益丰公司人力资源部和总经理审核，同意试用。2007 年 10 月 30 日双方签订劳动合同，为期三年，自 2007 年 10 月 30 日起至 2010 年 12 月 30 日止。2008 年 7 月，益丰公司以双方是否存在劳动关系持有异议为由，向南京市白下区劳动争议仲裁委员会提起仲裁申请，请求确认双方之间的劳动关系不成立。南京市白下区劳动争议仲裁委员会于 2008 年 8 月 19 日作出仲裁决定，以郭某系在校学生，不符合就业条件，不具有建立劳动关系的主体资格，争议不属于劳动争议处理范围为由，决定终结仲裁活动。郭某对此不服，认为与益丰公司之间存在劳动关系，双方签订的劳动合同真实、合法、有效，请求法院判决确认与益丰公司之间的劳动合同有效。

益丰公司辩称：郭某签订劳动合同时的身份为在校学生，根据原劳动部《关于贯彻执行〈中华人民共和国劳动法〉若干问题的意见》的规定，在校学生不具备劳动关系的主体资格。《工伤保险条例》也没有将在校学生

〔1〕 郭某诉江苏益丰大药房连锁有限公司劳动争议案，载《最高人民法院公报》2010 年第 6 期。

纳入参保范围，亦充分说明在校学生不属于劳动者的范畴。同时郭某也不具备劳动合同约定的录用条件。益丰公司在招聘简章及与郭某签订的劳动合同中约定的录用条件是具备中专以上学历，而郭某于2008年7月方毕业，其签约时并不具备益丰公司要求的录用条件。因此，与郭某之间的合同名为劳动合同，实为实习合同，与郭某之间所建立的不是劳动关系，不属于劳动法调整的劳动法律关系。请求依法驳回郭某的起诉。

南京市白下区人民法院一审查明：郭某系江苏广播电视大学（南京市莫愁中等专业学校办学点）药学专业2008届毕业生，于2008年7月毕业。2007年10月26日郭某向益丰公司进行求职登记，并在益丰公司的求职人员登记表中登记其为南京市莫愁职业高级中学2008届毕业生，2007年是其实习年。2007年10月30日郭某与被告签订劳动合同书一份，期限三年，从2007年10月30日起至2010年12月30日止；其中试用期60天，从2007年10月30日起至12月30日止。合同还约定，录用条件之一为具备中专或中专以上学历；郭某从事营业员工作；试用期满后月工资收入不少于900元，试用期工资标准不低于同工种同岗位职工工资的80%等。2008年7月21日，益丰公司向南京市白下区劳动争议仲裁委员会提出仲裁申请，请求确认其与郭某之间的劳动关系不成立。南京市白下区劳动争议仲裁委员会经审查，依据原劳动部《关于贯彻执行〈中华人民共和国劳动法〉若干问题的意见》，于2008年8月19日作出仲裁决定，以郭某系在校学生，不符合就业条件，不具有建立劳动关系的主体资格，在校学生勤工助学或实习与用人单位之间的关系不属于《劳动法》的调整范围，故益丰公司与郭某之间的争议，不属劳动争议处理范围为由，决定终结仲裁活动，并于2008年8月27日送达了仲裁决定书。

法院经审理认为：实习是以学习为目的，到相关单位参加社会实践，没有工资，不存在由实习生与单位签订劳动合同、明确岗位、报酬、福利待遇等情形。本案中，郭某虽于2008年7月毕业，但其在2007年10月26日明确向益丰公司表达了求职就业愿望，并进行了求职登记，求职人员登记表中登记其为2008届毕业生，2007年是其实习年。2007年10月30日郭某与益丰公司自愿签订了劳动合同。益丰公司对郭某的情况完全知情，双方在此基础上就应聘、录用达成一致意见，签订了劳动合同，而且明确了岗位、报酬。该情形不应视为实习。郭某与益丰公司签订劳动合同时已年满19周岁，符合《劳动法》规定的就业年龄，具备与用工单位建立劳动关系的行为能力和责任能力。

【法理分析】

法院认为，即将毕业的大专院校在校学生以就业为目的与用人单位签订劳动合同且接受用人单位管理，按合同约定付出劳动；用人单位在明知求职者系在校学生的情况下，仍与之订立劳动合同并向其发放劳动报酬的，该劳动合同合法有效，应当认定双方之间形成劳动合同关系。

首先，判断郭某与益丰公司签订的劳动合同是否有效，要看郭某是否具备劳动关系的主体资格。郭某与益丰公司签订劳动合同时已年满19周岁，符合《劳动法》规定的就业年龄，具备与用工单位建立劳动关系的行为能力和责任能力。原劳动部《关于贯彻执行〈中华人民共和国劳动法〉若干问题的意见》第四条规定，公务员和比照实行公务员制度的事业组织和社会团体的工作人员，以及农村劳动者、现役军人和家庭保姆不适用劳动法，并未将在校学生排除在外，学生身份并不当然限制郭某作为普通劳动者加入劳动力群体。该意见第十二条规定："在校生利用业余时间勤工助学，不视为就业，未建立劳动关系，可以不签订劳动合同。"该条规定仅适用于在校生勤工助学的行为，并不能由此否定在校生的劳动权利，推定出在校生不具备劳动关系的主体资格。综上，法律并无明文规定在校生不具备劳动关系的主体资格，故郭某能够成为劳动关系的主体。

其次，郭某于益丰公司处劳动的行为不属于该意见第十二条规定的情形。该条规定针对的是学生仍以在校学习为主，不以就业为目的，利用业余时间在单位进行社会实践打工补贴学费、生活费的情形。勤工助学和实习时，学生与单位未建立劳动关系，可以不签订劳动合同，不需要明确岗位、报酬、福利待遇等。郭某的情形显然不属于勤工助学或实习。郭某在登记求职时，已完成了全部学习任务，明确向益丰公司表达了求职就业愿望，双方签订了劳动合同书。郭某在与益丰公司签订劳动合同后，亦按照规定内容为益丰公司付出劳动，益丰公司向郭某支付劳动报酬，并对其进行管理，这完全符合劳动关系的本质特征。故益丰公司辩称双方系实习关系的理由不能成立。

最后，郭某签约时虽不具备被告益丰公司要求的录用条件，但郭某在填写益丰公司求职人员登记表时，明确告知益丰公司其系 2008 届毕业生，2007 年是学校规定的实习年，自己可以正常上班，但尚未毕业。益丰公司对此情形完全知晓，双方在此基础上就应聘、录用达成一致意见，并签订劳动合同。因此，劳动合同的签订是双方真实意思的表示，不存在欺诈、隐瞒事实或胁迫等情形，并没有违反法律、行政法规的规定，且郭某已于 2008 年 7 月取得毕业证书，益丰公司辩称郭某不符合录用条件的理由亦不能成立。

我国的高等教育一贯重视实践性教学，在重视培养学生理论素养的同时应当加强对学生理论联系实践能力的培养，重视对学生解决问题能力的培养，每一位普通高等学校的学生都应当进行6 个月左右的毕业实习，有的学校还会在暑期、寒假为学生提供短期实习机会。作为职业教育体系中的高职院校、中职院校，更加重视学生职业技能的培养，一些职业院校在硬件建设过程中，将教室（实训室）建设成车间，把车间搬进校园便于对学生职业技能的培养；在教学计划中根据需求设置 1 ~6 个月不等的认识实习、顶岗实习环节；同时，在最后一个学期中设置毕业实习教学制度，顶岗实习与毕业实习并行。无论是毕业实习、顶岗实习，还是暑期、寒假短期实习，学生不仅要完成学校的教学内容，接受学校的教育管理；而且还要在实习单位工作，遵守实习单位的规章制度，这样就形成了不同阶段的学生、学校、实习单位三方的复杂法律关系，在这一法律关系中各自的权利义务是什么，理论界和实务界有着较大的争议。

【理论释义】

一、法律主体

法律主体是法律关系的子概念，法律关系包括法律关系主体、法律关系客体、法律关系内容三个方面。

法律关系主体（简称法律主体或者主体）：作为法律关系的参加者，就是在法律关系中享有权利或承担义务的人，法律上所称的“人”主要包括自然人和法人。自然人是指有生命并具有法律人格的个人，包括具有中国国籍的公民、外国人和无国籍的人。法人是与自然人相对应的民事主体，指具有法律人格，能够以自己的名义独立享有权利或承担义务的组织，就是通常所说的国家机关、事业单位、社会组织和各种类型的企业（如国有企业、股份有限公司、有限责任公司、私营企业等）。在我国，法律主体一般包括国家、机构和组织以及公民；有的学者也将法律主体表述为自然人、法人、国家。

法律关系客体（简称法律客体或者客体）：是指权利和义务所指向的对象，又称权利客体、义务客体。它是将法律关系主体之间的权利与义务联系在一起的中介，没有法律关系的客体作为中介，就不可能形成法律关系。因此，客体是构成任何法律关系都必须具备的一个要素。

法律关系内容：是指法律关系主体间在一定条件下依照法律或约定所享有的具体权利和承担的具体义务。

在劳动法领域，劳动法律关系是由劳动法律关系主体、劳动法律关系客体、劳动法律关系内容构成的。劳动法律关系主体包括劳动者、用人单位、劳动者团体（工会）、用人单位团体（行业协会）；劳动法律关系客体主要是指劳动行为；劳动法律关系内容是劳动者和用人单位在劳动法律关系中各自承载的权利与义务。

（一）用人单位

用人单位，顾名思义是“使用人（劳动力）的单位”，这是我国本土独创的概念，在我国现行的劳动法律法规中，是指依法成立的，具有用人权利能力和用人行为能力（依法招用、管理、使用劳动者并向劳动者承担相关义务的能力），对劳动者实施管理，组织生产劳动，且向劳动者支付工资等劳动报酬的单位。国外常常称为企业主、资方、雇主等。

按照《劳动法》第二条和《劳动合同法》第二条的规定，用人单位的类型包括以下几种。

1. 企业、个体经济组织、民办非企业单位等组织

企业在《现代汉语词典》中的解释为：从事生产、运输、贸易等经济活动的部门，如工厂、矿山、铁路、公司等。现代经济学理论认为，企业本质上是“一种资源配置的机制”，其能够实现整个社会经济资源的优化配置，降低整个社会的“交易成本”；企业是以营利为目的，按照一定的组织规律，有机构成的经济实体，以实现投资人、客户、员工、社会大众的利益最大化为使命，通过提供产品或服务换取收入。企业是社会发展的产物，因社会分工的发展而成长壮大。在市场经济体制下，企业是一种生产组织形式，我国现行的法律法规框架下，企业是指从事产品生产、流通或服务性活动等实行独立经济核算的经济单位，包括各种所有制类型的企业，如工厂、农场、公司等。劳动法和劳动合同法中所指的企业是指我国境内的依法注册或登记的组织，包括法人企业和非法人企业、国有企业和非国有企业、内资企业和外资企业。

个体经济组织在民法上是指由一个人或者少数几个人组成，以自然人财产为基础，依法独立承担民事责任的经济组织，主要包括农村承包经营户和个体工商户两大类。在劳动法律规范中仅仅是指经工商登记注册、并招用雇工在7人以下的个体工商户。

民办非企业单位是指企业事业单位、社会团体和其他社会力量以及公民个人利用非国有资产举办的，从事非营利性社会服务活动的组织，如民

办学校、私立医院、民办图书馆等。[1] 成立民办非企业单位，应当经其业务主管单位审查同意，并依照《民办非企业单位登记管理暂行条例》的规定登记。

其他组织就是指依法成立的会计师事务所、律师事务所、税务师事务所、审计师事务所、专利事务所等合伙组织和基金会。

2. 国家机关、事业组织、社会团体

国家机关包括国家权力机关、国家行政机关、国家司法机关、国家军事机关、政协等单位，其中的工作人员分为三种情况，一是适用《公务员法》的工作人员（公务员）；二是适用《劳动法》《劳动合同法》的工勤人员；三是适用《民法典》的劳务派遣人员或退休返聘人员等。

事业组织可以分为三种情况：一是具有管理公共事务职能的组织，如证券监督管理委员会、保险监督管理委员会、银行业监督管理委员会等，其录用的工作人员是参照公务员法进行管理的，不适用本法。二是实行企业化管理的事业单位，这类事业单位与职工签订的是劳动合同，适用《劳动法》《劳动合同法》的规定。三是部分实行企业化管理的事业单位，如学校、医院、科研院所等，这类事业单位中的工作人员，既有适用《公务员法》的又有适用《劳动法》《劳动合同法》的，也有适用《民法典》的，需要具体情况具体分析。

社会团体，是指中国公民自愿组成，为实现会员共同意愿，按照其章程开展活动的非营利性社会组织，常见于宗教、科技、文化、艺术、慈善事业等行业。成立社会团体除需要一定数目的人员组成以外，应当制定章程、应当经其业务主管单位审查同意，并依照《社会团体登记管理条例》的规定进行登记。社会团体作为劳动法上的用人单位必须进行内部区分：一是社会团体中适用《公务员法》的工作人员，按照公务员法进行管理；二是社会团体中适用《劳动法》《劳动合同法》的工勤人员，按照劳动法律法规进行管理。

---

〔1〕 参见郑布英主编：《劳动法律实训教程》，法律出版社 2011 年版，第 18 页。

此外，法律规定用人单位设立的分支机构，依法取得营业执照或者登记证书的，可以作为用人单位；未依法取得营业执照或者登记证书的，受用人单位委托可以与劳动者订立劳动合同。

在我国，家庭或者个人不属于用人单位的范畴。

总之，国家机关、事业单位、社会团体作为劳动合同法规定的用人单位主体的组织，最基本的特征有三个：一是合法成立，二是有一定的组织机构和财产，三是与劳动者签订劳动合同或者聘用合同。国家机关、事业组织、社会团体实行劳动合同制度的以及按规定应实行劳动合同制度的工勤人员；实行企业化管理的事业组织的人员；其他通过劳动合同与国家机关、事业组织、社会团体建立劳动关系的劳动者，均适用《劳动法》和《劳动合同法》。具体见表2－1。

表2－1　《劳动合同法》中的用人单位

<table>
<tr><td>企业</td><td colspan="2">国有企业、民营（私营）企业、有限责任公司、股份有限公司、“三资”企业等</td></tr>
<tr><td>个体经济组织</td><td colspan="2">经工商登记注册并招用雇工的个体工商户</td></tr>
<tr><td>民办非企业单位</td><td colspan="2">民办学校、私立医院、民办图书馆、会计师事务所、律师事务所等</td></tr>
<tr><td>国家机关</td><td>聘用制公务员、具有专业技术的合同制工作人员、工勤人员、公益性岗位、其他临时用工人员</td><td rowspan="3">主要是非公务员身份的人员</td></tr>
<tr><td>事业单位</td><td>实行企业化管理的事业单位</td></tr>
<tr><td>社会团体</td><td>聘用制工作人员、具有专业技术的合同制工作人员、工勤人员、公益性岗位、其他临时用工人员</td></tr>
</table>

（二）劳动者

劳动者就是“劳动的人”，是对从事劳作活动一类人的统称。劳动者是一个含义非常广泛的概念，凡是具有劳动能力，以从事劳动获取合法收入作为生活资料来源的公民都可称为劳动者。不同的学科对劳动者这一概念具有不同的界定，而且在不同的社会制度和社会体制下，关于劳动者概念的理解也各不相同。劳动者有广义和狭义之分，广义的劳动者就是劳动的人，只要是付出劳动力，换取劳动报酬的人均是劳动者；狭义的劳动者是在劳动法律规范下特指的一部分人。

社会学上定义的“劳动者”是指一个包括中小资产阶级、公务员、知识分子、自由职业者、工人、农民、渔民和手工业者在内的多阶级政治集合。

哲学上的定义：劳动者是指参加劳动并以自己的劳动收入为生活资料主要来源的人。这个定义包括两个方面：其一，劳动者指的是参加劳动的人，包括体力劳动者和脑力劳动者；其二，劳动者指的是以自己的劳动收入作为生活资料主要来源的人。

法学定义：“劳动者”具体指达到法定年龄、具有劳动能力、身体健康、智力正常，以从事某种社会劳动获得收入为主要生活来源，依据法律或合同的规定，在用人单位的管理下从事劳动并获取劳动报酬的自然人（包括中国人、外国人、无国籍人）。并不是所有自然人都是合法的劳动者，要成为合法的劳动者必须具备一定的条件并取得劳动权利能力和劳动行为能力，区别于“非法劳动者”，如偷渡者打工。对其称呼有：职工、工人、学徒、帮手、帮工等。劳动权利能力指公民享有参加劳动的机会，并领受劳动报酬的资格。劳动行为能力是指公民能够以自己的行为行使劳动权利和履行劳动义务的能力。劳动权利能力和劳动行为能力不是同时产生的，不是统一而不可分割的，只有年满法定最低就业年龄的公民才能同时拥有这两种能力。

总之，劳动法意义上的劳动者具备三个条件：条件之一是年龄适格，即劳动者的主体资格，始于劳动者最低用工年龄（除特种工作外为16周岁），终于法定退休年龄。劳动者达到法定退休年龄后即丧失劳动者主体资格，不能再与单位形成劳动关系。条件之二是身体健康且智力正常，这里要区别身体有残缺或智力有缺陷的情形；身体有残缺或智力有缺陷的自然人只能从事与其身体状况、智力状况相适应的工作，这类人群有专门的法律予以保护，如《残疾人保障法》，并不是我们常理上理解的劳动者。条件之三就是行为自由即能够自由支配自己的劳动能力，从事某种社会劳动并获得收入报酬作为主要生活来源。同时具备以上三种条件的劳动者才是法律意义上的劳动者。具体见表2-2。

表2-2 劳动者的法律规定

法定条件	一般规定	除外规定
法定年龄	最低就业年龄：16周岁 最高就业年龄：退休年龄（男性工人55周岁、男性干部60周岁；女性工人50周岁、女性干部55周岁）	文艺、体育、特种工艺单位可以低于16周岁
劳动能力	劳动权利能力和劳动行为能力	
身体健康	能够从事某种社会劳动获得收入	身体障碍人员
智力正常	能够辨认和控制自己的行为	精神障碍人员
行为自由	能够自由支配自己的劳动能力	在校大学生

《关于贯彻执行〈中华人民共和国劳动法〉若干问题的意见》对劳动者界定方式采用的是排除法，其中明确规定5类人员不适用劳动法律法规：(1) 公务员；(2) 比照实行公务员制度的事业组织和社会团体的工作人员；(3) 农村劳动者（乡镇企业职工和进城务工、经商的农民除外）；(4) 现役军人；(5) 家庭保姆。

劳动者是否为在校学生确实关系到劳动者工作时间是否受影响、能否顺利完成所承担的工作，因而是用人单位选任劳动者，以及发生劳动争议时法院审查劳动者履约情况的重要参考依据。但这不应成为审查并确定劳动者劳动主体资格的依据，审查劳动者签订劳动合同的主体资格应从该劳动者是否具备劳动权利能力和劳动行为能力两方面进行考虑。就其劳动权利能力而言，唯一的问题就是尚未大学毕业是否导致了某种权利能力的限制。众所周知，我国的义务教育法对公民施加了接受九年制教育的义务，公民在接受义务教育期间，显然不能同时再履行劳动合同。客观上，义务教育期间亦基本在劳动法规定的最低劳动年龄限制16周岁以内，从法律层面看，此时公民是不具备劳动权利能力的。在完成义务教育后，公民一般已满16周岁，只要身体健康，便具备了劳动权利能力，其继续接受更高层级的教育并不代表其劳动权利能力受到限制，简言之，当履行劳动合同与求学发生冲突时，在校学生甚至可以选择退学来履行劳动合同。尽管教育管理部门确有一些限制学生打工、就业的规定，但这仅是教育业内的管理规范，并不能限制、剥夺学生的劳动权利能力，亦无对抗劳动法、劳动合同法的效力。因此，是否大学毕业并非劳动就业的法定准入门槛。

二、大学生的劳动法主体资格问题

大学生作为半个“社会人”，其社会关系主要是学校和学生之间的教育行政管理关系。在完成学业的同时，常常会出现利用业余时间进行勤工俭学、利用寒暑假进行社会实践的情况，此外还有跟岗实习、顶岗实习、毕业实习等学业任务需完成。实习是以学习为目的，到机关、企业、事业单位甚至是农村参加具体的工作或参与具体的项目，巩固、补充课堂知识，没有工资，有的甚至还要由学校或个人向实习单位交纳实习费。现实中，即将毕业的大学生与用人单位签订劳动合同，但嗣后用人单位以大学生未领毕业证，仍是学生，不具备劳动关系主体资格为由否定合同效力的情形较为常见，导致纠纷频发，大学生的合法权利受到侵害。因此，从法律上明确大学生签订劳动合同的效力，有利于解决争议，保护大学生的合法劳动权益，规范企业用工行为，保障大学生就业市场秩序。

（一）不具有劳动法主体资格的大学生

尚未毕业的在校学生，进行勤工助学、跟岗实习、顶岗实习时，大学生与用人单位之间并不是劳动法律关系。

1995年原劳动部颁布《关于贯彻执行〈中华人民共和国劳动法〉若干问题的意见》中对“勤工助学”的大学生的法律身份有明确的规定。“在校生利用业务时间勤工助学，不视为就业，未建立劳动关系，可以不签订劳动合同。”这一规定也是当前司法审判中认定是否适用劳动法律制度的关键。

跟岗实习、顶岗实习是学校教学计划的组成部分，实习人员是以学习技能为最终目的，即使用人单位向实习人员支付工资报酬，用人单位与实习人员之间也不是劳动法律关系，而仅仅是普通的民事法律关系。

我国现行高校办学模式日渐增多，高校招生的社会背景已大不相同，如果仍然僵硬地套用这一规定，已不合时宜。虽然目前劳动行政部门、教育行政部门对在校生利用业余时间勤工助学、职业学校学生实习管理规定作出了行政性规定，但在校生未毕业“提前”工作的样态复杂，判断不同情况下双方能否形成劳动关系，存在什么样的权利义务，尚无明确的法律法规及规章依据。实践中，除依据勤工助学协议、三方实习协议或者口头的约定进行事实认定外，还必须秉持法律事实与客观事实相统一，合理运用法律的评价与指引功能，才能有效地抵制用人单位的违法行为，切实保护在校大学生的合法权益。

（二）大学生毕业实习阶段的法律主体资格

实践中存在大量毕业实习阶段的大学生与用人单位签订劳动合同，明确工作岗位、报酬、福利待遇等情形的事件，大学生与用人单位发生各种各样的纠纷，可以区分为两种情况。

1. 大学生属于劳动法主体，大学生与用人单位之间构成劳动关系

大学生与用人单位之间通常存在4 种情形：一是属于在正式领取毕业证前到工作单位工作，工作单位对其和其他员工实行同样要求、管理和待遇；二是因个别课程考试不及格仅获得结业证而非毕业证，到工作单位工作；三是在职人员考取全日制硕士、博士后，在读期间仍然为原单位工作；四是在校生辍学、休学直接参加工作，但学校一直保留其学籍的。这4 种情况的大学生属于劳动法主体，原因如下。

首先，劳动者应达到我国法律、行政法规对劳动者要求的相关规定，且不在排除对象范围之列。原劳动部《关于贯彻执行〈中华人民共和国劳动法〉若干问题的意见》第四条规定，“公务员和比照实行公务员制度的事

业组织和社会团体的工作人员，以及农村劳动者（乡镇企业职工和进城务工、经商的农民除外）、现役军人和家庭保姆等不适用劳动法”，可见，该规定并未将在校学生排除在外。《劳动法》第十五条规定：“禁止用人单位招用未满十六周岁的未成年人。文艺、体育和特种工艺单位招用未满十六周岁的未成年人，必须依照国家有关规定，并保障其接受义务教育的权利。”此规定说明我国劳动法对劳动者有最低年龄16周岁的限制，毕业实习阶段的大学生虽为学生身份，但是已年满16周岁，其学生身份并不当然限制其作为普通劳动者与用工单位签订劳动合同。

其次，劳动者签订劳动合同时应如实、明确告知用工单位其与签订劳动合同有关的个人信息。《劳动合同法》第八条规定：“……用人单位有权了解劳动者与劳动合同直接相关的基本情况，劳动者应当如实说明。”毕业阶段的大学生在订立劳动合同时，如实且明确地告知了用工单位其毕业生的身份，以及毕业院校、所学专业、学历等情况，各项条件均符合用工单位的招录要求，用工单位对此完全知情；双方在此基础上就应聘、录用达成一致意见，签订了劳动合同。这样签订的劳动合同不存在任何欺诈、隐瞒的情形，系双方真实意思表示，且不违反法律、行政法规的禁止性规定，应对合同双方具有法律约束力。

2. 大学生不属于劳动法主体，大学生与用人单位之间不构成劳动关系

常见的有3种情形，一是在正式领取毕业证前到工作单位熟悉工作环境，工作单位对其管理比较松散，仅安排其从事一些辅助性工作；二是在学校的参与下与工作单位签订三方实习协议，由学校和工作单位共同对其进行管理；三是在校生利用业余时间勤工助学，工作单位根据其工作时间、工作成果支付报酬。

以上情形中的大学生仍然属于在校生，其在实习中虽然参与一定的劳务活动，但这同样是教学计划的组成部分，是在校学习的一种延伸，而不能被视为就业工作，并非法律意义上的就业，其与用人单位不具有劳动关系。即使其与用工单位签订劳动合同亦常会被笼统地误认定为勤工助学或实习，而非正式的就业。综上，大学生是否具备劳动法主体资格，应根据

具体事实和法律规定合理评判，不应笼统认定。

三、大学生劳动权益的救济

（一）大学生自身应不断提高劳动法律素养

大学生应树立正确观念，坚持以完成学业为首要任务，勤工助学应利用课外或假期进行，跟岗实习、顶岗实习、毕业实习也应以加深对课堂教学的理解和认识为目的，不能让尽快打工挣钱的想法影响学业的正常完成。大学生应与单位签订书面协议或合同，并注意留存能够证明自身权利的各项证据；对于用人单位以实习为名规避劳动法的行为，可通过向劳动行政部门举报，或以提起劳动争议仲裁、诉讼的方式予以解决，维护自身合法权利。

（二）学校应加强教育管理职能

学校应严格遵守国家相关法律规定，分类别分层次规范实习制度。对勤工助学、跟岗实习、毕业实习、社会实践等教学活动应有明确的、可操作的规定，如学校、实习单位、在校生之间签订三方实习协议，明确各方的权利义务责任；学校为学生实习购买实习保险，确保学生安全；学校应要求学生定期回校报到，掌握学生的实习情况，参与学生的实习管理，对未完成实习工作的学生应及时处理；采取定期与学生家长沟通等方式加强对即将毕业学生最后阶段的管理。

（三）用人单位应规范使用实习生

用人单位接收实习生，应当要求实习生提供所在学校的介绍信，核实情况后再与其签订实习协议；将实习生与正式员工区别管理，尽量安排其从事一些辅助性工作，不得安排其加班或从事有危险性的工作，不得以实习为名掩盖实际劳动关系；应依法保障实习生的人身和财产权利，如实向学校反馈实习情况等。

总之，以就业为目的的实习，且学生与用人单位签订的劳动合同中也已明确约定了岗位、劳动报酬、福利待遇等条件的，这种情况下的大学生具备劳动法主体资格，双方发生劳动方面的纠纷，可以按照相关的劳动法律法规的规定维护自身权益。如果实习不是以就业为目的，在校生也没有与实习单位签订劳动合同，而仅是签订实习协议或者实习协议也未签订的，在校生就不具备劳动法主体资格，双方发生劳动方面的纠纷，只能按照相关的民事法律法规的规定维护自身权益。

（四）政府应出台具体法律规定，厘清现行法律条文之间的关系

对于劳动法规范的法律主体，现今的法律是用一般法的形式进行保护，用颁布指导性案例的方式规范司法实践。整合现有立法资源，增强可操作性，推行统一立法模式是解决劳动法律主体资格规定不一的主要手段。这样立法，可以彰显公平，使所有劳动者享受平等的国民待遇，真正实现法律面前人人平等。立法机构可以制定单行法规，扩大保护对象的范围，体现普适性。对于在校大中专院校学生、退休返聘人员等人员用专门的法条进行列举保护。加强大中小学生的劳动法制教育，提升劳动者自身法律素养，也能够减少侵权事件的发生，最大限度地保护劳动者、用人单位自身利益。

【拓展案例】[1]

金某峰原为常熟市练塘职业技术学校 11 级中专电子技术应用专业班在读在籍学生，学制 3 年，2014 年 6 月毕业。2013 年 7 月 11 日，金某峰持常熟市练塘职业技术学校实习推荐表前往程氏印染公司实习，后程氏印染公司

---

〔1〕 金某峰与常熟市沙家浜程氏印染有限公司确认劳动关系纠纷案，江苏省苏州市中级人民法院（2015）苏中民终字第 00100 号民事判决书。

与金某峰签订了一份劳动合同书，载明："一、劳动合同期限 1. 固定期限：自 2013 年 7 月 12 日起至 2014 年 1 月 25 日止……二、工作内容及要求　1. 甲方安排乙方在棉车间（地点）从事技术科（岗位）工作，乙方同意按甲方安排的工作内容和岗位，按时完成工作任务，并达到规定的质量标准。……五、劳动报酬与社会福利　1. 甲方执行国家有关工资支付的规定，遵守最低工资保障制度。甲方按月支付乙方工资，工资发放日为每月 8 日。2. 双方约定，乙方的工资分配形式为综合工时工资制。……5. 经甲乙双方协商一致，甲方对乙方实行基本工资和绩效工资相结合的内部工资分配办法，乙方的基本工资为每月 1530 元，以后根据内部工资分配办法调整其工资；绩效工资根据乙方的工作业绩、劳动成果、实际贡献按照内部分配办法考核确定。……"后金某峰、程氏印染公司又续订了一份固定期限自 2014 年 2 月 15 日起至 2015 年 2 月 16 日止的劳动合同，该合同的其他内容与第一份合同内容一致。

程氏印染公司根据工作需要向金某峰发放了工作证胸卡及两季的工作服，对金某峰进行了日常的考勤及管理，程氏印染公司每月上旬支付上上个月的劳动报酬。从 2013 年 9 月 6 日至 2014 年 5 月 7 日，程氏印染公司依次向金某峰常熟农商银行 62×××85 账号支付劳动报酬为 1368 元、2327 元、2268 元、2197 元、1927 元、2001 元、1817 元、2693 元、945 元。

一审法院查明：2014 年 7 月 28 日，金某峰向常熟市劳动人事争议仲裁委员会申请仲裁，要求确认与程氏印染公司存在劳动关系。常熟市劳动人事争议仲裁委员会经审理后，于 2014 年 9 月 23 日作出常劳人仲案字（2014）第 588 号仲裁裁决书，裁决：驳回申请人金某峰的仲裁请求。金某峰不服仲裁裁决，在法定期限内向原审法院提起民事诉讼。

一审审理中，程氏印染公司对金某峰尚未毕业，属于三年制中专学习过程中最后一年实习阶段的情况表示明确知晓。

上述事实，有劳动合同书、常熟农村商业银行对私存款账户明细对账单、考勤卡、工作证胸卡、照片、仲裁裁决书、仲裁案件卷宗及原审法院庭审笔录等在卷佐证。

金某峰的诉讼请求为：请求确认金某峰、程氏印染公司之间存在劳动关系；诉讼费用由程氏印染公司承担。

一审法院认为，该案的争议焦点为金某峰与程氏印染公司是否存在劳动关系。

金某峰认为，其与程氏印染公司之间存在劳动关系。金某峰所学的是电子技术应用专业，在程氏印染公司从事的是印染厂的打样工种，专业不对口，所以不能认定金某峰为顶岗实习。金某峰是通过亲戚介绍以打工赚钱的目的进程氏印染公司从事劳动，于是签订了第一份劳动合同。在第二次签订劳动合同时，程氏印染公司明知金某峰于 2014 年 6 月毕业的情况，金某峰已经不再是实习，而是正式的员工，每天上班 12 小时，而并非利用业余时间勤工助学，金某峰接受程氏印染公司的管理，遵守规章制度，程氏印染公司也按时发放工资，双方之间已经存在完全的劳动关系。

程氏印染公司认为，双方之间不存在劳动关系。金某峰是持常熟市练塘职业技术学校推荐表到程氏印染公司处实习的，金某峰、程氏印染公司订立书面劳动合同、程氏印染公司发放金某峰工作服、工作证等行为仅是出于生产管理的需要，不等于双方之间建立了劳动关系。

一审法院认为：首先，金某峰与程氏印染公司签订书面劳动合同时已年满 17 周岁，符合《劳动法》规定的就业年龄，具备与用工单位建立劳动关系的行为能力和责任能力。原劳动部《关于贯彻执行〈中华人民共和国劳动法〉若干问题的意见》第四条仅规定了公务员和比照公务员制度的事业组织和社会团体的工作人员，以及农村劳动者、现役军人和家庭保姆不适用劳动法，并未将在校学生排除在外，即将毕业的中专学校在校学生参与劳动关系应不受限制。意见第十二条规定：“在校生利用业余时间勤工助学，不视为就业，未建立劳动关系，可以不签订劳动合同。”该条规定仅适用于在校生勤工助学的行为，并不能以此否定在校生的劳动权利，推定出在校生不具备劳动关系的主体资格，故一审法院认为金某峰能够成为劳动关系的主体。其次，程氏印染公司在对金某峰尚未毕业，属于三年制中专学习过程中最后一年实习阶段表示明确知晓的情况下，与金某峰先后签订两次劳动合同，该两份合同系双方真实意思的表示，不存在欺诈、隐瞒事实或胁迫的情形，且不违反法律规定，一审法院认定该两份劳动合同合法有效。最后，在签订第一份劳动合同后，金某峰接受程氏印染公司的管理，遵守公司各项规章制度，程氏印染公司也按月发放工资，金某峰、程氏印染公司双方均能够按照约定实际履行劳动合同。综上，一审法院认定金某峰、程氏印染公司双方之间存在劳动关系。据此，一审法院依照《劳动法》第十七条、第十八条之规定，判决：确认金某峰与程氏印染公司之间存在劳动关系。案件受理费减半收取人民币 5 元，由程氏印染公司负担。

宣判后，程氏印染公司不服，向二审法院提起上诉，其主要上诉理由为：金某峰在程氏印染公司工作时还未毕业，是持学校出具的实习推荐表到其单位顶岗实习工作，实习期间发放工作牌、工作服是程氏印染公司的规定。双方所签订的劳动合同属于实习协议，实习期间金某峰并没有纳入程氏印染公司的正式编制。一审法院依照《劳动法》第十七条、第十八条确认双方存在劳动关系错误。请求依法改判且诉讼费由金某峰承担。

金某峰答辩称：程氏印染公司明知金某峰 2014 年 6 月毕业，实习期满后，程氏印染公司在实习报告上签字盖章，证明金某峰的实习情况。金某峰学的是电子专业，在程氏印染公司的工作是打样工种，与专业并不对口，不能认定金某峰是顶岗实习。金某峰当时进厂时，不是学校推荐的，是金某峰的个人就业行为。双方续签劳动合同时，金某峰不再是实习工，而是正式工人。请求维持原判。

二审法院查明事实与一审法院查明事实一致。

二审法院认为，金某峰虽于 2014 年 6 月才毕业，但法律并未禁止在校大学生成为劳动关系的主体。本案中，程氏印染公司与金某峰签订了固定期限劳动合同，在第一份固定期限劳动合同到期后，程氏印染公司与金某峰又续签了书面劳动合同，续签的书面劳动合同期限至 2015 年 2 月 16 日，即在金某峰毕业之后。至于顶岗实习的时间双方各执一词，金某峰认为顶岗实习的时间为半年，即第一份劳动合同的期限。在第一份劳动合同到期后，双方建立了正式的劳动关系。程氏印染公司认为顶岗实习时间是一年，但未提供证据予以证明，该不利后果应由用工单位程氏印染公司承担。金某峰接受程氏印染公司的监督、管理和安排，程氏印染公司按月支付金某峰工资报酬，双方符合建立劳动关系的特征。程氏印染公司的上诉请求依据不足，二审法院不予支持。一审判决认定事实清楚，适用法律正确，所作判决并无不当，驳回上诉，维持原判。

专题三　青年就业中的劳动合同订立问题研究

【典型案例】[1]

2016年4月8日，聂某兰与北京林氏兄弟文化有限公司（以下简称林氏兄弟公司）签订了《合作设立茶叶经营项目的协议》，内容为："第一条：双方约定，甲方出资进行茶叶项目投资，聘任乙方为茶叶经营项目经理，乙方负责公司的管理与经营。第二条：待项目启动后，双方相机共同设立公司，乙方可享有管理股份。第三条：利益分配：在公司设立之前，乙方按基本工资加业绩方式取酬。公司设立之后，按双方的持股比例进行分配。乙方负责管理和经营，取酬方式：基本工资 + 业绩、奖励 + 股份分红。第四条：双方在运营过程中，未尽事宜由双方友好协商解决。第五条：本合同正本一式两份，公司股东各执一份。"

协议签订后，聂某兰到该项目上工作，工作内容为负责《中国书画》艺术茶社的经营管理，主要负责接待、茶叶销售等工作。林氏兄弟公司的法定代表人林某汤按照每月基本工资10,000元的标准，每月15日通过银行转账向聂某兰发放上一自然月工资。聂某兰请假需经林某汤批准，且实际出勤天数影响工资的实发数额。2017年5月6日林氏兄弟公司通知聂某兰终止合作协议。聂某兰实际工作至2017年5月8日。

聂某兰申请劳动仲裁，认为双方系劳动关系并要求林氏兄弟公司支付

〔1〕 聂某兰诉北京林氏兄弟文化有限公司确认劳动关系案，最高人民法院指导案例179号（2022年）。

未签订书面劳动合同二倍工资差额，林氏兄弟公司主张双方系合作关系。北京市海淀区劳动人事争议仲裁委员会作出京海劳人仲字（2017）第9691号裁决：驳回聂某兰的全部仲裁请求。聂某兰不服仲裁裁决，于法定期限内向北京市海淀区人民法院提起诉讼。

北京市海淀区人民法院于2018年4月17日作出（2017）京0108民初45496号民事判决，内容为：（1）确认林氏兄弟公司与聂某兰于2016年4月8日至2017年5月8日存在劳动关系；（2）林氏兄弟公司于判决生效后7日内支付聂某兰2017年3月1日至5月8日工资22,758.62元；（3）林氏兄弟公司于判决生效后7日内支付聂某兰2016年5月8日至2017年4月7日未签订劳动合同二倍工资差额103,144.9元；（4）林氏兄弟公司于判决生效后7日内支付聂某兰违法解除劳动关系赔偿金27,711.51元；（5）驳回聂某兰的其他诉讼请求。林氏兄弟公司不服一审判决，提出上诉。北京市第一中级人民法院于2018年9月26日作出（2018）京01民终5911号民事判决，内容为：（1）维持北京市海淀区人民法院（2017）京0108民初45496号民事判决第一项、第二项、第四项；（2）撤销北京市海淀区人民法院（2017）京0108民初45496号民事判决第三项、第五项；（3）驳回聂某兰的其他诉讼请求。

林氏兄弟公司不服二审判决，向北京市高级人民法院申请再审。北京市高级人民法院于2019年4月30日作出（2019）京民申986号民事裁定：驳回林氏兄弟公司的再审申请。

【法理分析】

林氏兄弟公司与聂某兰签订的《合作设立茶叶经营项目的协议》系自愿签订的，不违反强制性法律、法规规定，属有效合同。对于合同性质的认定，应当根据合同内容所涉及的法律关系，即合同双方所设立的权利义务进行认定。双方签订的协议第一条明确约定聘任聂某兰为茶叶经营项目经理，“聘任”一词一般表明当事人有雇用劳动者为其提供劳动之意；协议

第三条约定了聂某兰的取酬方式，无论在双方设定的目标公司成立之前还是之后，聂某兰均可获得“基本工资”“业绩”等报酬，与合作经营中的收益分配明显不符。合作经营合同的典型特征是共同出资，共担风险，本案合同中既未约定聂某兰的出资比例，也未约定共担风险，与合作经营合同不符。从本案相关证据上看，聂某兰接受林氏兄弟公司的管理，按月汇报员工的考勤、款项分配、开支、销售、工作计划、备用金的申请等情况，且所发工资与出勤天数密切相关。双方在履行合同过程中形成的关系，符合劳动合同中人格从属性和经济从属性的双重特征。故原判认定申请人与被申请人之间存在劳动关系并无不当。双方签订的合作协议还可视为书面劳动合同，虽缺少一些必备条款，但并不影响已约定的条款及效力，仍可起到固定双方劳动关系、权利义务的作用，二审法院据此依法改判是正确的。林氏兄弟公司于 2017 年 5 月 6 日向聂某兰出具了《终止合作协议通知》，告知聂某兰终止双方的合作，具有解除双方之间劳动关系的意思表示，根据 2001 年《最高人民法院关于民事诉讼证据的若干规定》（已被修改）第六条，在劳动争议纠纷案件中，因用人单位作出的开除、除名、辞退、解除劳动合同等决定而发生的劳动争议，由用人单位负举证责任，林氏兄弟公司未能提供解除劳动关系原因的相关证据，应当承担不利后果。二审法院根据本案的具体情况和相关证据所作的判决，并无不当。

【理论释义】

青年劳动者是我国经济发展的生力军，国家相关职能部门虽然频繁出台各种文件，致力于完善青年劳动权益保护机制，但是由于青年劳动者自身原因，如理论知识丰富但工作实践经验缺乏；思想活跃不愿意一份工作干到底，跳槽频繁；年轻气盛，不能正确对待单位的奖惩、批评、指责；缺乏一技之长在工作中被替换的可能性较大等，种种原因使得青年人在就业中劳动权益受损的现象频频发生。大多数青年劳动者在就业时主要考虑工作时间多长，有无双休，挣多少钱，这三个方面是青年人最为关注的内容。但是从法律层面看，青年人在就业时最应关注的为谁干活，干多久，干什么，工资多少，用法律术语解读就是以下内容：首先，为谁干活的问题，这一问题实质上就是劳动者在订立合同之前必须充分了解用人单位的情况，包括用人单位的名称、地址、法定代表人（一般情况下是单位负责人、经理、董事长）、公司性质、主营业务、出资额度、有无上级公司或单位等。实践中青年劳动者必须关注所签署的劳动合同上的单位公章、负责人所签的名字，单位的地址，尽可能知悉单位的全称而非简称，这是重中之重。了解这方面的问题，在发生劳动争议纠纷时，就明白了告谁、去哪里告的问题。其次，干多久，就是要明确知道劳动合同期限，包括有无试用期、是固定还是无固定的合同期限、是否8小时工作制、有无加班、有无年休假等内容。再次是干什么，就是需要明确具体的工作内容，包括岗位名称、岗位职责、相关劳动纪律等。最后，工资多少，就是要了解单位的薪酬制度，包括有无底薪、如何提成、奖金、饭补、交通补助等内容。此外，青年劳动者还应当关注单位劳动保护制度、劳动安全卫生条件、福利情况、社保缴纳情况是否合法合规等。

劳动合同是调整劳动关系的基本法律形式，也是确立劳动者与用人单位劳动关系的基本前提，在劳动法中占据核心的地位。关于劳动合同订立问题的法律规定，主要涉及两部法律，一是《劳动法》，该法第十六条规定："劳动合同是劳动者与用人单位确立劳动关系、明确双方权利和义务的协议。建立劳动关系应当订立劳动合同。"二是《劳动合同法》，该法用专章的形式进一步规范了劳动合同订立中的各种情形，共有21个条文，其中第七条至第十一条明确规定劳动合同订立的时间、形式、合同订立当事人的权利义务、未订立合同的法律责任等内容。劳动合同依法订立即具有法律约束力，当事人必须履行劳动合同规定的义务。

一、劳动合同订立原则

劳动合同订立原则主要是涉及两部法律的2个条文，一是1995年实施的《劳动法》第十七条“订立和变更劳动合同，应当遵循平等自愿、协商一致的原则，不得违反法律、行政法规的规定”；二是2008年实施的《劳动合同法》第三条“订立劳动合同，应当遵循合法、公平、平等自愿、协商一致、诚实信用的原则”的规定，分析以上2个条文，可以将劳动合同的订立原则总结为以下内容。

（一）平等自愿、协商一致原则

平等原则，是指在订立劳动合同的过程中，双方当事人（劳动者和用人单位）的法律地位平等，不存在管理与被管理、服从与被服从的关系。但是这并非绝对的平等，而是相对的平等；不是结果的平等而是机会的平等。比如，用人单位在招聘劳动者时应当一视同仁，不得存在性别、民族、种族、宗教方面的歧视。《劳动法》规定劳动者就业，不因民族、种族、性别、宗教信仰不同而受歧视。妇女享有与男子平等的就业权利。在录用职工时，除国家规定的不适合妇女的工种或者岗位外，不得以性别为由拒绝录用妇女或者提高对妇女的录用标准。

自愿原则，是指当事人订立、履行、变更、解除、终止劳动合同均是出于当事人自己的意志，不存在暴力威胁、显失公平、乘人之危等情况，是当事人自身真实意愿的体现，任何一方不得将自己的意志强加于对方，也不允许第三者非法干预。比如，夫妻二人在同一个单位工作，丈夫从事技术研发工作，妻子从事办公室文员工作，在与妻子订立的劳动合同中，用人单位明确要求，必须增加一条“如果丈夫离职，妻子也应当在30日内办理离职手续”，这样的条款就属于典型的乘人之危。

协商一致原则，是指当事人双方订立劳动合同时，合同中约定的有关事项，都是经过充分协商并达成一致意见的结果，协商是手段、是过程，一致是目的。协商一致是平等自愿原则的体现和深化，只有通过协商达到一致，才能体现出平等自愿的结果。

（二）合法原则

劳动合同必须依法订立，不得违反法律、法规的规定。合法原则，是指当事人双方订立劳动合同时，合同中约定的有关事项必须符合现行的法律法规。合法原则在劳动法中主要体现为4个方面的内容：一是劳动合同主体合法，即劳动合同当事人必须具备合法资格，也就是劳动者和用人单位均应具有签订劳动合同的资格。对劳动者而言，应当具备年满16周岁（只有文艺、体育和特种工艺单位才可以招用未满16周岁的未成年人）、身体健康、智力正常、行为自由4个条件，这4个条件必须是同时具备，缺少其中之一均不具有签订劳动合同的资格；对用人单位而言，应当是符合现行公司法、企业法的规定，并且经过合法注册登记的机构或组织。二是内容合法，劳动合同内容是对劳动合同双方当事人劳动权利和劳动义务的具体规定，也就是劳动合同中每一项条款必须符合国家法律法规的规定。三是程序合法，劳动合同的订立程序必须符合法律规定，必须是在双方协商一致基础上完成，强迫订立的劳动合同无效。此外，对于需经过职工大会（职工代表大会）、工会或者上级监管部门审议、备案或者同意的事项，应当履行相应的程序。四是形式合法，劳动合同应当采用书面形式订立，口头约定的劳动合同是无效的。书面形式是指用文字进行意思表示，如书面合同，数据电文（包括电报、电传、传真、电子数据交换和电子邮件）等。

（三）诚实信用原则

诚实信用原则简称诚信原则，是民事活动的帝王条款，也是劳动法律法规中的帝王条款。它是指当事人订立劳动合同时，必须本着善意合作的态度，根据具体情况，应当互相承担说明、通知、保护、忠诚、保密等义务。只有这样，才能依照合同约定的条款，如实行使自身权利，切实履行自己所承担的义务。这一原则是市场经济中的契约意识和公平正义观念的体现；不仅要求自己严格按约履行，同时要督促和协助对方当事人履行合同，相互提供方便，最终实现自己的权利。用人单位与劳动者依法订立的劳动合同具有约束力，双方应当履行劳动合同约定的义务，不得故意隐瞒自身的真实情况，不得采用欺诈、胁迫等手段订立、履行、变更、解除、终止劳动合同。

（四）公平原则

公平原则一是要求劳动合同双方当事人在订立劳动合同时，不得利用自身的强势地位，迫使对方接受明显不公平的合同条件；二是劳动合同条款存在两种以上解释的，应当采用对劳动者有利的解释。

二、劳动合同订立的时间

关于劳动合同订立时间的法律规定主要规定在《劳动合同法》和《劳动合同法实施条例》中。

《劳动合同法》中涉及两个条文。第七条规定："用人单位自用工之日起即与劳动者建立劳动关系。用人单位应当建立职工名册备查。"第十条规定："建立劳动关系，应当订立书面劳动合同。已建立劳动关系，未同时订立书面劳动合同的，应当自用工之日起一个月内订立书面劳动合同。用人单位与劳动者在用工前订立劳动合同的，劳动关系自用工之日起建立。"

《劳动合同法实施条例》中涉及三个条文。第五条规定："自用工之日起一个月内，经用人单位书面通知后，劳动者不与用人单位订立书面劳动合同的，用人单位应当书面通知劳动者终止劳动关系，无需向劳动者支付经济补偿，但是应当依法向劳动者支付其实际工作时间的劳动报酬。"第六条规定："用人单位自用工之日起超过一个月不满一年未与劳动者订立书面劳动合同的，应当依照劳动合同法第八十二条的规定向劳动者每月支付两倍的工资，并与劳动者补订书面劳动合同；劳动者不与用人单位订立书面劳动合同的，用人单位应当书面通知劳动者终止劳动关系，并依照劳动合同法第四十七条的规定支付经济补偿。前款规定的用人单位向劳动者每月支付两倍工资的起算时间为用工之日起满一个月的次日，截止时间为补订书面劳动合同的前一日。”第七条规定：“用人单位自用工之日起满一年未与劳动者订立书面劳动合同的，自用工之日起满一个月的次日至满一年的前一日应当依照劳动合同法第八十二条的规定向劳动者每月支付两倍的工资，并视为自用工之日起满一年的当日已经与劳动者订立无固定期限劳动合同，应当立即与劳动者补订书面劳动合同。”

这5个条文在适用时，应当按照时间界限进行责权利的划分，更需要明确区分劳动关系建立之日、劳动合同订立之日、用工之日三者之间的异同。

（一）劳动关系的确立时间（劳动关系建立之日）

按照法律规定劳动关系确立的时间是用工之日。“用工之日”就是劳动者向用人单位实际提供劳动之日，通俗地说就是“在用人单位上班的第一天”。用工之日 = 劳动关系建立日。劳动关系的建立就意味着事实上劳动者和用人单位之间已经开始产生人身和经济利益上的联系，但是在法律上，劳动者和用人单位之间形成的是普通的民事法律关系，双方并未形成劳动法律关系；劳动法律关系形成的前提是订立书面的劳动合同。

（二）劳动合同的订立时间（劳动合同订立之日） = 劳动法律关系建立之日

从法律规定可知，订立书面劳动合同的时间有三个节点，需要劳动者、用人单位高度重视。“自用工之日起一个月内”“自用工之日起超过一个月不满一年”“自用工之日起满一年”，这三个时间节点内用人单位的法律责任各有不同。具体内容见表3－1。

表3－1　劳动合同订立时间节点对应的用人单位法律责任

订立书面劳动合同的时间	用人单位的法律责任
自用工之日起一个月内	1. 劳动合同的合理协商和订立期 2. 经用人单位书面通知后，劳动者不与用人单位订立书面劳动合同的，用人单位应当书面通知劳动者终止劳动关系，无须向劳动者支付经济补偿，但是应当依法向劳动者支付其实际工作时间的劳动报酬

续表

订立书面劳动合同的时间	用人单位的法律责任
自用工之日起超过一个月不满一年	1. 向劳动者每月支付两倍的工资，并与劳动者补订书面劳动合同 2. 劳动者不同意订立书面劳动合同的，用人单位应当书面通知劳动者终止劳动关系，并支付经济补偿
自用工之日起满一年	1. 向劳动者支付 11 个月的工资 2. 立即与劳动者补订书面的无固定期限的劳动合同 3. 不订立无固定期限劳动合同的，自应当订立无固定期限劳动合同之日起向劳动者每月支付两倍的工资

注意：用人单位向劳动者每月支付两倍工资的起算时间为用工之日起满一个月的次日，截止时间为补订书面劳动合同的前一日。如张三在 2020 年 4 月 1 日入职某公司，即 4 月 1 日为用工之日；在 4 月 1 日至 30 日为书面劳动合同订立的协商期；5 月 1 日起未订立书面劳动合同就开始承担双倍工资的惩罚性责任。如果直至 2021 年 7 月 15 日张三与某公司之间才补订书面劳动合同，此时张三可以有两个诉讼请求，一是诉请某公司承担双倍工资的惩罚性责任，责任期间为 2020 年 5 月 1 日至 2021 年 4 月 30 日（最多 11 个月的双倍工资差额）；二是诉请某公司签订无固定期限劳动合同。如果某公司不同意签订无固定期限劳动合同，只愿意签订固定期限劳动合同，则张二可以诉请某公司支付从 2021 年 5 月 1 日至 2021 年 7 月 15 日的双倍工资差额。

在劳动者和用人单位之间，关于劳动关系的确立时间与劳动合同的订立时间，经常处于以下三种境遇，一是劳动者已经上班了，但是劳动者与用人单位之间并未订立劳动合同（先用工后订立劳动合同）；二是劳动者已经上班，劳动者与用人单位之间订立了劳动合同（用工且同时订立劳动合同）；三是劳动者未上班，劳动者与用人单位之间订立了劳动合同（先订立劳动合同后上班）。

实践中以上三种可能时有发生，每一种的法律风险均不同，具体风险如下。

第一种：劳动者提供劳动在先，用人单位签订书面劳动合同在后，通常称为“先用后签”。这种情况在实践中是最为常见的，对劳动者是法律风险最小的，用人单位一定要合理合法地把握好劳动合同的签订时间，否则用人单位将承担较大的法律风险。

第二种：劳动者提供劳动（确立劳动关系）的同时订立书面劳动合同，这种情况下劳动者和用人单位的法律风险最低，最有利于保护双方的权利义务。

第三种：先订立书面劳动合同，劳动者提供劳动（上班）时间另定，通常称为“先签后用”，这种情况对劳动者是有利的，对用人单位而言，是不利的。虽然法律规定先订立劳动合同后提供劳动的，“劳动关系自用工之日起建立”，但是劳动者提供劳动的具体时间的举证责任由用人单位承担，劳动者不需要承担举证责任，减轻了劳动者的诉累，对用人单位的管理责任则提出了较高的要求。

三、劳动合同订立时当事人的权利义务

劳动合同订立双方的权利义务是相互的，对用人单位是权利，对劳动者而言就是义务。

（一）用人单位的权利义务

1. 依法建立职工名册的权利与如实告知劳动者工作情况的义务。用人单位招用劳动者应当建立职工名册备查，职工名册必须包括劳动者姓名、性别、身份证号码、户籍地址及现住址、联系方式、用工形式、用工起始时间、劳动合同期限等内容；用人单位应当如实告知劳动者工作内容、工作条件、工作地点、职业危害、安全生产状况、劳动报酬，以及劳动者要求了解的其他情况；用人单位还应当主动了解劳动者自身与劳动合同直接相关的基本情况（如身份证、学历证书、学位证书、职业资格证书等证件的真伪等）。

2. 依法建立和完善规章制度的权利与保障劳动者行使劳动权利的义务。依法建立和完善规章制度的权利源于用人单位享有的生产指挥权，既然用人单位享有生产指挥权，所有用人单位有权根据本单位的实际情况，在符合国家法律、法规的前提下制定各项规章制度，要求劳动者遵守。用人单位制定的规章制度是用人单位的“宪法”，用人单位可以依据自身制定的规章制度管理劳动者、解决与劳动者之间的纠纷。《劳动合同法》第四条规定：“用人单位应当依法建立和完善劳动规章制度，保障劳动者享有劳动权利、履行劳动义务。用人单位在制定、修改或者决定有关劳动报酬、工作时间、休息休假、劳动安全卫生、保险福利、职工培训、劳动纪律以及劳动定额管理等直接涉及劳动者切身利益的规章制度或者重大事项时，应当经职工代表大会或者全体职工讨论，提出方案和意见，与工会或者职工代表平等协商确定。在规章制度和重大事项决定实施过程中，工会或者职工认为不适当的，有权向用人单位提出，通过协商予以修改完善。用人单位应当将直接涉及劳动者切身利益的规章制度和重大事项决定公示，或者告知劳动者。”这一条文中明确地规定了用人单位制定涉及劳动者切身利益的规章制度时应当遵循的程序。第一，规章制度的内容应当符合我国现行的法律法规的规定；第二，规章制度需要经过职工代表大会或全体职工讨论，工会或职工个人、职工群体认为规章制度不妥当，有提出修改完善的权利，经过多方平等的协商完善规章制度；第三，用人单位应当将制定好的规章制度进行公示（如在单位的内网或 OA 系统中悬挂张贴，在室外的公告栏中张贴等），或者履行告知劳动者的义务（如给每一位劳动者发放规章制度手册、组织规章制度的知识竞赛、对规章制度进行专项的考核）。

3. 根据实际情况制定合理劳动定额的权利。用人单位与劳动者签订劳动合同后，就获得了一定范围的对劳动者的劳动使用权，并有权根据实际情况给劳动者制定合理的劳动定额。对于用人单位规定的合理的劳动定额，在没有出现特殊情况时，劳动者应当完成。

4. 对劳动者进行职业技能考核的权利。用人单位有权对劳动者进行职业技能考核，并根据劳动者劳动技能的考核结果安排其适合的工作岗位和奖金薪酬。

5. 制定劳动安全操作规程的权利。用人单位有权根据劳动法规定的劳动安全卫生标准，制定本单位的劳动保护制度，要求劳动者在劳动过程中必须严格遵守操作规程。

6. 制定合法作息时间的权利。用人单位享有根据本单位具体情况和对员工工作时间的要求，合法安排劳动者作息时间的权利。

7. 制定劳动纪律和职业道德标准的权利。为了保证劳动得以正常有序进行，用人单位有权制定劳动纪律和职业道德标准。劳动纪律是用人单位制定的劳动者在劳动过程中必须遵守的规章制度。这是组织社会劳动的基础和必要条件。职业道德是劳动者在劳动实践中形成的共同的行为准则，也是劳动者的职业要求。当然，制定劳动纪律和职业道德标准必须符合法律规范。

8. 其他权利。其他权利包括提请劳动争议处理的权利，平等签订劳动合同的权利等。

（二）劳动者的权利义务

1. 平等就业的权利。《劳动法》规定，凡具有劳动能力的公民，都有平等就业的权利，即劳动者拥有劳动就业权。劳动就业权是有劳动能力的公民获得参加社会劳动的切实保证按劳取酬的权利。公民的劳动就业权是公民享有其他各项权利的基础。如果公民的劳动就业权不能实现，其他一切权利也就没有了基础。

2. 选择职业的权利。《劳动法》规定，劳动者有权根据自己的意愿、自身的素质、能力、志趣和爱好，以及市场信息等选择适合自己才能、爱好的职业，即劳动者拥有自由选择职业的权利。选择职业的权利有利于劳动者充分发挥自己的特长，促进社会生产力的发展。这既是劳动者劳动权利的体现，也是社会进步的一个标志。

3. 取得劳动薪酬的权利。《劳动法》规定，劳动者有权依照劳动合同及国家有关法律取得劳动薪酬。获取劳动薪酬的权利是劳动者持续行使劳动权必不可少的物质保证。

4. 获得劳动安全卫生保护的权利。《劳动法》规定，劳动者有获得劳动安全卫生保护的权利。这是对劳动者在劳动中的生命安全和身体健康，以及享受劳动权利的最直接的保护。

5. 享有休息的权利。我国宪法规定，劳动者有休息的权利。为此，国家规定了职工的工作时间和休假制度，并发展劳动者休息和休养的设施。

6. 享有社会保险和福利的权利。为了给劳动者患疾病时和年老时提供保障，我国《劳动法》规定，劳动者享有社会保险和福利的权利，即劳动者享有包括养老保险、医疗保险、工伤保险、失业保险、生育保险等在内的劳动保险和福利。社会保险和福利是劳动力再生产的一种客观需要。

7. 接受职业技能培训的权利。我国宪法规定，公民有受教育的权利和义务。所谓受教育，既包括受普通教育，也包括受职业教育。接受职业技能培训的权利是劳动者实现劳动权的基础条件，因为劳动者要实现自己的劳动权，必须拥有一定的职业技能，而要获得这些职业技能，就必须获得专门的职业培训。

8. 提请劳动争议处理的权利。《劳动法》规定，劳动者与用人单位发生劳动争议时，劳动者享有提请劳动争议处理的权利，即劳动者享有依法向劳动争议调解委员会、劳动仲裁委员会和法院申请调解、仲裁、提起诉讼的权利。其中，劳动争议调解委员会由用人单位、工会和职工代表组成，劳动仲裁委员会由劳动行政部门的代表、同级工会、用人单位代表组成。

9. 法律规定的其他权利。法律规定的其他权利包括：依法参加和组织工会的权利，依法享有参与民主管理的权利，劳动者依法享有参加社会义务劳动的权利，从事科学研究、技术革新、发明创造的权利，依法解除劳动合同的权利，对用人单位管理人员违章指挥、强令冒险作业有拒绝执行的权利，对危害生命安全和身体健康的行为有权提出批评、举报和控告的权利，对违反劳动法的行为进行监督的权利等。

四、劳动合同订立的程序

实践中，劳动合同的订立主要包括两个步骤：协商阶段和签约阶段。

（一）劳动合同的协商阶段

劳动合同订立是劳动者和用人单位协商的过程。我国的招工遵循“面向社会、公开招收、全面考核、择优录用”的原则，按照双向选择，首先，用人单位向社会公开发布招聘（招工）公告或广告；其次，劳动者根据招聘要求应聘，实践中表现为制作个人简历、准备应聘材料、核实用人单位招聘信息真伪等；再次，用人单位对应聘的劳动者进行全面考核，一般是面试、笔试、第二次面试等；最后，用人单位公布招聘人员名单。

（二）劳动合同的签约阶段

用人单位提供书面的劳动合同，向劳动者解读劳动合同条款，劳动者与用人单位在劳动合同上签字盖章，劳动合同订立程序完成。实践中，用人单位提供的劳动合同通常是格式合同，劳动者对合同内容并不会提出反对意见，处于一种被动地位，常以附和用人单位要求为主要表现。

五、劳动合同订立的法律责任

依法订立的劳动合同，平等地保护劳动者和用人单位。

（一）劳动合同订立时合同条款不明的法律责任

依据《劳动合同法》第十八条的规定，用人单位订立书面劳动合同，但是与劳动者约定的劳动报酬不明确的，可以重新协商；协商不成的，适用集体合同规定；没有集体合同或者集体合同未规定劳动报酬的，实行同工同酬。

用人单位与劳动者订立的书面劳动合同中，约定的劳动条件标准（如工作时间、工资、劳动保护条件、劳动卫生等）不明确的，可以重新协商；协商不成的，按照集体合同规定的标准执行；没有集体合同或者集体合同未规定劳动条件标准的，适用国家有关规定。

（二）劳动合同订立时缺乏必备条款、不向劳动者提供劳动合同文本的法律责任

依据《劳动合同法》第八十一条的规定，用人单位提供的劳动合同文本未载明法律规定的劳动合同必备条款或用人单位未将劳动合同文本交付给劳动者的，由劳动行政部门责令改正；给劳动者造成损害的，应当承担赔偿责任。

（三）订立书面劳动合同不得附条件

订立书面劳动合同时，扣押劳动者居民身份证、护照、驾驶证、学历证等证件的；或者以担保或者其他名义向劳动者收取财物的行为，均属于附加额外条件订立劳动合同的情形，由劳动行政部门责令限期退还劳动者本人，并以每人500元以上2000元以下的标准处以罚款；给劳动者造成损害的，用人单位应当承担赔偿责任。

《关于贯彻执行〈中华人民共和国劳动法〉若干问题的意见》中规定，用人单位与劳动者之间形成了事实劳动关系，而用人单位故意拖延不订立劳动合同，劳动行政部门应予以纠正。用人单位因此给劳动者造成损害的，应按原劳动部《违反〈劳动法〉有关劳动合同规定的赔偿办法》（劳部发〔1995〕223号）第三条的规定进行赔偿，如造成劳动者工资收入损失的，按劳动者本人应得工资收入支付给劳动者，并加付应得工资收入25%的赔偿费用；造成劳动者劳动保护待遇损失的，应按国家规定补足劳动者的劳动保护津贴和用品等。

普遍认为，在劳动者和用人单位这对法律关系中，用人单位是强势一方，劳动者是弱势群体，因而对于未订立书面劳动合同的法律责任现行劳

动法律法规主要采用惩罚性规定的方式予以规范，并且是行政性处罚（罚款）与民事赔偿（双倍工资和损害赔偿责任）相结合。

（四）未订立书面劳动合同责任主体不同，相关责任承担方式也不同

1. 用人单位怠于行使权利和履行相应义务而导致未订立书面劳动合同

如果未订立书面劳动合同的主要原因在于用人单位自身管理制度的缺漏，劳动者可以有两种选择，一是要求用人单位及时补订书面劳动合同；二是劳动者明确表示不同意签订书面劳动合同。无论劳动者选择哪一种方式，都可以行使要求用人单位按照《劳动合同法》第八十二条的规定支付两倍工资的请求权和要求用人单位按照《劳动合同法》第四十七条的规定支付经济补偿金的请求权。

2. 劳动者怠于行使权利和履行相应义务而导致未订立书面劳动合同

如果未订立书面劳动合同的主要原因在于劳动者自身，用人单位维护权益可以分为两个阶段。

（1）第一个阶段是自用工之日起一个月内

在这个时间段内，用人单位应当积极地发出书面的签订劳动合同通知，实践中表现为用人单位通过电子邮件、微信、QQ 聊天、当面协商（一般应当有 2 名以上见证人）等方式向劳动者本人发放《签订劳动合同通知书》，并要求劳动者在领取通知书时签字确认；通知书中应明确载明劳动者应当在何时到何地签订书面劳动合同；如果劳动者未按照通知书的规定履行签订劳动合同的责任，用人单位就可以认为劳动者不愿意签订书面劳动合同，此时，用人单位应当立即与劳动者终止劳动关系，及时向劳动者发放《终止劳动关系通知书》，通知书中应载明终止劳动关系的原因、终止时间等内容。用人单位按照以上程序完成订立书面劳动合同的事务性工作后，无须向劳动者支付经济补偿金。

（2）第二个阶段是自用工之日起超过一个月的

在这个时间段内，无论劳动合同书面订立的责任在哪一方，用人单位

均负有按照《劳动合同法》第八十二条的规定向劳动者支付两倍工资的惩罚性的法律责任；并且，用人单位还应当及时止损——与劳动者补订书面劳动合同。如果劳动者不同意签订书面劳动合同的，用人单位应当立即书面通知劳动者终止劳动关系，及时向劳动者发放《终止劳动关系通知书》，通知书中应载明终止劳动关系的原因、终止时间等内容。这种情况下，用人单位还须按照《劳动合同法》第四十七条的规定向劳动者支付经济补偿金。

可见，未及时签订书面劳动合同，用人单位的法律风险随时间的延长而不断加大。签订书面劳动合同，重要的是用人单位应当有高效的人员管理制度。

【拓展案例】[1]

2008 年 6 月 17 日，北京京西风光旅游开发股份有限公司百花出租汽车分公司（以下简称百花分公司）与王某签订《劳动合同书》《承包运营合同书》，约定由王某承包百花分公司出租汽车一辆用于营运。该合同书约定，百花分公司“有权行使企业经营管理权，承担经营主要风险和相应的法律责任”，王某“承担交通事故责任中应由自身承担的责任部分”。双方同时签订《补充协议书》一份，约定因交通事故造成的经济损失总额超过保险公司赔付的部分，以及保险公司不予理赔的部分，均由王某承担。

2010 年 3 月 17 日，王某驾驶该出租车与案外人田某驾驶的轿车发生交通事故，经北京市公安交通管理局认定，王某负全责。事故亦导致案外人胡某人身和财产损失。经人民法院判决，在保险公司赔偿责任以外，百花分公司及其总公司北京京西风光旅游开发股份有限公司赔偿田某、胡某各项损失共计 274, 528 元，该款均由百花分公司实际支付。另查，该出租车的

〔1〕 北京京西风光旅游开发股份有限公司百花出租汽车分公司诉王某确认劳动关系纠纷案，载北京法院网 2019 年 2 月 23 日，https：//www. bjcourt. gov. cn/article/newsDetail_ fwb. htm？NId = 25000090。

全部保险由百花分公司负责办理，百花分公司未就此与王某进行协商。

百花分公司起诉要求王某按照承包合同及补充协议的约定给付百花分公司垫付的赔偿款274,528元，并承担本案诉讼费。

王某认为，他与百花分公司之间存在劳动合同关系，且本案交通事故系履行职务时发生，百花分公司作为出租车公司，应自行承担运营风险，且百花分公司投保的商业险保险金额过低。王某不同意百花分公司的诉讼请求。

法院经审理认为：本案的争议焦点为：（1）百花分公司与王某之间是否存在雇佣关系；（2）王某是否应当支付百花分公司赔付第三人的全部赔偿款。

根据查明的事实，王某系其他单位退休人员，但百花分公司与王某签订了《劳动合同书》，且王某系百花分公司员工这一事实已经人民法院生效判决书予以确认，故百花分公司关于其与王某不存在雇佣关系的主张，法院不予认可，双方之间存在雇佣关系。王某在履行职务过程中未能严格遵守道路交通法规导致发生交通事故，给百花分公司造成了经济损失。百花分公司在对外承担赔偿责任后有权向王某追偿。但百花分公司系出租车公司，因出租车发生交通事故所产生的赔偿责任，属于其主要运营风险。百花分公司虽与王某签订了《补充协议书》，约定“因交通事故造成的经济损失总额超过保险公司赔付的部分，以及保险公司不予理赔的部分，均由王某承担”，但《承包运营合同书》中亦约定百花分公司“承担经营主要风险和相应的法律责任”，且营运出租车的相关保险均由百花分公司办理，其在办理保险时并未与王某进行协商，共同确定保险金额，故百花分公司通过《承包运营合同书》和《补充协议书》，将自己作为雇佣单位的运营风险约定全部由雇员承担，有失公平，亦不符合合同法关于双方协商、平等原则及公平原则。

综上，法院判决王某赔偿百花分公司82,358元；驳回百花分公司的其他诉讼请求。双方当事人均提起上诉。

二审判决驳回上诉，维持原判。

专题四　青年就业中的培训与竞业限制问题研究

【典型案例】[1]

马某楠于2005年9月28日入职北京搜狐新动力信息技术有限公司（以下简称搜狐新动力公司），双方最后一份劳动合同期限自2014年2月1日起至2017年2月28日止，马某楠担任高级总监。2014年2月1日，搜狐新动力公司（甲方）与马某楠（乙方）签订《不竞争协议》，其中第3.3款约定："……竞业限制期限从乙方离职之日开始计算，最长不超过12个月，具体的月数根据甲方向乙方实际支付的竞业限制补偿费计算得出。但如因履行本协议发生争议而提起仲裁或诉讼时，则上述竞业限制期限应将仲裁和诉讼的审理期限扣除；即乙方应履行竞业限制义务的期限，在扣除仲裁和诉讼审理的期限后，不应短于上述约定的竞业限制月数。"2017年2月28日劳动合同到期，双方的劳动关系终止。2017年3月24日，搜狐新动力公司向马某楠发出《关于要求履行竞业限制义务和领取竞业限制经济补偿费的告知函》，要求其遵守《不竞争协议》，全面并适当履行竞业限制义务。马某楠自搜狐新动力公司离职后，于2017年3月中旬与优酷公司开展合作关系，后于2017年4月底离开优酷公司，违反了《不竞争协议》。搜狐新动力公司以要求确认马某楠违反竞业限制义务并双倍返还竞业限制补偿金、

---

〔1〕马某楠诉北京搜狐新动力信息技术有限公司竞业限制纠纷案，最高人民法院指导案例184号（2022年）。

继续履行竞业限制义务、赔偿损失并支付律师费为由向北京市劳动人事争议仲裁委员会申请仲裁，仲裁委员会作出京劳人仲字〔2017〕第339号裁决：(1) 马某楠一次性双倍返还搜狐新动力公司2017年3月、4月竞业限制补偿金共计177,900元；(2) 马某楠继续履行对搜狐新动力公司的竞业限制义务；(3) 驳回搜狐新动力公司的其他仲裁请求。马某楠不服，在法定期限内向北京市海淀区人民法院提起诉讼。北京市海淀区人民法院于2018年3月15日作出（2017）京0108民初45728号民事判决：(1) 马某楠于判决生效之日起7日内向搜狐新动力公司双倍返还2017年3月、4月竞业限制补偿金共计177,892元；(2) 确认马某楠无须继续履行对搜狐新动力公司的竞业限制义务。搜狐新动力公司不服一审判决，提起上诉。北京市第一中级人民法院于2018年8月22日作出（2018）京01民终5826号民事判决：驳回上诉，维持原判。

【法理分析】

法律虽然允许用人单位与劳动者约定竞业限制义务，但同时对双方约定竞业限制义务的内容作出了强制性规定，即以效力性规范的方式对竞业限制义务所适用的人员范围、竞业领域、限制期限作出明确限制，且要求竞业限制约定不得违反法律、法规的规定，以期在保护用人单位商业秘密、维护公平竞争市场秩序的同时，亦防止用人单位不当运用竞业限制制度对劳动者的择业自由权造成过度损害。

本案中，搜狐新动力公司在《不竞争协议》第3.3款约定马某楠的竞业限制期限应扣除仲裁和诉讼的审理期限，该约定实际上要求马某楠履行竞业限制义务的期限为：仲裁和诉讼程序的审理期限+实际支付竞业限制补偿金的月数（最长不超过12个月）。从劳动者择业自由权的角度来看，虽然法律对仲裁及诉讼程序的审理期限均有法定限制，但就具体案件而言该期限并非具体确定的期间，将该期间作为竞业限制期限的约定内容，不符合竞业限制条款应当具体明确的立法目的。加之劳动争议案件的特殊性，相当数量的案件需要经过“一裁两审”程序，上述约定使得劳动者一旦与用人单位发生争议，则其竞业限制期限将被延长至不可预期且相当长的一段时间，乃至达到两年。这实质上造成了劳动者的择业自由权在一定时间内处于待定状态。从劳动者司法救济权的角度来看，对于劳动者一方，如果其因履行《不竞争协议》与搜狐新动力公司发生争议并提起仲裁和诉讼，依照该协议第3.3款的约定，仲裁及诉讼审理期间劳动者仍需履行竞业限制义务，即出现其竞业限制期限被延长的结果。如此便使劳动者陷入“寻求司法救济则其竞业限制期限被延长”“不寻求司法救济则其权益受损害”的两难境地，在一定程度上限制了劳动者的司法救济权利；而对于用人单位一方，该协议第3.3款使得搜狐新动力公司无须与劳动者进行协商，即可通过提起仲裁和诉讼的方式单方地、变相地延长劳动者的竞业限制期限，一定程度上免除了其法定责任。综上，法院认为，《不竞争协议》第3.3款中关于竞业限制期限应将仲裁和诉讼的审理期限扣除的约定，即“但如因履行本协议发生争议而提起仲裁或诉讼时……乙方应履行竞业限制义务的期限，在扣除仲裁和诉讼审理的期限后，不应短于上述约定的竞业限制月数”的部分，属于《劳动合同法》第二十六条第一款第二项规定的“用人单位免除自己的法定责任、排除劳动者权利”的情形，应属无效。根据该法第二十七条的规定，劳动合同部分无效，不影响其他部分效力的，其他部分仍然有效。

据此，依据《不竞争协议》第3.3款仍有效部分的约定，马某楠的竞业限制期限应依据搜狐新动力公司向其支付竞业限制补偿金的月数确定且最长不超过12个月。鉴于搜狐新动力公司已向马某楠支付2017年3月至2018年2月共计12个月的竞业限制补偿金，马某楠的竞业限制期限已经届满，其无须继续履行对搜狐新动力公司的竞业限制义务。

【理论释义】

《就业促进法》第四十七条第三款规定：“企业应当按照国家有关规定

提取职工教育经费，对劳动者进行职业技能培训和继续教育培训。”用人单位应对青年劳动者的职业生涯担负一定的社会责任，帮助青年人提升自身素质能力，适应岗位职责，适应社会。

劳动合同的内容表现为劳动合同条款，包含两重含义，一是劳动合同中明示确定的权利义务的具体条款；二是劳动合同文本中记载的全部内容，权利义务条款仅是其中的一部分，还有当事人的基本情况、合同术语的解释、签字盖章、签订日期等记载事项。

劳动合同的内容具有较强的法定性，主要表现在两个方面，一是劳动合同内容直接由法律加以规定，当事人无权变更，如劳动者的就业和退休年龄、劳动安全和卫生条件、社会保险费的缴纳比例等；二是劳动合同内容只能在法律规定的标准限度内选择，当事人不能突破法定标准所许可的限度，如 8 小时工作时间、最长的加班时间、最低工资数等。

从劳动合同条款产生的根据和法律性质的角度进行划分，劳动合同内容分为必备条款和可备条款两类。

一、劳动合同的必备条款

《劳动合同法》第十七条规定了劳动合同的必备条款，主要包括以下 9 项内容。

1. 用人单位的名称、住所和法定代表人或者主要负责人

用人单位的名称应当是用人单位的全称，不能是简称，应当与合同盖章处（公章）的单位名称相一致。

用人单位的住所，可以是营业执照或登记证书上登记注册的地址——注册登记地，也可以是用人单位的分支机构。

用人单位的法定代表人，就是营业执照或登记证书上的“法定代表人”。法定代表人可能是担任董事长、总经理、经理等职务的人，也可能是其他人。

2. 劳动者的姓名、住址和居民身份证或者其他有效身份证件号码

劳动者的姓名、住址应以居民身份证、户口簿、护照、出生证明等有效身份证件为准。

3. 劳动合同期限

劳动合同期限实质就是劳动合同对劳动者和用人单位的约束期。

按照劳动合同法的规定，根据合同有无终止时间，可以分为固定期限、无固定期限和以完成一定工作为期限三种。其中固定期限是实践中最为常见的一种。

用人单位与劳动者协商一致，可以订立固定期限劳动合同。固定期限劳动合同，是指用人单位与劳动者约定合同终止时间的劳动合同。就是“有始有终”，通俗地说就是劳动合同有开始的时间也有结束的时间。实践中，常见的合同文本中的表述为：“本合同为×年期，自×年×月×日开始，至×年×月×日终止。”

无固定期限劳动合同，是指用人单位与劳动者约定无确定终止时间的劳动合同。常见的合同文本中的表述为：“本合同为无固定期限劳动合同，自×年×月×日开始。”用人单位与劳动者协商一致，可以订立无固定期限劳动合同。有下列4种情形之一，劳动者提出或者同意续订、订立劳动合同的，除劳动者提出订立固定期限劳动合同外，应当订立无固定期限劳动合同：劳动者在该用人单位连续工作满10年的；用人单位初次实行劳动合同制度或者国有企业改制重新订立劳动合同时，劳动者在该用人单位连续工作满10年且距法定退休年龄不足10年的；连续订立两次固定期限劳动合同，且劳动者没有《劳动合同法》第三十九条和第四十条第一项、第二项规定的情形，续订劳动合同的；用人单位自用工之日起满一年不与劳动者订立书面劳动合同的，视为用人单位与劳动者已订立无固定期限劳动合同。

用人单位与劳动者协商一致，可以订立以完成一定工作任务为期限的劳动合同。以完成一定工作任务为期限的劳动合同，是指用人单位与劳动者约定以某项工作的完成作为合同期限的劳动合同。常见于建筑施工、装修装饰等行业中。常见的合同文本中的表述为：“本合同为以完成一定工作

任务为期限的劳动合同，自×年×月×日开始，至工作任务完成之日终止。”

用人单位违反劳动法律法规的规定不与劳动者订立无固定期限劳动合同的，自应当订立无固定期限劳动合同之日起向劳动者每月支付两倍的工资。

4. 工作内容和工作地点

工作内容就是劳动者的工作岗位职责、具体工作任务（劳动任务）的条款，主要是明确载明劳动者的工作性质（管理岗、技术岗、销售岗、生产岗等）、工作种类（车工、床工、刨工、铣工、钳工等）、工作数量和质量要求等。工作内容是劳动合同的核心，是劳动者价值的具体体现。

工作地点是劳动者履行劳动给付义务的具体地点。实践中工作地点与劳动报酬给付地点应当是一致的。用人单位不得随意变更工作地点，变更工作地点应当在劳动者和用人单位协商一致的前提下进行，否则用人单位应补偿劳动者因工作地点变更带来的负担和损失。

5. 工作时间和休息休假

工作时间是劳动者从事职业劳动的时间和安排，有定时工作制度、不定时工作制度和综合计算工作时间制度。工作时间有法定最高工时（每周不超过40小时）的限制。

休息休假是休息时间和休假时间两种制度。休息时间包括每日工作时间（通常为8小时）之外的时间和每周的休息日（通常为周六、周日）；休假时间包括法定节假日（每年11天）、带薪年休假和各种事假。

6. 劳动报酬

劳动报酬就是劳动者的工资收入（薪酬），包括工资形式（计时工资或计件工资、底薪+奖金、时薪或月薪或年薪等）、工资数量（所在地的工资水平）。劳动报酬必须符合劳动者工作所在地区的最低工资标准，同时应符合集体劳动合同的规定。

7. 社会保险

社会保险就是通常说的“五险一金”，这是强制性法律规定，用人单位和劳动者不得选择和取舍。“五险”就是养老保险、医疗保险、失业保险、工伤保险、生育保险，其中养老保险、医疗保险、失业保险需要劳动者和用人单位按比例缴纳，共同负担；工伤保险、生育保险只需要用人单位按比例缴纳，劳动者不需要缴纳。“一金”就是住房公积金，由两部分组成，一部分由职工所在单位缴存，另一部分由职工个人缴存。职工个人缴存部分由单位代扣后，连同单位缴存部分一并缴存到住房公积金个人账户内。

8. 劳动保护、劳动条件和职业危害防护

这一条款也属于强制性条款，是用人单位为劳动者提供的劳动安全卫生条件和必备的劳动生产资料条件。劳动安全卫生和职业危害防护是为了保障劳动者的生命、健康不受职业伤害而为劳动者提供的良好的工作环境。劳动条件是为了保障职业劳动的实现、有效履行劳动义务而为劳动者提供的生产要素和工作条件，包括劳动（工作）场所、原材料、设备、工具等。

9. 法律、法规规定应当纳入劳动合同的其他事项

《劳动法》第十九条规定的劳动合同内容还应当包括劳动纪律、劳动合同终止的条件、违反劳动合同的责任，这三条也应当属于劳动合同的必备条款。

《集体合同规定》中对劳动安全卫生的内容进行明确罗列，分别是劳动安全卫生责任制、劳动条件和安全技术措施、安全操作规程、劳保用品发放标准、定期健康检查和职业健康体检，等等。

二、劳动合同的可备条款

可备条款主要是培训、保守秘密和竞业限制等事项。

（一）培训条款

现行劳动法律法规中对培训有专章规定，主要体现在《劳动法》第八章，共有4条内容，主要是涉及国家、各级政府、用人单位开展职业培训的权利义务、职业培训经费使用方式、职业技能鉴定与考核等内容。从国家

层面来看，国家通过各种途径，采取各种措施，发展职业培训事业，开发劳动者的职业技能，提高劳动者素质，增强劳动者的就业能力和工作能力；从各级政府层面来看，各级人民政府应当把发展职业培训纳入社会经济发展的规划，鼓励和支持有条件的企业、事业组织、社会团体和个人进行各种形式的职业培训；从用人单位的层面来看，用人单位应当建立职业培训制度，按照国家规定提取和使用职业培训经费，根据本单位实际，有计划地对劳动者进行职业培训。特别强调，从事技术工种的劳动者，上岗前必须经过培训。用人单位招用劳动者，需要对劳动者进行规章制度宣讲培训、安全生产培训、职业技能提升培训等，培训内容五花八门，培训方式多样，可以是脱产的，半脱产的，也可以是不脱产的等。总之，并非所有的培训都可以约定服务期，类似如上岗前必经的培训，规章制度学习培训，甚至参加一个普通的会议等情况，不应当约定服务期。因此，我国现行法律的立法方式是限制性规定，即对可以约定服务期的培训规定了严格的条件限制。

《劳动合同法》第二十二条从三个方面规定了可以约定服务期的培训的条件、服务期的法律效力以及违反培训协议、服务期约定的违约责任等。

1. 可约定服务期的培训的条件

用人单位为劳动者提供专项培训费用或进行专业技术培训，这两类培训是予以保护和规范的培训，是可以约定服务期的。两类培训的共同点是：第一，经费支出必须有专项培训费用：主要涵盖用人单位为了对劳动者进行专业技术培训而支付的有凭证的培训费用、培训期间的差旅费用以及因培训产生的用于该劳动者的其他直接费用。专项培训经费的数额，《劳动合同法》并没有规定，主要是考虑各地区、各企业之间的情况不一样，很难划出一个统一的尺度，由各单位根据自身情况自行决定为佳。第二，培训内容必须是专业技术方面的：包括专业知识培训和职业技能培训。比如从国外引进一条生产线、一个项目，必须有能够操作的人，为此，把劳动者送到国外培训，培训结束后应能够在相应的岗位履职。

同时符合以上两个方面的培训才可以约定服务期（在劳动合同期限以

外另行约定)，至于培训形式，法律并未涉及，用人单位可以根据自身的实际情况，自行采用脱产、半脱产、不脱产等。

现实法律规范中对“专项培训”与“职业培训”的相关规定是模糊的、不清晰的，使得实践中对两种培训的区分比较困难。

“专项培训”的概念出现在《劳动合同法》第二十二条第一款，内容为:“用人单位为劳动者提供专项培训费用，对其进行专业技术培训的，可以与该劳动者订立协议，约定服务期。”而在此之前颁布的《劳动法》及相关法律、法规中并无明确的“专项培训”概念。

“职业培训”或“职工培训”概念出现得早，主要是在《劳动法》及《企业职工培训规定》中。依据《劳动法》第三条及第六十八条的相关规定，接受职业技能培训是劳动者的一项基本劳动权利，有计划地对劳动者进行职业培训亦为用人单位的法定义务。用人单位应当建立职业培训制度，按照国家规定提取和使用职业培训经费，根据本单位的实际情况，有计划地对劳动者进行职业培训。从事技术工种的劳动者，上岗前必须经过培训。

对比“专项培训”与“职业培训”所在法律的颁布时间、历史背景及相关法条的规范内容来看,《劳动法》立法之初所规定的职业培训，内容相对宽泛，在一定程度上包含了“专项培训”的内容。

审判实践中，一般“专项培训”是指企业为提高生产效率，满足特殊岗位的需要，对员工进行专业操作技能及专业知识的培训，主要针对特殊岗位和专门岗位的员工，培训内容仅指专业技能及专业知识；“职业培训”一般指对入职前或在职期间的员工，为开发或升级常规职业技能而进行的技术业务知识或实践操作能力的教育和训练。

2. 服务期的法律效力

服务期规定出现在《劳动合同法》第二十二条，是针对“专项培训”概念衍生出的用人单位权利，即对劳动者进行专项培训的，用人单位可以与劳动者约定服务期。可见，服务期是指用人单位与劳动者约定的独立于劳动合同期限以外的一个期间，在此期间内劳动者可以享受用人单位给予的特殊待遇，用人单位应当为劳动者支付专项培训费用，并对劳动者进行专业技术培训，且不影响按照正常的工资调整机制。实践中，约定的服务期长于劳动合同期限或者超过劳动合同尚未履行期限时，劳动合同终止日期自动顺延至服务期届满之日；对期限双方另有约定的，从其约定。

用人单位对劳动者进行专业技术培训，可以与劳动者签订专项的培训协议。这一协议当然地属于劳动合同的附件，一经签署，具有法律约束力，对用人单位和劳动者均有效。培训协议中一般明确规定培训目的、时间、地点、内容、培训费用支付方式、双方在培训期间的权利义务、违约责任等。

《劳动合同法》《劳动法》并没有对服务期年限作出具体的、限制性的规定，完全由用人单位和劳动者自行协商议定。

3. 违反培训协议、服务期约定的法律责任

用人单位违反培训协议、服务期约定的，不影响劳动者劳动合同的履行情况，并且应当按照培训协议、服务期约定的责任承担方式履责。

劳动者违反培训协议、服务期约定的，应当按照《劳动合同法》第二十二条的规定，向用人单位支付违约金。违约金的数额不得超过用人单位提供的培训费用。用人单位要求劳动者支付的违约金不得超过服务期尚未履行部分所应分摊的培训费用。

（二）保守商业秘密条款和竞业限制条款

用人单位有权要求劳动者保守商业秘密，双方可以在劳动合同中约定保守用人单位的商业秘密和与知识产权相关的保密事项。

对负有保密义务的劳动者，用人单位可以在劳动合同或者保密协议中与劳动者约定竞业限制条款，并约定在解除或者终止劳动合同后，在竞业限制期限内按月给予劳动者经济补偿。劳动者违反竞业限制约定的，应当按照约定向用人单位支付违约金。按照《劳动合同法》第二十三条、第二十四条的规定，它是用人单位对负有保守用人单位商业秘密或者其他对本单位经营有重大影响的劳动者，在劳动合同、知识产权权利归属协议或技术保密协议中约定的条款。竞业限制条款在劳动合同中为延迟生效条款，

也就是劳动合同的其他条款法律约束力终结后，该条款才开始生效。

1. 可以约定竞业限制条款的条件

竞业限制的人员：仅限于用人单位的高级管理人员（如公司经理、副经理、财务负责人、上市公司董事会秘书和公司章程规定的其他人员）、高级技术人员（如高级研究开发人员、技术人员、关键岗位的技术工人等）和其他负有保密义务的人员（如市场销售人员、财会人员、秘书等）。

竞业限制的范围：不能到与本单位生产或者经营同类产品、从事同类业务的有竞争关系的其他用人单位工作，或者自己开业生产或者经营同类产品、从事同类业务。

竞业限制的期限：从劳动者离职或者解除、终止劳动合同之日起不得超过两年。具体期限由用人单位与劳动者约定。

竞业限制的约定不得违反法律、法规的规定。一般应当在劳动者入职时就签订竞业限制协议。

2. 违反竞业限制约定的法律责任

劳动合同或者保密协议中虽然约定了竞业限制，但未约定解除或者终止劳动合同后给予劳动者经济补偿，劳动者履行了竞业限制义务，可以要求用人单位按照劳动者在劳动合同解除或者终止前 12 个月平均工资的 30% 按月支付经济补偿金。（月平均工资的 30% 低于劳动合同履行地最低工资标准的，按照劳动合同履行地最低工资标准支付）

在劳动合同或者保密协议中约定了竞业限制和经济补偿，但是劳动合同解除或者终止后，由于用人单位的原因导致三个月未支付经济补偿金的，劳动者可以解除竞业限制约定；用人单位不得要求劳动者履行相应的竞业限制义务。

在竞业限制期限内，用人单位可以主动解除竞业限制协议的；在解除竞业限制协议时，劳动者可以请求用人单位额外支付劳动者三个月的竞业限制经济补偿金。

劳动者违反竞业限制约定，应当向用人单位支付违约金（违约金数额法律没有具体规定，以当事人协议为准，一般不应超过竞业限制补偿金的数额）；用人单位可以同时要求劳动者按照双方的约定继续履行竞业限制义务。具体可见表4－1。

表4－1 服务期、保守商业秘密期、竞业限制期的不同

内容期限	服务期	保守商业秘密期	竞业限制期
期限范围	双方自行约定	双方自行约定	≤2年
人员范围	专项培训费用 专业技术培训	知悉商业秘密的劳动者	高级管理人员 高级技术人员 其他负有保密义务的人员
违约责任	法定违约金		

【拓展案例】[1]

刘某原为北京益高安捷信息技术有限公司（以下简称益高安捷公司）员工，他在职期间担任销售经理。2013年9月1日，益高安捷公司（甲方）与刘某（乙方）签订的《保密协议书》约定了离职后两年内的竞业限制义务，并约定："竞业限制经济补偿自乙方离职的次月起支付，补偿数额为该员工离职时当月基本工资的10%，按月支付……如乙方违反本协议的规定，包括保密、知识产权以及竞业限制等，应支付给甲方违约金，违约金的数额相当于乙方在甲方工作期间年薪（包括基本工资、奖金和年终奖等）的十倍。"

刘某在职期间从事销售工作，其主要工作职责为承担具体地域、行业或产品类型的销售任务，积累客户资源和创造销售机会等。刘某负责的区域为华北地区，客户指向保险、汽车、汽车金融，证券和信托等行业电子发票的电商应用。2015年8月12日，刘某从益高安捷公司离职，离职前12个月的工资总额为151,640.77元，离职后刘某竞业限制经济补偿金标准为每月1450元。2015年9月，刘某入职印达科技（上海）有限公司（以下简

〔1〕刘某诉北京益高安捷信息技术有限公司劳动争议纠纷案，北京市第一中级人民法院（2016）京01民终6979号民事判决书。

称印达公司）从事销售工作；2015 年 9 月 17 ~ 18 日，刘某以印达公司经理的身份出席中国保险产业国际峰会并以《数字化保险将成为焦点》为题发言。两个公司在业务、经营地域及面向的客户群体方面存在重合及竞争关系。

后益高安捷公司以要求刘某继续履行竞业限制义务、支付竞业限制违约金等为由向北京市海淀区劳动人事争议仲裁委员会提起仲裁申请，该委员会审理后作出京海劳人仲字［2016］第 4308 号裁决书，裁决：（1）刘某继续履行《保密协议书》中的竞业限制协议内容；（2）刘某支付益高安捷公司竞业限制违约金 151, 640 元；（3）驳回益高安捷公司的其他仲裁申请。刘某与益高安捷公司均不服该裁决结果，提起诉讼。

刘某诉称，其并未违反竞业限制义务，无须支付竞业限制违约金；益高安捷公司向其支付的竞业限制补偿费远低于法律规定的数额，该竞业限制条款无效；益高安捷公司仅支付 1450 元竞业限制补偿金，但要求刘某支付高达 150 万元的赔偿金，数额明显过高。综上，刘某不服京海劳人仲字［2016］第 4308 号裁决书的裁决结果，请求判决：（1）无须继续履行《保密协议书》中的竞业限制协议内容；（2）无须向公司支付任何违反竞业限制违约金；（3）益高安捷公司承担本案诉讼费。

益高安捷公司诉称，该公司与刘某签订的《保密协议书》合法有效。刘某违反双方竞业限制约定，在离职当月即入职与本公司具有竞争关系的印达公司。刘某的行为违反了《保密协议书》中关于竞业限制义务的约定，故应当按照《保密协议书》第十四条的约定向公司支付违约金。请求判决：刘某向其公司支付违反竞业限制违约金 1, 516, 407. 7 元；刘某继续履行竞业限制义务。

一审判决作出后，刘某、益高安捷公司均提出上诉。二审法院判决：驳回上诉，维持原判。

二审法院认为：刘某在职期间与益高安捷公司签订的《保密协议书》约定有竞业限制条款，该竞业限制约定有效且对双方具有约束力。益高安捷公司业已举证证明：两公司存在竞争关系；刘某离职前任销售主管；刘某2015年8月离职后于2015年9月入职印达公司的行为违反了竞业限制义务。故益高安捷公司要求刘某继续履行《保密协议书》中约定的竞业限制义务并无不当。因刘某存在违反竞业限制约定的行为，故益高安捷公司要求刘某支付竞业限制违约金的请求并无不当。但对于违约金的具体金额，刘某在庭审中明确表示竞业限制违约金约定过高，结合双方约定的竞业限制补偿金标准、刘某在益高安捷公司任职期间的职务及工资标准、刘某在益高安捷公司的工作时间；考虑到益高安捷公司未提交充足的证据证明刘某给其公司造成的实际损失；判定刘某应向益高安捷公司支付违反竞业限制违约金69,600元。

专题五 青年就业中的劳动合同期限问题研究

【典型案例】[1]

高某于2016年5月3日入职北京某传媒公司，岗位为副总经理，第一份合同期限为2016年5月3日至2019年5月2日，第二份合同期限为2019年5月3日至2022年5月2日，劳动合同约定“月工资为2120元，并根据绩效考核结果发放绩效工资”。公司实际支付的是税前25,800元。另外，2018年2月、2019年1月、2020年1月、2021年2月、2022年3月公司均发放了50,400元，公司主张发的是年终奖，高某主张是补发的工资。

2022年3月31日，公司作出《终止劳动合同通知书》并送达高某，该通知书载明：“经研究决定，在您与公司当前履行的劳动合同到期后，不再与您续签。由于您与公司当前履行的劳动合同有效期截止至2022年5月2日，现提前30天通知您，请您接到通知后于2022年4月29日前将离职手续办理完毕，并于离职后30日内办理完党员关系、档案、保险转移等相关手续……”

高某分别于2022年4月14日、2022年4月26日通过微信、电子邮箱向公司发送《要求续订无固定期限劳动合同通知书》，载明：“本人已与公司连续签订两次固定期限劳动合同，第二次固定期限劳动合同将于2022年5

[1] 高某诉北京某传媒公司劳动争议纠纷案，载微信公众号“劳动法库”2023年12月12日，https://mp.weixin.qq.com/s/KauCJvna6HjbwHuvjyfxig。

月 2 日到期。到期前通知贵公司，本人按《劳动合同法》，要求公司与本人续订无固定期限劳动合同。”

公司认为高某作为公司的主要领导，在职期间公司业绩不升反降，故在劳动合同到期后不再与其续订，属于到期终止。公司认为在劳动合同到期前一个月发出终止通知并向高某送达，该终止通知发生法律效力，高某在此之后要求续订劳动合同，对公司不产生约束力。2022 年 5 月 2 日，公司向高某出具了《离职证明》。高某工作至 2022 年 5 月 2 日。高某于 2022 年 5 月 18 日申请仲裁，要求公司支付违法终止劳动合同赔偿金 361, 586. 21 元。2022 年 7 月 29 日，仲裁委裁决公司支付高某违法终止劳动合同赔偿金 356, 986. 2 元。公司和高某都不服仲裁裁决，均提起诉讼。一审法院认为，高某已与公司连续订立两次固定期限劳动合同，公司认可高某不存在《劳动合同法》第三十九条和第四十条第一、二项规定的情形，且高某于劳动合同到期前明确提出要求续订无固定期限劳动合同，在此情形下，公司仍解除了与高某的劳动关系属违法解除，应支付违法解除劳动合同赔偿金。据此，一审法院判决公司支付高某违法解除劳动合同赔偿金 361, 586. 21 元。

公司不服，提起上诉。二审判决驳回上诉，维持原判。

【法理分析】

《劳动合同法》第十四条规定，“有下列情形之一，劳动者提出或者同意续订、订立劳动合同的，除劳动者提出订立固定期限劳动合同外，应当订立无固定期限劳动合同……（三）连续订立二次固定期限劳动合同，且劳动者没有本法第三十九条和第四十条第一项、第二项规定的情形，续订劳动合同的”。双方已连续两次订立固定期限的劳动合同，公司不续签违法，高某于劳动合同到期前明确提出要求续订无固定期限劳动合同，公司属于违法解除。

第二次固定期限劳动合同到期后，用人单位发出终止劳动合同通知，劳动者主张用人单位支付违法终止劳动合同的赔偿金，北京市高级人民法院认为在劳动者不符合《劳动合同法》第三十九条和第四十条第一项、第二项规定情形时，用人单位在第二次固定期限劳动合同到期后直接发出终止劳动合同（关系）通知，不符合《劳动合同法》第十四条第二款第三项之规定，应认定为违法终止劳动合同（关系）。劳动者主张用人单位支付违法终止劳动合同的赔偿金，应予支持。

【理论释义】

当前青年人的就业选择呈现多元化，大多数“90 后”“00 后”青年希望在工作中能有更多的自主性，对工资待遇、工作时间、劳动强度、工作环境、同事关系等有更多期待。在舒适感、获得感不足时，直接选择“用脚投票”，由此青年们会频繁地更换工作。在不断跳槽中，在行使职业选择权的同时，有些青年的职业目标逐渐明确，对自身的职业生涯发展规划渐渐清晰；有的则仅是冲动地、盲目地换着一份份工作，不思长远发展只看眼前。更换工作意味着劳动合同期限未到期就提前终止，意味着劳动合同未履行完毕就提前结束。青年劳动者应当熟悉现行法律对劳动合同期限的规定，只有了解法律才能更好地维护自身的权益。

一、劳动合同期限

根据合同有无终止时间，可以分为固定期限、无固定期限和以完成一定工作任务为期限三种。其中固定期限是实践中最为常见的一种。

（一）固定期限的劳动合同

用人单位与劳动者协商一致，可以订立固定期限的劳动合同。固定期限劳动合同，是指用人单位与劳动者约定合同终止时间的劳动合同。就是“有始有终”，通俗地说就是劳动合同有开始的时间也有结束的时间。实践中常见的合同文本中的表述一般为：“本合同为 × 年期，自 × 年 × 月 × 日开始，至×年×月×日终止。”

（二）无固定期限的劳动合同

无固定期限的劳动合同，是指用人单位与劳动者约定无确定终止时间的劳动合同。常见的合同文本中的表述一般为：“本合同为无固定期限劳动合同，自×年×月×日开始。”

1. 无固定期限劳动合同的订立情形

（1）用人单位与劳动者协商一致，可以订立无固定期限劳动合同；

（2）劳动者在该用人单位连续工作满10年，劳动者提出或者同意续订、订立劳动合同的，除劳动者提出订立固定期限劳动合同外，应当订立无固定期限劳动合同；

（3）劳动者在该用人单位连续工作满10年，用人单位提出续订、订立劳动合同，劳动者同意的，除劳动者提出订立固定期限劳动合同外，应当订立无固定期限劳动合同；

（4）用人单位初次实行劳动合同制度或者国有企业改制重新订立劳动合同时，劳动者在该用人单位连续工作满10年且距法定退休年龄不足10年，劳动者提出或者同意续订、订立劳动合同的，除劳动者提出订立固定期限劳动合同外，应当订立无固定期限劳动合同；

（5）劳动者与用人单位连续订立二次固定期限劳动合同，且劳动者没有《劳动合同法》第三十九条和第四十条第一项、第二项规定的情形，劳动者提出或者同意续订、订立劳动合同的，除劳动者提出订立固定期限劳动合同外，应当订立无固定期限劳动合同；

（6）用人单位自用工之日起满一年不与劳动者订立书面劳动合同的，视为用人单位与劳动者已订立无固定期限劳动合同。

2. 不订立无固定期限劳动合同的法律责任

用人单位违反劳动法律法规的规定不与劳动者订立无固定期限劳动合同的，法律规定用人单位从应当订立无固定期限劳动合同之日起向劳动者每月支付二倍的工资。

（三）完成一定工作任务为期限的劳动合同

用人单位与劳动者协商一致，可以订立以完成一定工作任务为期限的劳动合同。以完成一定工作任务为期限的劳动合同，是指用人单位与劳动者约定以某项工作的完成为合同期限的劳动合同。这类劳动合同常见于建筑施工、装修装饰等行业中。常见的合同文本中的表述一般为："本合同为以完成一定工作任务为期限的劳动合同，自×年×月×日开始，至工作任务完成之日终止。"

二、试用期条款

试用期条款属于劳动合同内容中的可备条款，是否订立、期限多长、工资多少、有无福利待遇等均由劳动者和用人单位自由协商。

（一）试用期限的规定

《劳动合同法》第十九条第一款规定："劳动合同期限三个月以上不满一年的，试用期不得超过一个月；劳动合同期限一年以上不满三年的，试用期不得超过二个月；三年以上固定期限和无固定期限的劳动合同，试用期不得超过六个月。"第三款规定："以完成一定工作任务为期限的劳动合同或者劳动合同期限不满3个月的，不得约定试用期。"具体见表5－1。

表5－1　劳动合同期限与试用期限的对应关系

合同期限		试用期限
固定期限的劳动合同	3个月以下	0个月（不得约定）
	3个月以上不满一年	≤1个月
	1年以上不满三年	≤2个月
	三年以上	≤6个月
无固定期限的劳动合同		≤6个月
完成一定工作任务为期限的劳动合同		0个月（不得约定）

试用期包含在劳动合同期限内，实践中常见的合同文本中的表述为："本合同为×年期劳动合同，自×年×月×日开始，至×年×月×日终止；其中试用期为×个月，自×年×月×日开始，至×年×月×日终止。"

同一用人单位与同一劳动者只能约定一次试用期。在双方所约定的试用期履行完毕后，不得将试用期随意地延长；用人单位由于生产工作需要或者其他原因给劳动者调动岗位的，劳动者到新岗位后所签订的劳动合同中不得再次约定试用期。

一份劳动合同中仅约定试用期的，那么试用期是不能成立的，依据《劳动合同法》第十九条第四款的规定，双方所约定的试用期即是劳动合同期限。

（二）试用期工资的规定

试用期的工资首先应满足现行劳动法律规范中的禁止性规定，即劳动者在试用期的工资不得低于用人单位所在地的最低工资标准；其次应满足劳动法律规范中的选择性规定，即劳动者在试用期的工资不得低于本单位相同岗位最低档工资的80% ，或者不得低于劳动合同约定工资的80%。例如，王某在转正后的工资为5000元，则对其试用期的工资，用人单位有两个选择：一是用人单位对王某所在岗位的工资采用分级制，一级5000元，二级4500元，三级4000元，王某试用期的工资则为4000元的80% ，即3200元；二是大于或等于4000元。采用哪种工资数额，由用人单位根据自身情况决定。

（三）试用期劳动合同解除的规定

用人单位在试用期解除劳动合同的，应当向劳动者说明理由。说明的方式在劳动法律法规中并没有强制性规定，用人单位可以根据实际情况，自由采用书面形式或者口头形式。

在试用期中，除劳动者有《劳动合同法》第三十九条和第四十条第一项、第二项规定的情形外，用人单位不得解除劳动合同。劳动者在试用期内解除劳动合同的，应当提前3日向用人单位说明。

【拓展案例】[1]

2019年6月1日，李某峰入职国网伏安公司，被安排至亿滋食品公司任项目经理。李某峰先后与国网伏安公司签订了三份固定期限劳动合同，合同的起止期限分别为2019年6月1日至2020年5月31日、2020年6月1日至2021年5月31日、2021年6月1日至2022年5月31日。第三份劳动合同约定："正式聘用期工资由基本工资和绩效工资组成，基本工资为每月2200元，绩效工资按甲方（国网伏安公司）依法确定的分配制度、方式和标准执行。"

经询，国网伏安公司称李某峰在2019年6月1日至2022年6月30日的月工资构成为基本工资2200元+绩效5500元（上下浮动）。对此，李某峰认可上述期间的月基本工资为2200元，但不清楚绩效工资的具体数额，其在2019年6月1日至2021年11月30日的月实发工资为7600元，2021年12月1日至2022年6月30日的月实发工资为8600元。庭后，国网伏安公司亦认可李某峰在2021年12月1日至2022年6月30日的月实发工资为8600元，每月工资中的一部分转账至李某峰名下的银行卡，另一部分通过第三方平台转账至李某峰配偶名下的银行卡。国网伏安公司每月15日发放李某峰上个自然月工资。李某峰的工作岗位执行标准工时制。

2022年6月1日，国网伏安公司向李某峰送达了《劳动合同自然终止告知书》，载明："在公司并无与您终止劳动合同意愿的前提下，经多次协商续订劳动合同事宜，保持您的各项劳动条件、劳动保护均与原劳动合同约定条件保持一致，但经公司多次催告您续订劳动合同事宜，您均未与公司续订，经告知此种行为视为您本人自愿不与公司签订劳动合同，该劳动合同到期将自然终止，不再续签，请您在2022年6月2日按公司有关规定

[1] 北京国网伏安电力工程有限公司与李某峰劳动争议案，北京市大兴区人民法院（2023）京0115民初1304号民事判决书。

做好各项工作交接手续。其他补充说明：距合同到期前一个月，多次提醒，并明确说明，未签订或逾期不签订的视为员工自动不续签合同，视为自动离职。”

李某峰2020年度和2021年度的应休年休假天数为15天，2022年1月1日至6月30日折算后应休年休假天数为7天。国网伏安公司主张未休年休假工资的计算基数为8600元/月，并称李某峰已休完上述年休假，但其公司无证据予以佐证。

国网伏安公司未组建工会。李某峰离职前12个月的平均工资为8600元。

2022年8月30日，李某峰到京开区劳裁委申请仲裁，要求：（1）确认2019年6月1日至2022年6月30日李某峰与国网伏安公司存在劳动关系；（2）国网伏安公司支付李某峰违法解除劳动关系赔偿金64,652元；（3）国网伏安公司支付李某峰2022年6月1日至30日未续签劳动合同工资差额9236元；（4）国网伏安公司支付李某峰2022年5月1日至6月30日工资差额2900元；（5）国网伏安公司支付李某峰2019年6月1日至2022年6月30日未休年休假工资31,420元；（6）国网伏安公司支付李某峰2021年3月1日至2022年1月31日休息日加班工资17,408.6元；（7）国网伏安公司支付李某峰2019年6月1日至2022年6月30日高温补贴1620元；（8）亿滋食品公司对上述请求承担连带责任。2022年10月27日，京开区劳裁委作出京开劳人仲字［2022］第4168号裁决书，裁决：（1）确认2019年6月1日至2022年5月31日李某峰与国网伏安公司存在劳动关系；（2）国网伏安公司向李某峰支付违法解除（终止）劳动合同赔偿金51,600元；（3）国网伏安公司向李某峰支付2022年5月1日至31日工资差额1144元；（4）国网伏安公司向李某峰支付未休年休假工资差额23,724元；（5）国网伏安公司向李某峰支付2021年3月1日至2022年1月31日休息日加班工资9268.96元；（6）驳回李某峰的其他仲裁请求。李某峰不同意上述裁决，未提起诉讼；国网伏安公司不同意上述裁决，诉至法院。

李某峰与国网伏安公司对上述事实没有争议，法院予以确认。

经询，关于李某峰的项目经理岗位职责，李某峰称其在项目上的职务最高，职责是管理员工的考勤、工作安排、应急的加班，仅负责将劳动合同打印并交给需要签订劳动合同的下级员工。国网伏安公司认可李某峰在项目上的职务最高，李某峰的工作职责除其自述的内容外，还包括项目招聘、面试、签订劳动合同及劳动纠纷的处理、现场秩序管理。

关于解除原因，国网伏安公司主张其曾要求李某峰续签劳动合同，李某峰拒绝续签劳动合同，具体指其公司人事经理刘某在 2022 年 4 月 12 日、5 月 17 日、5 月 30 日通过微信多次与李某峰沟通续签劳动合同事宜，李某峰均未回复。为证明其主张，国网伏安公司提交双方未签字或盖章的劳动合同、微信聊天记录予以佐证。其中，刘某于 2022 年 4 月 12 日向李某峰发送名为“国网劳动合同－模板通用”“入职所需手续”的两份文件，并告知李某峰填写乙方（劳动者）信息就可以；于 2022 年 5 月 17 日向李某峰发送信息：“……上月说的劳动合同的问题，您项目五月合同到期人员均已签字，目前就差您自己的了，知道您忙，但是这个需要您尽快来公司签订。”2022 年 5 月 27 日在工作群中发送信息：“各位项目负责人：请随时更新、查看自己负责的项目所有人员合同情况，未签订完的或一直逾期不签订的视为自动不签订劳动合同，公司将按照自动不签订合同，视为自动离职处理。”另，刘某向李某峰发送的劳动合同中，乙方信息、劳动合同期限、工作岗位、工时制度等均为空白，第十三条载明，“基本工资为 2500 元（注明：以每月薪资确认单为准）”，薪资确认函中的部门、岗位、入职日期、试用期等信息均为空白，工资项目记载的基本工资为税后 2500 元。李某峰认可上述证据的真实性，称双方未续签劳动合同的原因是：其一，李某峰于 2022 年 5 月 26 日到国网伏安公司，国网伏安公司未与李某峰协商续签劳动合同事宜；其二，国网伏安公司发送的劳动合同中工作地点、基本工资、加班工资的计算基数、工资组成、劳动合同期限均为空白，与双方此前已签订的劳动合同相比，降低了薪资待遇，国网伏安公司也未明确告知李某峰续签劳动合同的期限。根据国网伏安公司以往的操作，签订固定期限劳动合同的可能性比较大，但是按照相关法律规定，国网伏安公司应与李某峰签订无固定期限劳动合同。

经询，国网伏安公司称其公司曾与李某峰协商过劳动合同期限、薪资待遇、工作地点等具体内容，是公司人事经理刘某通过电话方式与李某峰沟通的，但无证据佐证，并称刘某与李某峰具体沟通的事项是让李某峰检查项目上未签订劳动合同的情况并督促员工签订劳动合同，李某峰亦未向国网伏安公司询问过劳动合同期限、薪资待遇、工作地点等具体事宜。李某峰不认可国网伏安公司的上述陈述，称双方未协商过。

对当事人有争议的事实，法院认定如下。

（1）关于是否存在违法解除（终止）劳动合同的行为。

因用人单位作出的开除、除名、辞退、解除劳动合同、减少劳动报酬、计算劳动者工作年限等决定而发生的劳动争议，用人单位负举证责任。连续订立两次固定期限劳动合同，且劳动者没有《劳动合同法》第三十九条和第四十条第一项、第二项规定的情形，续订劳动合同的，除劳动者提出订立固定期限劳动合同外，应当订立无固定期限劳动合同。

本案中，国网伏安公司与李某峰已订立两次以上固定期限劳动合同，在公司未举证证明李某峰提出签订固定期限劳动合同的情况下，国网伏安公司应与李某峰续签无固定期限劳动合同，国网伏安公司虽于双方劳动合同期满前向李某峰发送了劳动合同，但是该劳动合同中关于合同期限、工作岗位、工时制度等重要信息均为空白，薪资确认函记载工资项目中仅有基本工资 2500 元，国网伏安公司提交的证据不足以证明公司要与李某峰签订无固定期限劳动合同，且就劳动合同的具体内容与李某峰进行了协商，故法院认定国网伏安公司在与李某峰的劳动合同期限届满时终止与李某峰的劳动合同系违法解除（终止），李某峰有权要求国网伏安公司向其支付违法解除（终止）劳动合同赔偿金。

（2）关于 2022 年 5 月 1 日至 31 日的工资差额。

用人单位应当按照劳动合同约定和国家规定，向劳动者及时足额支付劳动报酬。

本案中，李某峰在 2022 年 5 月正常出勤，实发工资为 7456 元。国网伏安公司称公司扣减了李某峰在该月的奖金1000元，但无证据佐证扣发金额和扣发项；李某峰称其该月实发工资应为8600元，国网伏安公司扣减了该月奖金1144元。国网伏安公司认可李某峰在2021年12月后的月实发工资为8600元，结合其公司未举证扣发原因等，法院认定李某峰有权要求国网伏安公司支付该月的工资差额1144元。

（3）关于2020年1月1日至2022年6月30日的未休年休假工资。

法律规定，单位根据生产、工作的具体情况，并考虑职工本人意愿，统筹安排职工年休假。单位确因工作需要不能安排职工休年休假的，经职工本人同意，可以不安排职工休年休假。对职工应休未休的年休假天数，单位应当按照该职工日工资收入的300%支付年休假工资报酬，其中包含用人单位支付职工正常工作期间的工资收入。

本案中，双方均认可李某峰2020年度和2021年度的应休年休假均为15天，折算后，2022年1月1日至6月30日应休年休假7天。国网伏安公司主张李某峰已休完全部年休假，但无证据佐证，故法院不予采信。庭审中，国网伏安公司主张未休年休假工资的计算基数为8600元/月。经核算，京开区劳裁委相应裁决的数额不高于法院核算的数额。

（4）关于李某峰在2021年3月1日至2022年1月31日是否存在加班事实。

劳动者主张加班费的，应当就加班事实的存在承担举证责任。国网伏安公司称公司员工手册中规定加班需要审批，其公司未提交员工手册，但提交了李某峰在2021年1月5日提交的加班（请示）呈送表。李某峰对该证据的真实性认可，证明目的不认可，称2020年有一段时间需要提交呈送表，但其工作性质属于应急加班，故申请制度取消，李某峰所在的部门经理要求将加班情况记录在考勤表中。

经询，双方均认可李某峰制作每月的排班表，并向国网伏安公司提交考勤表。李某峰提交了2021年3月至2022年1月的考勤表，欲证明其存在休息日加班的事实。国网伏安公司认可上述考勤表系李某峰每月发送给公司的运维经理，公司再根据运维经理提交的考勤表发放工资。

再询，李某峰称根据上述考勤表，其在2021年5月至9月存在11天休息日加班，加班工资计算基数为7600元/月；在2021年12月存在2天休息日加班，加班工资计算基数为8600元/月。对此，国网伏安公司认可上述天数和数额，但称李某峰未经过加班审批，故不同意支付。

经用人单位和劳动者予以确认的考勤记录可以作为认定是否存在加班事实的依据。根据上述事实，法院认定李某峰在2021年3月1日至2022年1月31日存在休息日加班的事实，其有权要求国网伏安公司支付诉争期间的休息日加班工资。

法院认为，国网伏安公司同意京开劳人仲字［2022］第4168号裁决书中的第一项裁决，李某峰亦未就该项裁决提起诉讼，故法院对此予以确认。

第一，关于违法解除劳动合同赔偿金。用人单位违反法律规定解除劳动合同的，应当依照法律规定的经济补偿标准的二倍向劳动者支付赔偿金。根据已认定的事实，国网伏安公司解除其与李某峰之间的劳动合同系违法解除，故对国网伏安公司关于其无须支付李某峰违法解除劳动合同赔偿金的诉讼请求，法院不予支持。经核算，京开区劳裁委相应裁决的数额并无不当，法院予以确认。

第二，关于2022年5月1日至31日的工资差额。根据已认定的事实，李某峰有权要求国网伏安公司支付该月的工资差额，故对国网伏安公司有关其无须支付李某峰上述期间工资差额的诉讼请求，法院不予支持。经核算，京开区劳裁委相应裁决的数额并无不当，法院予以确认。

第三，关于2020年1月1日至2022年6月30日的未休年休假工资差额。根据已认定的事实，李某峰有权要求国网伏安公司支付上述期间的未休年休假工资差额，故对国网伏安公司有关其无须支付李某峰上述期间未休年休假工资差额的诉讼请求，法院不予支持。经核算，京开区劳裁委相应裁决的数额不高于法院核算的数额，李某峰未提起诉讼，故法院予以确认。

第四，关于2021年3月1日至2022年1月31日的休息日加班工资。根据已认定的事实，李某峰有权要求国网伏安公司支付上述期间的休息日加班工资，故对国网伏安公司有关其无须支付李某峰上述期间休息日加班工资的诉讼请求，法院不予支持。经核算，京开区劳裁委相应裁决的数额不高于法院核算的数额，李某峰亦未提起诉讼，故法院予以确认。

综上所述，依照《劳动合同法》第三十条第一款、第四十七条、第八十七条，《职工带薪年休假条例》第五条，《最高人民法院关于审理劳动争议案件适用法律问题的解释（一）》第四十四条之规定，判决如下：

（1）确认国网伏安公司与李某峰在 2019 年 6 月 1 日至 2022 年 5 月 31 日存在劳动关系；

（2）国网伏安公司于本判决生效之日起 10 日内向李某峰支付违法解除（终止）劳动合同赔偿金 51, 600 元；

（3）国网伏安公司于本判决生效之日起 10 日内向李某峰支付 2022 年 5 月 1 日至 31 日的工资差额 1144 元；

（4）国网伏安公司于本判决生效之日起 10 日内向李某峰支付 2020 年 1 月 1 日至 2022 年 6 月 30 日未休年休假工资 23, 724 元；

（5）国网伏安公司于本判决生效之日起 10 日内向李某峰支付 2021 年 3 月 1 日至 2022 年 1 月 31 日休息日加班工资 9268. 96 元；

（6）驳回国网伏安公司的全部诉讼请求。

判决生效后，双方均未上诉。

专题六　青年就业中的就业歧视问题研究

【典型案例】[1]

2019年7月，浙江喜来登度假村有限公司（以下简称喜来登公司）通过智联招聘平台向社会发布了一批公司人员招聘信息，其中有“法务专员”“董事长助理”两个岗位。2019年7月3日，闫某琳通过智联招聘手机App软件针对喜来登公司发布的前述两个岗位分别投递了求职简历。闫某琳投递的求职简历中，有姓名、性别、出生年月、户口所在地、现居住城市等个人基本信息，其中户口所在地填写为“河南南阳”，现居住城市填写为“浙江杭州西湖区”。杭州市杭州互联网公证处出具的公证书记载，公证人员使用闫某琳的账户、密码登录智联招聘App客户端，显示闫某琳投递的前述“董事长助理”岗位在2019年7月4日14时28分被查看，28分时给出岗位不合适的结论，“不合适原因：河南人”；“法务专员”岗位在同日14时28分被查看，29分时给出岗位不合适的结论，“不合适原因：河南人”。闫某琳因案涉公证事宜，支出公证费用1000元。闫某琳向杭州互联网法院提起诉讼，请求判令喜来登公司赔礼道歉、支付精神抚慰金并承担诉讼相关费用。杭州互联网法院于2019年11月26日作出（2019）浙0192民初6405号民事判决：（1）被告喜来登公司于本判决生效之日起10日内

---

〔1〕闫某琳诉浙江喜来登度假村有限公司平等就业权纠纷案，最高人民法院指导性案例185号（2022年）。

赔偿原告闫某琳精神抚慰金及合理维权费用损失共计 10,000 元。（2）被告喜来登公司于本判决生效之日起 10 日内，向原告闫某琳进行口头道歉并在《法制日报》公开登报赔礼道歉（道歉声明的内容须经法院审核）；逾期不履行，法院将在国家级媒体刊登判决书主要内容，所需费用由被告喜来登公司承担。（3）驳回原告闫某琳的其他诉讼请求。宣判后，闫某琳、喜来登公司均提起上诉。杭州市中级人民法院于 2020 年 5 月 15 日作出（2020）浙 01 民终 736 号民事判决：驳回上诉，维持原判。

【法理分析】

平等就业权是劳动者依法享有的一项基本权利，既具有社会权利的属性，亦具有民法上的私权属性，劳动者享有平等就业权是其人格独立和意志自由的表现，侵害平等就业权在民法领域侵害的是一般人格权的核心内容——人格尊严，人格尊严重要的方面就是要求平等对待，就业歧视往往会使人产生一种严重的受侮辱感，对人的精神健康甚至身体健康造成损害。据此，劳动者可以在其平等就业权受到侵害时向人民法院提起民事诉讼，寻求民事侵权救济。

闫某琳向喜来登公司两次投递求职简历，均被喜来登公司以“河南人”不合适为由予以拒绝，显然在针对闫某琳的案涉招聘过程中，喜来登公司使用了主体来源的地域空间这一标准对人群进行归类，并根据这一归类标准给予闫某琳低于正常情况下应当给予其他人的待遇，即拒绝录用，可以认定喜来登公司因“河南人”这一地域事由要素对闫某琳进行了差别对待。

《就业促进法》第三条在明确规定民族、种族、性别、宗教信仰 4 种法定禁止区分事由时使用“等”字结尾，表明该条款是一个不完全列举的开放性条款，即法律除认为前述 4 种事由构成不合理差别对待的禁止性事由外，还存在与前述事由性质相同的其他不合理事由，亦为法律所禁止。何种事由属于前述条款中“等”的范畴，一个重要的判断标准是，用人单位是根据劳动者的专业、学历、工作经验、工作技能以及职业资格等与“工作内在要求”密切相关的“自获因素”进行选择，还是基于劳动者的性别、户籍、身份、地域、年龄、外貌、民族、种族、宗教等与“工作内在要求”没有必然联系的“先赋因素”进行选择，后者构成法律禁止的不合理就业歧视。劳动者的“先赋因素”，是指人们出生伊始所具有的人力难以选择和控制的因素，法律作为一种社会评价和调节机制，不应该基于人力难以选择和控制的因素给劳动者设置不平等条件；反之，应消除这些因素给劳动者带来的现实上的不平等，将与“工作内在要求”没有任何关联性的“先赋因素”作为就业区别对待的标准，根本违背了公平正义的一般原则，不具有正当性。

本案中，喜来登公司以地域事由要素对闫某琳的求职申请进行区别对待，而地域事由属于闫某琳乃至任何人都无法自主选择、控制的与生俱来的“先赋因素”，在喜来登公司无法提供客观有效的证据证明，地域要素与闫某琳申请的工作岗位之间存在必然的内在关联或存在其他的合法目的的情况下，喜来登公司的区分标准不具有合理性，构成法定禁止事由。故喜来登公司在案涉招聘活动中提出与职业没有必然联系的地域事由对闫某琳进行区别对待，构成对闫某琳的就业歧视，损害了闫某琳平等地获得就业机会和就业待遇的权益，主观上具有过错，构成对闫某琳平等就业权的侵害，依法应承担公开赔礼道歉并赔偿精神抚慰金及合理维权费用的民事责任。

【理论释义】

《国家中长期青年发展规划纲要》中提出，推动完善促进青年就业创业政策体系。根据就业形势和就业工作重点变化，加强就业政策与产业、贸易、财税、金融等政策的协调，进一步完善积极就业政策。发挥公共财政促进青年就业作用，完善落实财政金融扶持政策，扶持发展现代服务业、战略性新兴产业、劳动密集型企业和小微企业，吸纳青年就业。加强对灵活就业、新就业形态的支持，促进青年自主就业，鼓励多渠道多形式就业。

进一步完善青年创业就业配套政策及法律法规。加强青年就业服务。实施青年就业见习计划。健全城乡均等的公共就业创业服务体系，完善服务功能，把有就业意愿的青年全部纳入服务范围，全面落实免费公共就业服务，对就业困难青年提供就业援助，帮助长期失业青年就业。创新就业信息服务方式方法，注重运用互联网技术打造适合青年特点的就业服务模式。加强青年职业培训，健全面向青年的劳动预备制培训计划，落实职业培训补贴政策。实施离校未就业高校毕业生就业促进计划，为毕业生提供职业指导、就业信息、就业见习、就业帮扶等服务。开展青年农民工职业技能培训，通过订单、定向和定岗式培训，对农村未升学初高中毕业生等新生代农民工开展就业技能培训，为有创业意愿的青年农民工提供创业培训。开展青年重点群体职业培训，加大贫困家庭子女、青年失业人员和转岗职工、退役青年军人和残疾青年等劳动者职业技能和创业培训力度，按规定提供培训补贴，对农村贫困家庭学员和城市居民最低生活保障家庭学员给予生活补贴。

歧视就是不平等的对待，对相同的人给予不同的对待必须有“正当理由”，否则即属于歧视。它涉及人格尊严、关乎社会公平和正义问题、关系到人的潜力的充分发挥和社会资源的合理配置问题、关系到个人的幸福和发展问题。

1960 年 12 月联合国教科文组织在巴黎举行第十一届会议通过的《取缔教育歧视公约》（1962 年 5 月 22 日开始实施）第一条对歧视的解释是：“歧视”一语指基于种族、肤色、性别、语言、宗教、政治或其他见解、国籍或社会出身、经济条件或出生的任何区别、排斥、限制或特惠，其目的或效果为取消或损害教育上的待遇平等，特别是：禁止任何人或任何一群人接受任何种类或任何级别的教育；限制任何人或任何一群人只能接受低标准的教育；对某些人或某群体设立或维持分开的教育制度或学校，但本公约第二条的规定不在此限；对任何人或任何一群人加以违反人类尊严的条件。

《消除一切形式种族歧视公约》（1965 年 12 月通过，1969 年 1 月生效）

在第一条中将“种族歧视”定义为：“基于种族、肤色、出身或原属国或民族本源之任何区别、排斥、限制或优待，其目的或效果为取消或损害政治、经济、文化或公共生活任何其他方面人权及基本自由在平等地位上之承认、享有和行使。”

《消除对妇女一切形式歧视公约》（1979 年 12 月通过，1981 年 9 月生效）在第一条中将“对妇女的歧视”定义为：“指基于性别而作的任何区别、排斥或限制，其影响或其目的均足以妨碍或否认妇女不论已婚未婚在男女平等的基础上认识、享有或行使在政治、经济、社会、文化、公民或任何其他方面的人权和基本自由。”

1989 年联合国人权事务委员会《关于非歧视的第 18 号一般性意见》中对《公民权利和政治权利国际公约》中的“歧视”一词进行的解释则是，本公约中所使用“歧视”一词的含义应指任何基于种族、肤色、性别、语言、宗教、政治或其他见解、国籍或社会出身、财产、出生或其他身份的任何区别、排斥、限制或优惠，其目的或效果为否认或妨碍任何人在平等的基础上认识、享有或行使一切权利和自由。

《残疾人权利公约》及《任择议定书》（2006 年）中指出，“基于残疾的歧视”是指基于残疾而作出的任何区别、排斥或限制，其目标或效果是在政治、经济、社会、文化、公民或任何其他领域，损害或取消残疾人在与其他人平等的基础上，对一切人权和基本自由的认可、享有或行使。

2006 年中国批准的《1958 年消除就业和职业歧视公约》，即第 111 号公约对歧视的定义为：“基于种族、肤色、性别、宗教、政治见解、民族血统或社会出身等原因，具有取消或损害就业或职业机会均等或待遇平等作用的任何区别、排斥或优惠……”该公约中的就业歧视包括求职和入职后两个阶段。

歧视的法律分类包括：直接歧视，间接歧视，骚扰、报复性歧视，拒绝提供合理便利的歧视等。[1]

---

〔1〕 石颖：《歧视的法律判断标准》，载《河南大学学报（社会科学版）》2022 年第 1 期。

一、劳动就业权概述

就业权作为一种法律规定的普遍的社会权利，保障这一权利的实现首先是国家的责任和义务。保障劳动者的雇佣和就业，是国家的责任和义务。这种责任和义务主要有两个方面：一是政府要努力创造就业机会；二是对劳动者就业提供职业介绍和职业培训。《劳动法》第二章第十条第一款、第十一条对国家在就业方面的责任作了明确规定："国家通过促进经济和社会发展，创造就业条件，扩大就业机会。""地方各级人民政府应当采取措施，发展多种类型的职业介绍机构，提供就业服务。"促进和保障劳动者的就业，是市场经济条件下政府的职责和义务。

在市场经济条件下，尽管国家负有为劳动者提供劳动机会（或称雇佣保障）的义务，但国家不能像在计划经济时期那样，直接安排劳动者就业，或者直接指令企业雇佣某些特定求职者；而是创造各种条件，以扩大劳动者就业的机会，并通过发展经济和完善就业政策，增加就业率。在市场经济下，失业是一种不可避免的经济和社会现象，而且，保持一定的低失业率是劳动力市场运行的一个必备条件。国家的责任并不是消灭失业，而是减少失业，并且为失业者提供基本的生活保障。或者说，国家的责任首先是为劳动者提供就业机会，但在不能提供劳动机会的时候，劳动者享有要求国家提供相当的生活费用的请求权。在这里，就业权和社会保障权是直接相关的。在一定意义上，可以将国家所举办的失业保险制度，看作实施雇佣保障的一种退而求其次的选择，是就业权保障的一种补救或补充的具体制度。在这一意义上，劳动者的失业救济权可视为劳动者就业的附随权利或派生权利。

在中国劳动就业体制的转变中，劳动就业权利也发生着变化。如何实现劳动就业权利在转变中的连续性和一致性，是就业权保障的一个重要内容。

劳动者权利的实现是与劳动过程直接联系的，而劳动就业权是劳动者其他权利实现的基础和前提，即只有实现就业，劳动者的其他劳动权利才有可能在具体的劳动关系中实现。劳动就业权是劳动者赖以生存的权利，是各国宪法确认和保护公民的一项重要的基本权利。《宪法》规定：中华人民共和国公民有劳动的权利和义务。劳动就业权作为劳动者最基本的权利，又被称为工作权或狭义的劳动权。劳动就业权是指具有劳动权利能力与劳动行为能力，并且有劳动愿望的劳动者依法从事有劳动报酬或经营收入的劳动的权利。劳动就业权主要有三个种类，分别是：劳动者平等就业权、劳动者自主择业权、非法定事由不失去劳动机会的权利。

首先，劳动就业权是劳动者个人的权利。这一权利由劳动者个人自行支配，他人不得干涉或代替行使。这一特点，一是由于劳动者个人是劳动力的唯一所有者，劳动者享有完全的劳动力所有权；二是就业权属于个人的权利而不是某个群体的权利，即劳动就业权是劳动者的或人的普遍的权利，而不是属于某些特定群体的权利。肯定这一点，就会避免那种因不属于某一群体而形成就业歧视的现象。

其次，劳动就业权作为劳动者个人的权利，还表现为劳动者有劳动的自由，也同时具有不劳动的自由。政府虽然鼓励人们积极参加劳动，但政府不能实施强迫劳动。特别需要提出的是，劳动就业是劳动者的权利，而不是其义务。因为如果作为义务，那么主体在不履行法律义务时，法律则会强迫其履行并承担相应责任，这种做法正是国际劳工公约明确反对的“强迫或强制劳动”。所谓“强迫或强制劳动”，“系指经任何惩戒相威胁，强迫任何人从事非本人自愿的一切劳动或服务”。有的学者提出，关于劳动义务的法律规定，其实在法律上近乎没有意义，只不过具有精神的意义，即这种劳动义务是与劳动权利互相依存的均衡关系。如果说，在计划经济下“不劳动者不得食”是其劳动权的原则，那么，在市场经济“不劳动者亦得食”的条件下，所谓劳动的义务就更不具有实际意义了。正是由于这一原则，我国对主动失业，即未尽劳动义务的劳动者也并未采取强制劳动或强制就业的措施。在市场经济条件下，劳动者或其他公民是否劳动，是他个人的自主行为，只要这一行为没有造成危害社会或他人的法律后果，国家就不对其进行法律制裁，但同时，国家也不对其实施援助或救济，如规定享受失业救济者必须为“非自愿失业者”，自愿失业者不在失业救济者之列。

（一）劳动就业原则

《劳动法》规定了劳动就业的5项原则。

平等就业原则，指劳动者享有平等的就业权利和就业机会。对于平等就业权，劳动部办公厅关于印发《关于〈劳动法〉若干条文的说明》中指出，“就业”是指具有劳动能力的公民在法定劳动年龄内，依法从事某种有报酬或劳动收入的社会活动。根据《现代汉语词典》的释义，“平等”是形容词，指人们在社会、政治、经济、法律等方面享有相等待遇或泛指地位相等。平等就业权是求职者在招聘阶段及劳动者在劳动合同履行过程中依法享有的一项基本权利，兼具社会权利的属性和民法上的私权利的属性。就民事侵权责任而言，劳动者享有平等就业权应属于一般人格权的范畴，侵害劳动者平等就业权的行为应以是否侵害自然人人格尊严为主要考量和评判依据，其主要表现方式为就业歧视，就业歧视包含两个方面的基本要素：第一，存在差别对待的行为；第二，这种差别对待缺乏合理性基础，为法律所禁止。

相互选择原则，指劳动者自由选择用人单位，用人单位自主择优选择劳动者。

竞争就业原则，指劳动者通过用人单位考试考核竞争取胜而获得就业岗位。

照顾特殊群体人员就业原则，是指对那些谋求职业有困难或处境不利的人员，包括妇女、残疾人、少数民族人员、退出现役的人员，在就业中给予特殊照顾。如妇女就业时应考虑其身体情况，处于“四期”（生理期、孕期、产期、哺乳期）的女性劳动者应避免低温冷库作业；就业中应尊重少数民族人员的民族禁忌；等等。

禁止未满16周岁的未成年人就业原则。雇佣未满16周岁的未成年人属于雇佣童工。国务院令第364号《禁止使用童工规定》第六条规定：“用人单位使用童工的，由劳动保障行政部门按照每使用一名童工每月处5000元罚款的标准给予处罚；在使用有毒物品的作业场所使用童工的，按照《使用有毒物品作业场所劳动保护条例》规定的罚款幅度，或者按照每使用一名童工每月处5000元罚款的标准，从重处罚。劳动保障行政部门并应当责令用人单位限期将童工送回原居住地交其父母或者其他监护人，所需交通和食宿费用全部由用人单位承担。用人单位经劳动保障行政部门依照前款规定责令限期改正，逾期仍不将童工送交其父母或者其他监护人的，从责令限期改正之日起，由劳动保障行政部门按照每使用一名童工每月处1万元罚款的标准处罚，并由工商行政管理部门[1]吊销其营业执照或者由民政部门撤销民办非企业单位登记；用人单位是国家机关、事业单位的，由有关单位依法对直接负责的主管人员和其他直接责任人员给予降级或者撤职的行政处分或者纪律处分。”

（二）劳动就业的特征

1. 就业主体具有特定性，是具有劳动权利能力和劳动行为能力并有劳动意愿的公民，包括在中国领土上从事劳动的中国人、外国人、无国籍人。

2. 公民主观上必须具有就业意愿，即具有求职的愿望。公民积极寻找工作机会，有投递工作简历、准备面试等行为。

3. 公民从事的是合法的经济活动，是能够为社会创造财富或有益于社会的劳动。不得从事国家禁止的经济活动。

4. 公民就业应当获得劳动报酬，就业必须使劳动者能够获得一定的劳动报酬或经营收入。

（三）劳动就业的法律规定

《劳动法》规定：“禁止用人单位招用未满16周岁的未成年。”国务院令第364号《禁止使用童工规定》第二条规定：“国家机关、社会团体、企

〔1〕现为市场监督管理部门。

业事业单位、民办非企业单位或者个体工商户（以下统称用人单位）均不得招用不满 16 周岁的未成年人（招用不满 16 周岁的未成年人，以下统称使用童工）。禁止任何单位或者个人为不满 16 周岁的未成年人介绍就业。禁止不满 16 周岁的未成年人开业从事个体经营活动。”第三条第二款规定：“不满 16 周岁的未成年人的父母或者其他监护人允许其被用人单位非法招用的，所在地的乡（镇）人民政府、城市街道办事处以及村民委员会、居民委员会应当给予批评教育。”

《劳动法》规定：“妇女享有与男子平等的就业权利。”在劳动就业方面男女平等是宪法原则的具体化，也是我国劳动法的一项基本原则。用人单位不能以性别为由拒绝录用妇女，除国家规定的不适合妇女的工种或者岗位外，不得以性别为由拒绝录用妇女。用人单位不能提高对妇女的录用标准。

《残疾人保障法》也有具体规定：（1）国家保障残疾人劳动的权利；（2）残疾人劳动就业，采取优惠政策和扶持保护措施，使残疾人劳动就业逐步普及、稳定、合理；（3）国家和社会举办残疾人福利企业、工疗机构、按摩医疗和其他福利性企业事业组织，集中安排残疾人就业，国家推动各单位吸收残疾人就业；（4）政府有关部门鼓励、帮助残疾人自愿组织起来从业或者个体开业；（5）国家对残疾人福利性企业事业组织和城乡残疾人个体劳动者，实行税收减免政策；（6）国家保护残疾人福利性企业事业组织的财产所有权和经营自主权，对于国家分配的高等学校、中等专业学校、技工学校的残疾毕业生，有关单位不得因其残疾而拒绝接受。

国家对退出现役军人的劳动就业也有规定：（1）符合安排工作条件的义务兵退出现役后，由当地政府负责安排工作，保证退伍义务兵的第一次就业；（2）退伍义务兵安置工作必须贯彻从哪里来、回哪里去的原则和妥善安置、各得其所的方针；（3）对按国家政策规定需要安排工作的伤病残退伍义务兵，要安排力所能及的工作，他们的工资、福利和其他待遇应等同本单位因公致残的职工，无特殊理由不得辞退；（4）随用工单位劳动制度改革实行劳动合同制，在签订合同、培训等方面给予优待。

国家对少数民族人员的就业规定主要体现在《民族区域自治法》中，该法第二十三条规定："民族自治地方的企业、事业单位依照国家规定招收人员时，优先招收少数民族人员，并且可以从农村和牧区少数民族人口中招收。"第六十七条第一款规定："上级国家机关隶属的在民族自治地方的企业、事业单位依照国家规定招收人员时，优先招收当地少数民族人员。"

（四）劳动就业形式

1. 直接洽谈就业：劳动者和用人单位之间通过组织洽谈会进行"公开招聘、双向选择"。这种洽谈会，一般是由高校、地方人力资源和社会保障机构组织，为了促进毕业生与用人单位之间的交流和对接，帮助毕业生找到合适的就业机会，同时也为用人单位提供了一个集中招聘的平台。通过这种方式，毕业生和用人单位可以更好地了解彼此，实现双方的就业需求。

2. 职业介绍机构介绍就业：职业中介机构应当在市场监督管理部门办理登记后，向劳动行政部门申请行政许可。未经依法许可和登记的机构，不得从事职业中介活动。职业中介机构在从事职业介绍行为时，不得提供虚假就业信息；不得为无合法证照的用人单位提供职业中介服务；不得伪造、涂改、转让职业中介许可证；不得扣押劳动者的居民身份证和其他证件，或者向劳动者收取押金；不得有其他违反法律、法规规定的行为。

3. 创业：国家积极推动青年投身创业实践。建立青年创业人才汇聚平台，建设青年创业导师团队，开展普及性培训和"一对一"辅导相结合的创业培训活动，帮助青年增强创业意识、增进创业本领。推动青年创业第三方综合服务体系建设，搭建各类青年创业孵化平台，完善政策咨询、融资服务、跟踪扶持、公益场地等孵化功能。加大青年创业金融服务落地力度，优化银行贷款等间接融资方式，支持创业担保贷款发展，拓宽股权投资等直接融资渠道。支持青年创业基金发展，发挥好国家新兴产业创业投资引导基金和中小企业发展基金等政府引导基金的作用，带动社会资本投入，解决青年创业融资难题。落实结构性减税和普遍性降费政策。建设青年创业项目展示和资源对接平台，搭建青年创业信息公共服务网络，办好青年创新创业大赛、展交会、博览会等创业品牌活动。着力培育服务青年创业的社会组织，建设专业化的服务队伍和服务实体。深入实施大学生创业引领计划，建立健全教学与实践相融合的高校创新创业教育体系，显著提升青年创新型人才培养质量；整合发展国家和省级高校毕业生就业创业基金。深入开展农村青年创业致富带头人培养，支持青年返乡创业。完善互联网创新创业政策，实施青年电商培育工程。加强对留学回国创业青年的服务，帮助他们了解国内信息、熟悉创业环境、交流创业经验、获得政策扶持。推动形成鼓励创新、宽容失败的体制机制和社会环境，更好地激发青年创新潜能和创业活力。〔1〕

此外，就业形式还包括国家安置就业，主要是对退役士兵、随军家属等；特定人员就业，如残疾人、农转非人员、刑满释放人员等。

二、反对就业歧视

就业歧视是指没有合法的目的和原因，基于种族、肤色、宗教、政治见解、民族、社会出身、性别、户籍、残障或身体健康状况、年龄、身高、语言等原因，采取的任何区别、排斥、限制或者给予优惠，其目的或作用在于取消或损害劳动者就业平等权。就业歧视包括直接歧视和间接歧视。国际劳工公约中关于"就业歧视"的基本含义为："基于种族、肤色、性别、宗教、政治见解、民族血统，或社会出身等原因，具有取消或损害就业或职业机会均等或待遇平等作用的任何区别、排斥或优惠。"《劳动法》第三条明确规定："劳动者享有平等就业和选择职业的权利……"所谓平等就业权的实施，主要是反对就业歧视，保障公民平等获得就业机会的权利。《宪法》第三十三条第二款规定"中华人民共和国公民在法律面前一律平等"；第四十二条第一款规定："中华人民共和国公民有劳动的权利和义务。"此外，《妇女权益保障法》《残疾人保障法》对妇女就业、残疾人就

〔1〕 中共中央、国务院印发《中产期青年发展规划纲要（2016—2025年）》。

业平等以及就业歧视都作了规定。

（一）就业歧视的法律规定

现行立法对就业歧视的规定零散在规范性法律文件中，如《宪法》中有关劳动平等权的规定，法律（《劳动法》《劳动合同法》《就业促进法》《职业教育法》《公务员法》《传染病防治法》《妇女权益保障法》《残疾人保障法》《民族区域自治法》等）中有关就业公平和反就业歧视的规定，行政法规、部门规章和地方性法规与规章中的实施性规定等。

《劳动法》第十二条规定："劳动者就业，不因民族、种族、性别、宗教信仰不同而受歧视。"《劳动法》第十三条规定："妇女享有与男子平等的就业权利。在录用职工时，除国家规定的不适合妇女的工种或者岗位外，不得以性别为由拒绝录用妇女或者提高对妇女的录用标准。"《就业促进法》第三条规定："劳动者依法享有平等就业和自主择业的权利。劳动者就业，不因民族、种族、性别、宗教信仰等不同而受歧视。"《就业促进法》第二十六条规定："用人单位招用人员、职业中介机构从事职业中介活动，应当向劳动者提供平等的就业机会和公平的就业条件，不得实施就业歧视。"从这些条文的实施情况来看，由于中国的经济发展状况和社会历史传统，目前我国存在的就业歧视主要表现为性别、年龄和社会身份方面的歧视。自由选择职业的权利，在计划经济下，由于就业行政化致使这一权利难以实现。在我国实施劳动就业市场化的改革以后，自由选择职业权在法律上和理论上已经不存在障碍，现实的问题是由于我国劳动力供过于求，致使劳动者在求职中缺少选择职业的机会。影响劳动者自由就业权实现的因素，既有客观方面的劳动力市场供求，也有主观方面的就业歧视，而主观方面的就业歧视实际上是对劳动者就业自由权的侵害。

（二）就业歧视的具体内容

1. 禁止性别歧视。《就业促进法》第二十七条规定："国家保障妇女享有与男子平等的劳动权利。用人单位招用人员，除国家规定的不适合妇女的工种或者岗位外，不得以性别为由拒绝录用妇女或者提高对妇女的录用标准。用人单位录用女职工，不得在劳动合同中规定限制女职工结婚、生育的内容。”基于性别的区别、排斥，损害就业或职业机会均等或待遇平等的行为，就构成就业性别歧视。1980年我国批准的联合国《消除对妇女一切形式歧视公约》第一条规定，“对妇女的歧视”指基于性别而作的任何区别、排斥或限制，其影响或目的均足以妨碍或否认妇女不论已婚未婚在男女平等的基础上认识、享有或行使在政治、经济、社会、文化，公民或任何其他方面的人权和基本自由。从表述中可见认定标准着眼于结果上的客观事实，并未要求实施者主观心态有性别歧视的故意。

2. 禁止民族歧视。《就业促进法》第二十八条规定：“各民族劳动者享有平等的劳动权利。用人单位招用人员，应当依法对少数民族劳动者给予适当照顾。”

3. 禁止残疾歧视。《就业促进法》第二十九条规定：“国家保障残疾人的劳动权利。各级人民政府应当对残疾人就业统筹规划，为残疾人创造就业条件。用人单位招用人员，不得歧视残疾人。”国家对残疾人就业采取的积极措施有：对残疾人集中安置，分散吸收残疾人就业，鼓励、帮助残疾人自愿组织起来从业或者个体创业。

4. 禁止健康歧视。《就业促进法》第三十条规定：“用人单位招用人员，不得以是传染病病原携带者为由拒绝录用。但是，经医学鉴定传染病病原携带者在治愈前或者排除传染嫌疑前，不得从事法律、行政法规和国务院卫生行政部门规定禁止从事的易使传染病扩散的工作。”

5. 禁止户籍歧视。《就业促进法》第三十一条规定：“农村劳动者进城就业享有与城镇劳动者平等的劳动权利，不得对农村劳动者进城就业设置歧视性限制。”

（三）就业歧视的构成

就业歧视存在于用人单位与劳动者之间或者职业中介机构与劳动者之间。就业歧视有三个构成要件：第一，基于法律禁止歧视的事由，作出限制、差别、歧视等差别待遇，造成不利影响；第二，用人单位有差别对待的行为；第三，对劳动者造成了实质影响。

就业歧视的内在要求主要是针对岗位而言，不同岗位的就业歧视表现行为是不一样的，判断是否构成就业歧视主要是看是否对同一岗位的劳动者存在差别对待。如果是为了顺利完成任务以性别、种族、宗教作为岗位内在要求，那么就允许差别对待。例如，官方机构中某些高级职位所应持有的政治见解；需要女模特或男模特展示女士或男士时装；传教士所持有的宗教信仰等。

就业歧视的例外：针对特殊群体的特别保护或扶持措施，诸如需要保护儿童、老年人、残障人和其他工人不从事危险工作；保护怀孕和产后女性，保证母婴健康和安全；在怀孕和哺乳期不安排危险任务；产假、生育福利和医疗待遇；保护男性的生殖功能；少数民族考大学时的优惠待遇；为残障员工提供“合理便利”等。

司法实践中一些用人单位不会明确承认是基于法律禁止的事由，需要根据各种证据进行合理推断。例如，用人单位不会明确解除劳动关系，但是用其他的排挤手段限制劳动者或侵害劳动者权益，由此可以推定解除劳动关系。排挤行为的具体表现有很多，比如给怀孕的女职工增加不必要的工作任务，安排不必要的出差，提高考核标准，架空岗位、拒发工资或为了排挤改变以往的用人制度等。

（四）就业歧视的救济途径

《就业促进法》第六十二条规定：“违反本法规定，实施就业歧视的，劳动者可以向人民法院提起诉讼。”该规定说明，劳动者认为用人单位存在就业歧视的，可以直接向人民法院提起诉讼。这种诉讼属于民事纠纷，案由是“特殊侵权”“隐私权”“人格尊严权”“劳动权”“公平就业权”等，依据民事普通程序进行审理，实行二审终审制度。

【拓展案例】[1]

2016年9月28日，孙某若与华鑫公司签订劳动合同，孙某若入职华鑫公司，担任项目经理一职。劳动合同约定：固定期劳动合同，自2016年9月28日至2019年9月27日，试用期6个月，自2016年9月28日至2017年3月27日；华鑫公司每月以货币形式支付孙某若工资，工资标准按照公司薪酬管理办法执行；依据华鑫公司对孙某若实施绩效考核的结果，华鑫公司可以调整孙某若的工资，但华鑫公司向孙某若支付的工资不得低于孙某若工作所在地最低工资标准。

2016年11月4日，孙某若在北京中医药大学东直门医院妇科门诊就诊，诊断为习惯性流产、先兆流产，建议全休两周，不适随诊。2016年11月4日申请书记载“尊敬的公司领导们：我是风险管理部员工孙某若，非常感谢领导们能让我成为公司的一员。目前，我正处于试用期，但意外怀孕。医生要求保胎，无法正常上班，因此，我申请中止劳动合同，就此为公司带来的不便深表歉意。”华鑫公司主张该申请系孙某若于2016年11月4日自行提交至公司，公司出于人文关怀的考虑，同意了孙某若的申请，孙某若对该申请书中本人签字的真实性予以认可，但称领导要求其在空白处签字，当时纸上无任何内容。北京大学人民医院出院诊断证明记载：2017年6月30日，孙某若剖腹分娩一男婴。另查，2016年11月4日至2017年11月9日孙某若因怀孕、产假等事由没有上班，自2017年11月10日开始正常上班，华鑫公司亦认可孙某若在上述时间内没有上班，双方的劳动关系处于中止状态，在此期间未向孙某若支付工资、缴纳社保及发放其他福利等。

2019年3月1日，孙某若在北京大学人民医院进行药物流产，于2019年3月5日，因药物流产不全，再次在北京大学人民医院进行人工流产负压吸引手术（或钳刮术）。

---

〔1〕孙某若诉华鑫国际信托有限公司平等就业权纠纷案，北京市第二中级人民法院（2021）京02民终11342号民事判决书。

2019 年 8 月 23 日，华鑫公司向孙某若发放《劳动合同到期不续签通知书》，编号为 2019001，内容为：“孙某若，公司与您于 2016 年 9 月 28 日签订的《劳动合同》将于 2019 年 9 月 27 日届满，公司决定不与您续签劳动合同，请您于劳动合同到期前依据公司相关规定办理离职手续。您的工资结算到 2019 年 9 月 27 日，特此通知。”2019 年 8 月 26 日孙某若在《劳动合同到期不续签通知书签收回执》上签字，内容为：“本人已收到公司于 2019 年 8 月 26 日发出编号为 2019001 的《劳动合同到期不续签通知书》。”孙某若认可上述证据真实性，但认为华鑫公司不续签合同没有合理理由。

孙某若曾以华鑫公司为被申请人申请劳动仲裁，要求：（1）支付 2016 年 9 月 28 日至 11 月 4 日试用期应发工资差额 3191. 11 元；（2）确认 2016 年 11 月 5 日至 2017 年 11 月 9 日双方存在劳动关系；（3）支付 2016 年 11 月 7 日至 17 日的病假工资 2203. 7 元；（4）支付 2016 年 11 月 18 日至 12 月 31 日的工资 17, 721. 39 元；（5）支付 2016 年年底双薪 4422. 05 元；（6）支付 2017 年 1 月 1 日至 6 月 19 日的工资 75, 086. 16 元；（7）支付 2017 年 6 月 20 日至 11 月 9 日的产假工资 63, 522. 59 元；（8）支付 2017 年 11 月 10 日至 12 月 31 日工资差额 5004. 86 元、年底双薪差额 5425. 5 元；（9）支付 2016 年 11 月 4 日至 2017 年 11 月 9 日过节费等福利工资货币化 24, 000 元；（10）支付 2016 年度采暖费补贴 3999 元；（11）支付 2016 年 10 月至 2017 年 11 月通讯费 2800 元；（12）支付 2016 年的年终奖 30, 224. 31 元；（13）支付 2017 年的年终奖 134, 137. 5 元；（14）支付 2017 年度 5 天未休年休假工资 18, 822. 5 元；（15）支付违反试用期规定的赔偿金 250, 191. 42 元。该委于 2020 年 6 月 11 日出具京西劳人仲字（2020）第 0214 号裁决书，裁决如下：“一、华鑫国际信托有限公司于本裁决书生效之日起七日内，支付孙某若二〇一六年九月二十八日至二〇一六年十一月四日期间的工资差额三千一百九十一元一角一分；二、华鑫国际信托有限公司于本裁决书生效之日起七日内，支付孙某若二〇一七年十一月十日至二〇一七年十一月三十日期间的工资差额三千四百五十一元八角六分；三、华鑫国际信托有限公司于本裁决书生效之日起七日内，支付孙某若二〇一六年十一月七日至二〇一七年十一月九日期间的工资二万三千二百一十七元八角五分；四、确认二〇一六年十一月五日至二〇一七年十一月九日期间孙某若与华鑫国际信托有限公司存在劳动关系；五、驳回孙某若的其他仲裁请求。”孙某若对该裁决书不服，向法院提起劳动争议诉讼。

庭审中，孙某若主张华鑫公司在以下方面存在就业歧视行为：（1）违法解除劳动合同，华鑫公司在得知孙某若怀孕以后，即2016年11月至2017年11月一年的时间内，由孙某若自行缴纳社保，而且也没有收入；（2）试用期工资的问题，在合同中试用期约定为6个月，但是试用期的工资不足约定工资的80%，这是违反法律的强制性规定的，而且试用期违法延长到2018年4月才进行转正，这是严重侵犯孙某若就业权利的行为；（3）年终奖金问题，2017年没有发年终奖，在正常的情况下是应当发年终奖金的，2019年离职之后也没有发年终奖金，在2019年离职发补偿金的时候，依据的是2018年年终奖的发放标准；（4）合同到期之后，单位没有特殊原因应当续签合同，但是没有续签，孙某若的直属领导告诉她，怀孕两次，请假多，导致工作受到影响，因此才不续签合同。

华鑫公司则称，2016年11月4日至2017年11月9日双方并未解除劳动合同，仅是应孙某若申请中止劳动合同，并不存在违法解除的情形，因孙某若在此期间并未实际工作，因此也未缴纳社保、发放工资等；关于试用期工资与年终奖金等问题孙某若所述并不属实，且与平等就业权没有关系；关于劳动合同到期不续签的问题，依据《劳动合同法》第四十四条的规定，劳动合同期满后双方可以终止劳动合同，且双方是第一次签订劳动合同，在劳动合同期满之后，依照劳动合同法不需要任何理由就可以解除劳动合同，并且华鑫公司也依照《劳动合同法》向孙某若支付了劳动关系终止的经济补偿金，孙某若也领取了这笔经济补偿金。

一审法院认为，本案法律事实引起的纠纷发生在我国《民法典》施行前，应适用当时的法律、司法解释的规定。当事人对自己提出的诉讼请求所依据的事实，有责任提供相应的证据予以证明，没有证据或证据不足以证明其事实主张的，应承担不利的法律后果。

自然人的人身自由、人格尊严受法律保护。民事权益受到侵害的，被侵权人有权请求侵权人承担侵权责任。具体到本案，《就业促进法》第三条规定："劳动者依法享有平等就业和自主择业的权利。劳动者就业，不因民族、种族、性别、宗教信仰等不同而受歧视。"第六十二条规定："违反本法规定，实施就业歧视的，劳动者可以向人民法院提起诉讼。"故孙某若以平等就业权为案由提起本案诉讼，并无不当。平等就业权是求职者在招聘阶段及劳动者在劳动合同履行过程中依法享有的一项基本权利，其中身处孕期的女性在平等就业方面应当受到格外的重视和保护。侵害劳动者平等就业权属于一般人格权范畴，应符合侵权责任构成要件。另华鑫公司主张本案已过诉讼时效，没有事实和法律依据，法院不予采纳。根据双方争议的焦点，法院分析认定如下：（1）华鑫公司是否存在违法解除劳动合同问题。《劳动合同法》《女职工劳动保护特别规定》均要求用人单位不得因女职工怀孕、生育、哺乳而解除劳动合同，本案中，华鑫公司认可在2016年11月4日至2017年11月9日双方存在劳动关系，仅是应孙某若申请中止劳动合同，孙某若亦认可申请书中本人签字的真实性，称签字时纸上为空白，对该抗辩意见孙某若未提交证据证明，法院不予采纳，故上述期间不存在违法解除劳动合同的问题。（2）华鑫公司是否存在就业歧视行为问题。孙某若主张的试用期工资问题、年终奖金问题、休假期间待遇问题是否属于就业歧视。依据《劳动法》第四十七条"用人单位根据本单位的生产经营特点和经济效益，依法自主确定本单位的工资分配方式和工资水平"的规定，用人单位可以根据自身的生产经营特点和经济效益，依法自主确定本单位的工资分配方式和工资水平。孙某若的上述问题已在劳动争议案件中予以一并主张，且受劳动法调整，并不属于就业歧视。关于劳动合同到期后不续签的问题，双方之间的劳动合同已于2019年9月27日到期，根据《劳动合同法》第四十四条之规定，劳动合同期满的，且双方并不存在不得解除劳动合同的情形，劳动合同终止，故劳动合同到期后不续签亦不属于就业歧视。孙某若主张是因为其两次怀孕、请假多等问题才不与其续签合同，并未有证据证明。综上，本案并不足以认定华鑫公司侵犯了孙某若的平等就业权，孙某若的诉讼请求依据不足，法院不予支持。孙某若申请司法鉴定并申请调取证据，法院不予准许。据此，一审法院于 2021 年 6 月 29 日判决：驳回孙某若的诉讼请求。

专题七　青年就业中的工资和工作时间问题研究

【典型案例】[1]

房某于2011年1月至中美联泰大都会人寿保险有限公司（以下简称大都会公司）工作，双方之间签订的最后一份劳动合同的履行日期为2015年7月1日至2017年6月30日，约定房某担任战略部高级经理一职。2017年10月，大都会公司对其组织架构进行调整，决定撤销战略部，房某所任职的岗位因此被取消。双方就变更劳动合同等事宜展开了近两个月的协商，未果。12月29日，大都会公司以客观情况发生重大变化、双方未能就变更劳动合同协商达成一致为由，向房某发出《解除劳动合同通知书》。房某对解除决定不服，经劳动仲裁程序后起诉要求恢复与大都会公司之间的劳动关系并请求支付2017年8月至12月未签劳动合同二倍工资差额、2017年度奖金等。大都会公司的《员工手册》规定：年终奖金根据公司政策，按公司业绩、员工表现计发，前提是该员工在当年度10月1日前已入职，若员工在奖金发放月或之前离职，则不能享有。据查，大都会公司每年度年终奖一般在次年3月左右发放。

上海市黄浦区人民法院于2018年10月29日作出（2018）沪0101民初10726号民事判决：（1）大都会公司于判决生效之日起7日内向原告房某支

〔1〕 房某诉中美联泰大都会人寿保险有限公司劳动合同纠纷案，最高人民法院指导案例183号（2022年）。

付2017年8月至12月未签劳动合同双倍工资差额人民币192,500元；（2）房某的其他诉讼请求均不予支持。房某不服，上诉至上海市第二中级人民法院。上海市第二中级人民法院于2019年3月4日作出（2018）沪02民终11292号民事判决：（1）维持上海市黄浦区人民法院（2018）沪0101民初10726号民事判决第一项；（2）撤销上海市黄浦区人民法院（2018）沪0101民初10726号民事判决第二项；（3）大都会公司于判决生效之日起7日内支付上诉人房某2017年度年终奖税前人民币138,600元；（4）房某的其他请求不予支持。

【法理分析】

大都会公司的《员工手册》明确规定了奖金发放情形，房某在大都会公司发放2017年度奖金之前已经离职，是否符合奖金发放情形，是双方当事人争议的焦点。

现行法律法规并没有强制规定年终奖应如何发放，用人单位有权根据本单位的经营状况、员工的业绩表现等，自主确定奖金发放与否、发放条件及发放标准，但是用人单位制定的发放规则仍应遵循公平合理原则，对于在年终奖发放之前已经离职的劳动者可否获得年终奖，应当结合劳动者离职的原因、时间、工作表现和对单位的贡献程度等多方面因素进行综合考量。

案例中，大都会公司对其组织架构进行调整，双方未能就劳动合同的变更达成一致，导致劳动合同被解除。房某在大都会公司工作至2017年12月29日，此后两日系双休日，表明房某在2017年度已在大都会公司工作满一年；在大都会公司未举证房某的2017年度工作业绩、表现等方面不符合规定的情况下，可以认定房某在该年度为大都会公司付出了一整年的劳动且正常履行了职责，为大都会公司做出了应有的贡献。基于上述理由，大都会公司关于房某在年终奖发放月之前已离职而不能享有该笔奖金的主张缺乏合理性。故对房某请求大都会公司支付2017年度年终奖，应予支持。

【理论释义】

当下，一些企业尤其是互联网企业，工作时间是“996”甚至“007”，职场年轻人如何看待这种“加班文化”？中国青年报的调查显示，55.7%的受访者觉得自己所在企业有“加班文化”。面对过度加班的情形，超半数受访者会要求涨工资或减少工作量。62.7%的受访者建议学习劳动法，保护自身权益。[1]

“工资”是指用人单位依据国家有关规定或劳动合同的约定，以货币形式直接支付给本单位劳动者的劳动报酬，一般包括计时工资、计件工资、奖金、津贴和补贴、延长工作时间的工资报酬以及特殊情况下支付的工资等。国家对工资总量实行宏观调控。工资水平在经济发展的基础上逐步提高。工资分配应当遵循按劳分配原则，实行同工同酬。国家实行最低工资保障制度。最低工资的具体标准由省、自治区、直辖市人民政府规定，报国务院备案。用人单位根据本单位的生产经营特点和经济效益，依法自主确定本单位的工资分配方式和工资水平。用人单位支付劳动者的工资不得低于当地最低工资标准。工资应当以货币形式按月支付给劳动者本人。不得克扣或者无故拖欠劳动者的工资。劳动者在法定休假日和婚丧假期间以及依法参加社会活动期间，用人单位应当依法支付工资。

一、工资概述

工资也称“薪金”“薪酬”，是指用人单位依据国家有关规定或者劳动合同的约定，以货币形式直接支付给本单位劳动者的劳动报酬。包括计时工资、计件工资、奖金、津贴和补贴、延长工作时间的工资报酬以及特殊情况下支付的工资等。工资分配应当遵循按劳分配原则，实行同工同酬。工资水平在经济发展的基础上逐步提高。国家对工资总量实行宏观调控。

---

〔1〕《一起对“加班文化”说不》，载百家号“人民资讯”2021年10月19日，https://baijiahao.baidu.com/s?id=1714000778864547522&wfr=spider&for=pc。

（一）工资制度

《国家统计局关于工资总额组成的规定》第三条规定：“工资总额是指各单位在一定时期内直接支付给本单位全部职工的劳动报酬总额。工资总额的计算应以直接支付给职工的全部劳动报酬为根据。”第四条规定：“工资总额由下列六个部分组成：（一）计时工资；（二）计件工资；（三）奖金；（四）津贴和补贴；（五）加班加点工资；（六）特殊情况下支付的工资。”用人单位根据本单位的生产经营特点和经济效益，依法自主确定本单位的工资分配方式和工资水平。

工资是劳动者的工作所得，但是以下劳动收入不属于工资范围：(1）单位支付给劳动者个人的社会保险福利费用，如丧葬抚恤救济费、生活困难补助费、计划生育补贴等；（2）劳动保护方面的费用，如用人单位支付给劳动者的工作服、解毒剂、清凉饮料费用等；（3）按规定未列入工资总额的各种劳动报酬及其他劳动收入，如根据国家规定发放的创造发明奖、国家星火奖、自然科学奖、科学技术进步奖、合理化建议和技术改进奖、中华技能大奖等，以及稿费、讲课费、翻译费等。

用人单位未在用工的同时订立书面劳动合同，与劳动者约定的劳动报酬不明确的，新招用的劳动者的劳动报酬按照集体合同规定的标准执行；没有集体合同或者集体合同未规定的，实行同工同酬。因此，主张同工同酬，在有书面劳动合同的前提下，按照劳动合同约定确定劳动报酬，而不能按照同岗位参照人的工资确定报酬。

事业单位现行工资制度：基本工资（岗位工资 + 薪级工资） + 绩效工资 + 津贴补贴 + 其他工资。企业员工的工资构成：计时工资 + 计件工资 + 奖金 + 津贴和补贴 + 加班加点工资 + 特殊情况下支付的工资。应得工资与实得工资的区别在于是税费前的还是税费后的。税就是个人所得税；费主要包含社会保险、住房公积金、住宿费、伙食补贴等。奖金是指超额劳动的补贴，以现金方式给予的物质鼓励。津贴是指特殊条件下对额外劳动消耗或额外费用支出给予补偿，如地区津贴、野外作业、夜班、井下、流动施工、冬季取暖、高温、职务、有毒有害或放射性津贴等。

（二）最低工资制度

国家实行最低工资保障制度。最低工资的具体标准由省、自治区、直辖市人民政府规定，报国务院备案。用人单位支付劳动者的工资不得低于当地最低工资标准。最低工资是指劳动者在法定工作时间内提供正常劳动的前提下，用人单位应依法支付的最低劳动报酬。最低工资不包括加班工资，特殊工作环境、特殊条件下的津贴，劳动者保险，福利待遇和各种非货币的收入。

最低工资制度的特点有三个方面，一是最低工资是国家通过立法确定的法定标准；二是最低工资的设立主要是解决低薪劳动者的生存问题，故其确定依据是劳动者个人及其家庭成员的基本生活需要；三是最低工资是劳动者获得劳动报酬的最低限度。

下列项目不能成为最低工资的组成部分：延长工作时间工资也就是加班工资；中班、夜班、高温、低温、井下、有毒有害等特殊工作环境、条件下的津贴也称为特殊津贴；法律、法规和国家规定的劳动者福利待遇等；用人单位通过贴补伙食、住房等支付给劳动者的非货币性收入也不包括在最低工资的范围内。

最低工资的确定依据和参考的因素主要包括：劳动者本人及平均赡养人口的最低生活费用、社会平均工资水平、劳动生产率、就业状况、地区之间经济发展水平的差异。2004 年《最低工资规定》中指出，县级以上地方人民政府劳动保障行政部门负责对本行政区域内用人单位执行本规定情况进行监督检查。各级工会组织依法对本规定执行情况进行监督，发现用人单位支付劳动者工资违反本规定的，有权要求当地劳动保障行政部门予以处理。

例如，2023 年度北京市每小时最低工资不低于 13.91 元、每月最低工资不低于 2420 元。北京市最低工资制度规定，企业支付劳动者工资低于最低工资标准的，劳动者有权要求补足，并可以按下列标准请求企业支付赔偿金：（1）支付 6 日以上（不含 6 日）1 个月以内的，支付所欠最低工资部分 20% 的赔偿金；（2）连续支付 1 个月以上 3 个月以内的，支付所欠最低工资部分 50% 的赔偿金；（3）欠付 3 个月以上的，支付所欠最低工资部分 100% 的赔偿金。

劳动者与用人单位形成或建立劳动关系后，试用、熟练、见习期间，在法定工作时间内提供了正常劳动，其所在的用人单位应当支付其不低于最低工资标准的工资。在劳动合同履行过程中，双方当事人约定的劳动者在未完成劳动定额或承包任务的情况下，用人单位可低于最低工资标准支付劳动者工资的条款不具有法律效力。

职工患病或非因工负伤治疗期间，在规定的医疗期间内由企业按有关规定支付其病假工资或疾病救济费，病假工资或疾病救济费可以低于当地最低工资标准支付，但不能低于最低工资标准的 80%。以北京市为例，2023 年北京市每月最低工资是 2420 元，劳动者在医疗期内所领取的病假工资可以是 1936（2420 元 × 80%）~ 2420 元之间的任意数字，均符合法律规定。

（三）工资支付中常见的问题及对策

随着数字经济的发展，很多劳动者在找工作时通过互联网、微信群、QQ 群进行洽谈协商，在聊天中商定双方的工作时间、劳动报酬、工作地点、工作内容等。关于工资协议问题，有口头形式也有书面形式，如果仅是口头形式的工资约定，则存在较大的法律风险，并给劳动者自身劳动权益的维护带来较大的难题；关于工资发放形式，采用微信转账、支付宝转账、银行转账及现金等形式，电子支付工资的形式给劳动者取证也带来较大困难；关于工作标准问题，随行就市的情况较多，劳动者与用人单位如果没有书面约定，双方之间常常存在认识上的差异，引起纠纷在所难免。

关于工资支付，在国家层面，有《劳动法》、《劳动合同法》、原劳动部在 1994 年颁布的《工资支付暂行规定》；各省市制定的地方性法规，如《北京市工资支付暂行办法》《广东省工资支付暂行规定》等。也就是说，在现阶段，我国工资支付的法律制度是完善的，用人单位必须依法支付劳动者工资。

根据我国的工资支付法律规定可知：工资应当以法定货币支付。不得以实物及有价证券替代货币支付，即不能用股权、期权、债权等代替工资。用人单位应将工资支付给劳动者本人。劳动者本人因故不能领取工资时，可由其亲属或委托他人代领。用人单位可委托银行代发工资。用人单位必须书面记录支付劳动者工资的数额、时间、领取者的姓名以及签字，并保存两年以上备查。当前，企业在推广“无纸化办公”，因而这种记录多是电子凭证，大多数单位均在内部网络中设立了“财务平台”，平台会留存劳动者工资的发放记录。用人单位在支付工资时应向劳动者提供一份其个人的工资清单。工资必须在用人单位与劳动者约定的日期支付。如遇节假日或休息日，则应提前在最近的工作日支付。工资至少每月支付一次，实行周、日、小时工资制的可按周、日、小时支付工资。劳动者在法定休假日和婚丧假期间以及依法参加社会活动期间，用人单位应当依法支付工资。

用人单位可以代扣代缴个人所得税、应由劳动者个人负担的各项社会保险费用、法院判决、裁定中要求代扣的抚养费、赡养费等。

由于劳动者本人原因给用人单位造成经济损失的，用人单位可以按照劳动合同的约定要求其赔偿经济损失。经济损失的赔偿，可从劳动者本人的工资中扣除。但每月扣除的部分不得超过劳动者当月工资的20%。若扣除后的剩余工资部分低于当地月最低工资标准，则按最低工资标准支付。用人单位应根据本规定，通过与职工大会、职工代表大会或者其他形式协商制定内部的工资支付制度，并告知本单位全体劳动者，同时抄报当地劳动行政部门备案。

《刑法》第二百七十六条之一规定：“以转移财产、逃匿等方法逃避支付劳动者的劳动报酬或者有能力支付而不支付劳动者的劳动报酬，数额较大，经政府有关部门责令支付仍不支付的，处三年以下有期徒刑或者拘役，并处或者单处罚金；造成严重后果的，处三年以上七年以下有期徒刑，并处罚金。单位犯前款罪的，对单位判处罚金，并对其直接负责的主管人员和其他直接责任人员，依照前款的规定处罚。有前两款行为，尚未造成严重后果，在提起公诉前支付劳动者的劳动报酬，并依法承担相应赔偿责任的，可以减轻或者免除处罚。”

其中“转移财产、逃匿等方法”具体是指：用人单位隐匿财产、恶意清偿、虚构债务、虚假破产、虚假倒闭或者以其他方法转移、处分财产的；用人单位法定代表人、主要负责人、实际控制人逃跑、藏匿的；用人单位隐匿、销毁或者篡改账目、职工名册、工资支付记录、考勤记录等与劳动报酬相关的材料的；以其他方法逃避支付劳动报酬的。可见，现行法律采用具体列举和兜底条款相结合的方式对用人单位的行为进行规范。

司法解释中明确规定，拒不支付劳动报酬数额较大是指，拒不支付一名劳动者 3 个月以上的劳动报酬且数额在 5000 元至 2 万元以上的；拒不支付 10 名以上劳动者的劳动报酬且数额累计在 3 万元至 10 万元以上的。

拒不支付劳动报酬造成严重后果，具体是指造成劳动者或者其被赡养人、被扶养人、被抚养人的基本生活受到严重影响、重大疾病无法及时医治或者失学的；对要求支付劳动报酬的劳动者使用暴力或者进行暴力威胁的；造成其他严重后果的。尚未造成严重后果，在刑事立案前支付劳动者的劳动报酬，并依法承担相应赔偿责任的，可以认定为情节显著轻微危害不大，不认为是犯罪；在提起公诉前支付劳动者的劳动报酬，并依法承担相应赔偿责任的，可以减轻或者免除刑事处罚；在一审宣判前支付劳动者的劳动报酬，并依法承担相应赔偿责任的，可以从轻处罚。对于免除刑事处罚的，可以根据案件的不同情况，予以训诫、责令具结悔过或者赔礼道歉。拒不支付劳动者的劳动报酬，造成严重后果，但在宣判前支付劳动者的劳动报酬，并依法承担相应赔偿责任的，可以酌情从宽处罚。

拒不支付劳动报酬的用人单位经人力资源社会保障部门或者政府其他有关部门依法责令整改，仍置若罔闻的，具体是指主管行政部门依法以限期整改指令书、行政处理决定书等文书责令支付劳动者的劳动报酬后，在指定的期限内仍不支付的。

此外，不具备用工主体资格的单位或者个人（包工头），违法用工且拒不支付劳动者报酬，数额较大，经政府有关部门责令支付仍不支付的，应当以拒不支付劳动报酬罪追究刑事责任。不具备用工主体资格的单位或者个人（包工头）拒不支付劳动报酬，即使其他单位或者个人在刑事立案前为其垫付了劳动报酬的，也不影响追究该用工单位或者个人（包工头）拒不支付劳动报酬罪的刑事责任。

（四）奖金制度

奖金是对劳动者在创造超过正常劳动定额以外的社会所需要的劳动成果时，所给予的物质补偿。其作用是对与生产或工作直接相关的超额劳动给予报酬。

奖金制度有多种分类方式，按不同情况归类，主要可分为以下三类：按奖励周期和奖励次数区分，可分为月度奖、季度奖、年度奖和一次性奖励以及经常性奖励；按计奖单位区分，可分为个人奖和以班组、车间、科室等为单位的集体奖；按奖励条件的考核项目区分，可分为单项奖和综合奖。单项奖是以生产、工作中的某一项指标作为计奖条件。它的特点是只对劳动成果中的某一方面进行考核，一事一奖。一般采取按绝对额计发奖金的办法，也有的采取记分算奖的办法。单项奖有超产奖、质量奖、节约奖、新产品试制奖等。综合奖是以多项考核指标作为计奖条件，它的特点是对职工的劳动贡献和生产、工作成绩的各个方面进行全面评价，统一计奖，重点突出。具体办法是把劳动成果分解成质量、数量、品种、效率、消耗等因素，每一因素都有明确的考核指标及该指标的奖金占资金总额的百分率或绝对数，只有在全面完成各项指标的基础上提供超额劳动，才能统一计奖。

奖金制度的主要构成要素有：奖励指标、奖励条件、受奖范围、奖励周期、奖励基金的提取与分配等。

奖金的特点是：第一，奖金具有很强的针对性和灵活性；第二，奖励工资有较大的弹性，它可以根据工作需要，灵活决定其标准、范围和奖励周期等，及时地弥补计时、计件工资的不足；第三，具有激励作用，有效地调节企业生产过程对劳动数量和质量的需求，达到雇员的收入与劳动贡献联系在一起的作用，起到奖励先进，鞭策后进的作用；第四，奖金分配所形成的收入具有不稳定性，使收入水平具有明显的差别性。

奖金（或年终奖）约定的方式在实践中是多种多样的：有的在劳动合同书中明确约定，年终奖列在“劳动合同”中，单位不发就是违法，要是没列在合同中，年终奖就属于单位的额外福利，发不发则由单位根据劳动者的情况确定。有的在岗位职责书中约定；有的则被用人单位制定奖励办法作为其规章制度的一部分等。

奖金的形式可以是书面的，也可以是口头的，或其他方式；由用人单位和劳动者自行约定。奖金可以是定额的，也可以是非定额的；可以每月发放，也可以数月（2个月或者3个月或者6个月）集中发放；可以是货币形式，也可以是实物形式，还可以是股权或期权等，国家并没有具体规定，由用人单位自行确定。国家对发放年终奖并无具体规定、是否发放年终奖、发放的标准等都由各单位自行确定。

用人单位拥有工资、奖金分配自主权。早在1995年《劳动法》实施之前，《全民所有制工业企业转换经营机制条例》《全民所有制工业企业法》等就明确了用人单位拥有工资分配自主权，《劳动法》出台以后也对此问题作了规定。原劳动部在《关于贯彻执行〈中华人民共和国劳动法〉若干问题的意见》（劳部发〔1995〕309号）中也明确指出，奖金属于工资的一部分，用人单位不得克扣劳动者的奖金。克扣年终奖金，属于克扣劳动者工资的行为，侵犯了职工的合法权益，属于法律禁止的行为。

二、工作时间制度

（一）工时制度概述

我国的工作时间制度有标准工时制度、不定时工时制度、综合计算工时制度。

1. 标准工时制：劳动者每日工作时间不超过8小时、平均每周工作时间不超过44小时的工时制度。实行标准工时制度的企业，延长工作时间应严格按劳动法的规定给予劳动者相应的加班费。计件工时制是标准工时制度的特殊情况，对实行计件工作的劳动者，用人单位应当根据《劳动法》第三十六条规定的工时制度合理确定劳动定额和计件报酬标准。用人单位应当保证劳动者每周至少休息一日。

用人单位因生产特点不能实行标准工时制、计件工作制度的，经劳动行政部门批准，可以实行其他工作和休息办法，如不定时工作制、综合计算工时制等。

2. 不定时工时制：不受劳动法所规定的日延长工作时间标准和月延长工作时间标准的限制，用人单位应采用弹性工作时间等适当的工作和休息方式，确保职工的休息休假权利和生产、工作任务的完成。

3. 综合计算工时制：是指分别以周、月、季、年等为周期综合计算工作时间，但其平均日工作时间和平均周工作时间应与法定标准工作时间基本相同。对于那些在市场竞争中，由于外界因素的影响，生产任务不均衡的企业的部分职工，经劳动行政部门严格审批后，可以参照综合计算工时工作制的办法实施，但用人单位应采取适当方式确保职工的休息休假权利和生产、工作任务的完成。

中央直属企业实行不定时工时制的，须经国务院行业主管部门审核，报国务院劳动行政部门批准。地方企业实行不定时工时制的审批办法，由各省、自治区、直辖市人民政府劳动行政部门制定，报国务院劳动行政部门备案。[1]

---

〔1〕 参见林嘉主编：《劳动法和社会保障法》（第4版），中国人民大学出版社2016年版，第198页。

（二）加班制度

1. 一般规定

用人单位由于生产经营需要，经与工会和劳动者协商后可以延长工作时间，一般每日不得超过1小时；由于特殊原因需要延长工作时间的，在保障劳动者身体健康的条件下延长工作时间每日不得超过3小时，但是每月不得超过36小时。

2. 特殊规定

有下列情形之一的，加班不受时间限制：发生自然灾害、事故或者由于其他原因，威胁劳动者生命健康和财产安全，需要紧急处理的；生产设备、交通运输线路、公共设施发生故障，影响生产和公众利益，必须及时抢修的；法律、行政法规规定的其他情形。

3. 加班费支付的法律规定

用人单位应当按照下列标准支付高于劳动者正常工作时间工资的报酬：日常工作日中，安排劳动者延长工作时间的，支付不低于小时工资的150%的工资报酬；休息日（通常是周六、周日两天；在周一至周五任意时间安排休息的，由劳动者与用人单位自行协商）安排劳动者工作又不能安排补休的，支付不低于日工资的200%的工资报酬；法定休假日（国家规定的休息日期，共11天）安排劳动者工作的，支付不低于工资的300%的工资报酬。

劳动者主张加班费的，应当就加班事实的存在承担举证责任。但劳动者有证据证明用人单位掌握加班事实存在的证据，用人单位不提供的，由用人单位承担不利后果。

（三）休息休假制度

休息休假制度是为保障劳动者享有宪法中所规定的休息权而实行的定期休假的制度，是劳动者依据法律法规规定，在国家机关、社会团体、企业事业单位以及其他组织任职期间内，不必从事生产和工作而自行支配时间的制度。2019 年 7 月人力资源和社会保障部发布并实施的我国《法定年节假日等休假相关标准》属于行政规章，其中对休息日、法定年节假日、年休假、探亲假、婚丧假 5 类休假标准予以明确规范。

休息日：又称公休假日，是劳动者满一个工作周后的休息时间。《劳动法》第三十八条规定，用人单位应当保证劳动者每周至少休息 1 天。1995 年《国务院关于修改〈国务院关于职工工作时间的规定〉的决定》（国务院令第 174 号）的施行，我国职工的休息时间标准成为工作 5 天、休息 2 天；国家机关、事业单位实行统一的工作时间，星期六和星期日为周休息日；企业和不能实行国家规定的统一工作时间的事业单位，可以根据实际情况灵活安排周休息日。

休假日：又称为法定年节假日，是由国家法律、法规统一规定的用以开展纪念、庆祝活动的休息时间，也是劳动者休息时间的一种。2007 年颁布的《全国年节及纪念日放假办法》（国务院令第 513 号）将清明、端午、中秋和除夕设为法定节假日。将我国传统节日设定为法定节假日，有利于弘扬和传承我国优秀传统文化，提升中国文化在国际上的影响，提高全世界华人的文化凝聚力。

我国现行法定年节假日标准为 11 天。

全体公民放假的节日：新年，放假 1 天（1 月 1 日）；春节，放假 3 天（农历正月初一、初二、初三）；清明节，放假 1 天（农历清明当日）；劳动节，放假 1 天（5 月 1 日）；端午节，放假 1 天（农历端午当日）；中秋节，放假 1 天（农历中秋当日）；国庆节，放假 3 天（10 月 1 日、2 日、3 日）。部分公民放假的节日及纪念日：妇女节（3 月 8 日），妇女放假半天；青年节（5 月 4 日），14 周岁以上的青年放假半天；儿童节（6 月 1 日），不满 14 周岁的少年儿童放假 1 天；中国人民解放军建军纪念日（8 月 1 日），现役军人放假半天。少数民族习俗的节日，由各少数民族聚居地区的地方人民政府，按照各该民族习俗，规定放假日期。二七纪念日、五卅纪念日、七七抗战纪念日、九三抗战胜利纪念日、九一八纪念日、教师节、护士节、记者节、植树节等其他节日、纪念日，均不放假。

全体公民放假的假日，如果适逢星期六、星期日，应当在工作日补假。部分公民放假的假日，如果适逢星期六、星期日，则不补假。具体见表 7－1。

表 7－1　我国现行休息休假日一览

休息日	星期六和星期日；可以根据实际情况灵活安排	
全体公民休假日	新年（元旦）（1 月 1 日）	放假 1 天
	春节（农历正月初一、初二、初三）	放假 3 天
	清明节（农历清明当日）	放假 1 天
	劳动节（5 月 1 日）	放假 1 天
	端午节（农历端午当日）	放假 1 天
	中秋节（农历中秋当日）	放假 1 天
	国庆节（10 月 1 日、2 日、3 日）	放假 3 天
	如果适逢星期六、星期日，应当在工作日补假	
部分公民休假日	妇女节（3 月 8 日）	妇女放假半天
	青年节（5 月 4 日）	14 周岁以上的青年放假半天
	儿童节（6 月 1 日）	不满 14 周岁的少年儿童放假 1 天
	中国人民解放军建军纪念日（8 月 1 日）	现役军人放假半天
	少数民族习俗的节日	按照各该民族习俗放假
	如果适逢星期六、星期日，不补假	
其他节日和纪念日，均不放假		

（四）带薪年休假制度

《劳动法》第四十五条第一款规定，国家实行带薪年休假制度。我国已经全面建立起适用于各类用人单位的带薪年休假制度。主要是 3 个行政法规：2007 年国务院颁布《职工带薪年休假条例》、2008 年《机关事业单位工作人员带薪年休假实施办法》和《企业职工带薪年休假实施办法》。

带薪年休假制度是指劳动者连续工作满 1 年后每年依法享有的保留职务和工资的一定期限连续休息的假期。

2007 年国务院颁布《职工带薪年休假条例》（国务院令第 514 号）明

确规定：机关、团体、企业、事业单位、民办非企业单位、有雇工的个体工商户等单位的职工连续工作1年以上的，享受带薪年休假。职工累计工作已满1年不满10年的，年休假5天；已满10年不满20年的，年休假10天；已满20年的，年休假15天。国家法定休假日、休息日不计入年休假的假期。具体见表7－2。

表7－2　我国带薪年休假天数

<table>
<tr><th>累计工作年限</th><th>带薪年休假天数</th><th>备注</th></tr>
<tr><td>已满1年不满10年的</td><td>5天（请病假累计2个月以上的，无年休假）</td><td rowspan="3">国家法定休息日、休假日不计入</td></tr>
<tr><td>已满10年不满20年的</td><td>10天（请病假累计3个月以上的，无年休假）</td></tr>
<tr><td>已满20年的</td><td>15天（请病假累计4个月以上的，无年休假）</td></tr>
<tr><td colspan="3">依法享受寒暑假，其休假天数多于年休假天数的，不享受当年的年休假</td></tr>
<tr><td colspan="3">职工请事假累计20天以上且单位按照规定不扣工资的，不享受当年的年休假</td></tr>
<tr><td colspan="3">对应休未休的年休假天数，单位应当按照该劳动者日工资收入的300%支付年休假工资报酬，其中包含用人单位支付的正常工作期间的工资收入</td></tr>
</table>

劳动者在同一或者不同用人单位工作期间，以及依照法律、行政法规或者国务院规定视同工作期间，应当计为累计工作时间。

用人单位确因工作需要不能安排职工休年休假的，经劳动者本人同意，可以不安排职工休年休假。对应休未休的年休假天数，应当按照该劳动者日工资收入的300%支付年休假工资报酬，其中包含用人单位支付的正常工作期间的工资收入。

劳动者新进用人单位且连续工作满12个月以上的，当年度年休假天数，按照在本单位剩余日历天数折算确定，折算后不足1整天的部分不享受年休假。具体折算方法为：（当年度在本单位剩余日历天数÷365天）×劳动者本人全年应当享受的年休假天数。例如，张某已经有8年的工作经验，2023年10月10日进入A公司工作，那么张某在公司享有的带薪休假有几天？

张某已经有8年工作经验，属于“已满1年不满10年的”的情况，这种情况，张某享有5天的带薪年休假。2023年10月10日入职，张某在A

公司的年休假天数是：80 ÷ 365 = 0.22，0.22 × 5 = 1.1，据此，张某在新入职公司应当休年假的天数是1天。

【拓展案例一】[1]

南京市城市建设开发（集团）有限责任公司（以下简称城开公司）于2016年8月制定了《南京城开集团关于引进投资项目的奖励暂行办法》（以下简称《奖励办法》），规定成功引进商品房项目的，城开公司将综合考虑项目规模、年化平均利润值合并表等综合因素，以项目审定的预期利润或收益为奖励基数，按照0.1% ~0.5%的标准确定奖励总额。该奖励由投资开发部拟定各部门或其他人员的具体奖励构成后提出申请，经集团领导审议、审批后发放。2017年2月，彭某翔入职城开公司担任投资开发部经理。2017年6月，投资开发部形成《会议纪要》，确定部门内部的奖励分配方案为总经理占部门奖金的75%，其余项目参与人员占部门奖金的25%。

彭某翔履职期间，其所主导的投资开发部成功引进无锡红梅新天地、扬州GZ051地块、如皋约克小镇、徐州焦庄、高邮鸿基万和城、徐州彭城机械6个项目，后针对上述6个项目投资开发部先后向城开公司提交了6份奖励申请。

直至彭某翔从城开公司离职，城开公司未发放上述奖励。彭某翔经劳动仲裁程序后，于法定期限内诉至法院，要求城开公司支付奖励1,689,083元。

案件审理过程中，城开公司认可案涉6个项目初步符合《奖励办法》规定的受奖条件，但以无锡等3个项目的奖励总额虽经审批但具体的奖金分配明细未经审批，以及徐州等3个项目的奖励申请未经审批为由，主张彭某翔要求其支付奖金的请求不能成立。对法院“如彭某翔现阶段就上述项目继续提出奖励申请，城开公司是否启动审核程序”的询问，城开公司明确

[1] 彭某翔诉南京市城市建设开发（集团）有限责任公司追索劳动报酬纠纷案，最高人民法院指导案例182号（2022年）。

表示拒绝，并表示此后也不会再启动6个项目的审批程序。此外，城开公司还主张，彭某翔在无锡红梅新天地项目、如皋约克小镇项目中存在严重失职行为，两个项目存在严重亏损，城开公司已就拿地业绩突出向彭某翔发放过奖励，但均未提交充分的证据予以证明。

南京市秦淮区人民法院于2018年9月11日作出（2018）苏0104民初6032号民事判决：驳回彭某翔的诉讼请求。彭某翔不服，提起上诉。江苏省南京市中级人民法院于2020年1月3日作出（2018）苏01民终10066号民事判决：（1）撤销南京市秦淮区人民法院（2018）苏0104民初6032号民事判决；（2）城开公司于本判决生效之日起15日内支付彭某翔奖励1,259,564.4元。

法院认为，首先，从《奖励办法》设置的奖励对象来看，投资开发部以引进项目为主要职责，且在城开公司引进各类项目中起主导作用，故其系该文件适格的被奖主体；从《奖励办法》设置的奖励条件来看，投资开发部已成功为城开公司引进符合城开公司战略发展目标的无锡红梅新天地、扬州GZ051地块、如皋约克小镇、徐州焦庄、高邮鸿基万和城、徐州彭城机械6个项目，符合该文件规定的受奖条件。故就案涉6个项目而言，彭某翔所在的投资开发部形式上已满足用人单位规定的奖励申领条件。城开公司不同意发放相应的奖励，应当说明理由并对此举证证明。但本案中城开公司无法证明无锡红梅新天地项目、如皋约克小镇项目存在亏损，也不能证明彭某翔在两个项目中确实存在失职行为，其关于彭某翔不应重复获奖的主张亦因欠缺相应依据而无法成立。故而，城开公司主张彭某翔所在的投资开发部实质不符合依据《奖励办法》获得奖励的理由法院不予采纳。

其次，案涉6个项目奖励申请未经审核或审批程序尚未完成，不能成为城开公司拒绝支付彭某翔项目奖金的理由。城开公司作为奖金的设立者，有权设定相应的考核标准、考核或审批流程。其中，考核标准系员工能否获奖的实质性评价因素，考核流程则属于城开公司为实现其考核权所设置的程序性流程。在无特殊规定的前提下，因流程本身并不涉及奖励评判标准，故而是否经过审批流程不能成为员工能否获得奖金的实质评价要素。

城开公司也不应以6个项目的审批流程未启动或未完成为由，试图阻却彭某翔获取奖金的实体权利的实现。此外，对劳动者的奖励申请进行实体审批，不仅是用人单位的权利，也是用人单位的义务。本案中，《奖励办法》所设立的奖励系城开公司为鼓励员工进行创造性劳动所承诺给员工的超额劳动报酬，其性质上属于《国家统计局关于工资总额组成的规定》第七条规定中的“其他奖金”，此时《奖励办法》不仅应视为城开公司基于用工自主权而对员工行使的单方激励行为，还应视为城开公司与包括彭某翔在内的不特定员工就该项奖励的获取形成的约定。现彭某翔通过努力达到《奖励办法》所设奖励的获取条件，其向城开公司提出申请要求兑现该超额劳动报酬，无论是基于诚实信用原则，还是基于按劳取酬原则，城开公司皆有义务启动审核程序对该奖励申请进行核查，以确定彭某翔关于奖金的权利能否实现。如城开公司拒绝审核，应说明合理理由。本案中，城开公司关于彭某翔存在失职行为及案涉项目存在亏损的主张因欠缺事实依据不能成立，该公司也不能对不予审核的行为作出合理解释，其拒绝履行审批义务的行为已损害彭某翔的合法权益，对此应承担相应的不利后果。

【拓展案例二】[1]

胡某金于2010年12月分包了位于四川省双流县今双流区黄水镇的三盛翡俪山一期景观工程的部分施工工程，之后聘用多名民工入场施工。施工期间，胡某金累计收到发包人支付的工程款51万余元，已超过结算时确认的实际工程款。2011年6月5日工程完工后，胡某金以工程亏损为由拖欠李某文等20余名民工工资12万余元。6月9日，双流县人力资源和社会保障局责令胡某金支付拖欠的民工工资，胡某金却于当晚订购机票并在次日早上乘飞机逃匿。6月30日，四川锦天下园林工程有限公司作为工程总承包商代胡某金垫付民工工资12万余元。7月4日，公安机关对胡某金拒不

〔1〕 胡某金拒不支付劳动报酬案，最高人民法院指导案例28号（2014年）。

支付劳动报酬案进行立案侦查。7 月 12 日，胡某金在浙江省慈溪市被抓获。

四川省双流县人民法院于 2011 年 12 月 29 日作出（2011）双流刑初字第 544 号刑事判决，认定被告人胡某金犯拒不支付劳动报酬罪，判处有期徒刑 1 年，并处罚金人民币 2 万元。宣判后被告人未上诉，判决已发生法律效力。

法院生效裁判认为：被告人胡某金拒不支付 20 余名民工的劳动报酬达 12 万余元，数额较大，且在政府有关部门责令其支付后逃匿，其行为构成拒不支付劳动报酬罪。被告人胡某金虽然不具有合法的用工资格，又属没有相应建筑工程施工资质而承包建筑工程施工项目，且违法招用民工进行施工，上述情况不影响以拒不支付劳动报酬罪追究其刑事责任。本案中，胡某金逃匿后，工程总承包企业按照有关规定清偿了胡某金拖欠的民工工资，其清偿拖欠民工工资的行为属于为胡某金垫付，这一行为虽然消减了拖欠行为的社会危害性，但并不能免除胡某金应当支付劳动报酬的责任，因此，对胡某金仍应当以拒不支付劳动报酬罪追究刑事责任。鉴于胡某金系初犯、认罪态度好，依法作出如上判决。

专题八　青年就业中的劳动合同的履行与变更问题

【典型案例】[1]

郑某于2012年7月入职霍尼韦尔自动化控制（中国）有限公司（以下简称霍尼韦尔公司），担任渠道销售经理。霍尼韦尔公司建立了工作场所性骚扰防范培训机制，郑某接受过相关培训。霍尼韦尔公司《商业行为准则》规定经理和主管“应确保下属能畅所欲言且无须担心遭到报复，所有担忧或问题都能专业并及时地得以解决”，不允许任何报复行为。2017年版《员工手册》规定：对他人实施性骚扰、违反公司《商业行为准则》、在公司内部调查中做虚假陈述的行为均属于会导致立即辞退的违纪行为。上述规章制度在实施前经过该公司工会沟通会议讨论。

郑某与霍尼韦尔公司签订的劳动合同约定郑某确认并同意将公司现有的《员工手册》及《商业行为准则》等规章制度作为本合同的组成部分。《员工手册》修改后，郑某再次签署确认书，表示已阅读、明白并愿接受2017年版《员工手册》内容，愿恪守公司政策作为在霍尼韦尔公司工作的前提条件。

2018年8月30日，郑某认为下属女职工任某与郑某上级邓某（已婚）之间的关系有点僵，为“疏解”二人关系而找任某谈话。郑某提到前一天

---

〔1〕郑某诉霍尼韦尔自动化控制（中国）有限公司劳动合同纠纷案，最高人民法院指导案例181号（2022年）。

观察到郑某跟任某说了一句话，而任某没有回答，其还专门跑到任某处帮忙打圆场。任某提及其在刚入职时曾向郑某出示过间接上级邓某发送的性骚扰微信记录截屏，郑某当时对此答复“我就是不想掺和这个事”“我往后不想再回答你后面的问题”“我是觉得有点怪，我也不敢问”。谈话中，任某强调邓某在对其进行性骚扰，邓某要求与其发展男女关系，并在其拒绝后继续不停骚扰，郑某不应责怪其不搭理邓某，也不要替邓某来对其进行敲打。郑某则表示“你如果这样干工作的话，让我很难过”“你越端着，他越觉得我要把你怎么样”“他这么直接，要是我的话，先靠近你，摸摸看，然后聊聊天”。

后至2018年11月，郑某以任某不合群等为由向霍尼韦尔公司人事部提出与任某解除劳动合同，但未能说明解除任某劳动合同的合理依据。人事部为此找任某了解情况。任某告知人事部其被间接上级邓某骚扰，郑某有意无意地撮合其和邓某，其因拒绝骚扰行为而受到打击报复。霍尼韦尔公司为此展开调查。

2019年1月15日，霍尼韦尔公司对郑某进行调查，并制作了调查笔录。郑某未在调查笔录上签字，但对笔录记载的其对公司询问所做答复做了诸多修改。对于调查笔录中有无女员工向郑某反映邓某跟其说过一些不合适的话、对其进行性骚扰的提问所记录的“没有”的答复，郑某未作修改。

2019年1月31日，霍尼韦尔公司出具《单方面解除函》，以郑某未尽经理职责，在下属反映遭受间接上级骚扰后没有采取任何措施帮助下属不再继续遭受骚扰，反而对下属进行打击报复，在调查过程中就上述事实作虚假陈述为由，与郑某解除劳动合同。

2019年7月22日，郑某向上海市劳动争议仲裁委员会申请仲裁，要求霍尼韦尔公司支付违法解除劳动合同赔偿金368, 130元。该请求未得到仲裁裁决的支持。郑某不服，以相同请求诉至上海市浦东新区人民法院。

上海市浦东新区人民法院于2020年11月30日作出（2020）沪0115民初10454号民事判决：驳回郑某的诉讼请求。郑某不服一审判决，提起上诉。上海市第一中级人民法院于 2021 年 4 月 22 日作出（2021）沪 01 民终 2032 号民事判决：驳回上诉，维持原判。

【法理分析】

关于霍尼韦尔公司据以解除郑某劳动合同的《员工手册》和《商业行为准则》对郑某有无约束力的问题。证据显示，郑某持有异议的霍尼韦尔公司 2017 年版《员工手册》《商业行为准则》分别于 2017 年 9 月、2014 年 12 月经霍尼韦尔公司工会沟通会议进行讨论。郑某与霍尼韦尔公司签订的劳动合同中明确约定《员工手册》《商业行为准则》属于劳动合同的组成部分，郑某已阅读并理解和接受上述制度。在《员工手册》修订后，郑某亦再次签署确认书，确认已阅读、明白并愿接受 2017 年版《员工手册》，愿恪守公司政策作为在霍尼韦尔公司工作的前提条件。在此情况下，霍尼韦尔公司的《员工手册》《商业行为准则》应对郑某具有约束力。

关于郑某是否存在足以解除劳动合同的严重违纪行为的问题。首先，在案证据显示霍尼韦尔公司建立了工作场所性骚扰防范培训机制，郑某亦接受过相关培训。霍尼韦尔公司《商业行为准则》要求经理、主管等管理人员在下属提出担忧或问题时能够专业并及时地帮助解决，不能进行打击报复。霍尼韦尔公司 2017 年版《员工手册》还将违反公司《商业行为准则》的行为列为会导致立即辞退的严重违纪行为范围。现郑某虽称相关女职工未提供受到骚扰的切实证据，其无法判断骚扰行为的真伪、对错，但从郑某在 2018 年 8 月 30 日的谈话录音中对相关女职工初入职时向其出示的微信截屏所作的“我是觉得有点怪，我也不敢问”“我就是不想掺和这个事”的评述看，郑某本人亦不认为相关微信内容系同事间的正常交流，且郑某在相关女职工反复强调间接上级一直对她进行骚扰时，未见郑某积极应对帮助解决，反而说“他这么直接，要是我的话，先靠近你，摸摸看，然后聊聊天”。所为皆为积极促成自己的下级与上级发展不正当关系。郑某的行为显然有悖其作为霍尼韦尔公司部门主管应尽之职责，其相关答复内容亦有违公序良俗。此外，依据郑某自述，其在2018年8月30日谈话后应已明确知晓相关女职工与间接上级关系不好的原因，但郑某不仅未采取积极措施，反而认为相关女职工处理不当。在任某明确表示对郑某性骚扰的抗拒后，郑某于2018年11月中旬向人事经理提出任某性格不合群，希望公司能解除与任某的劳动合同，据此霍尼韦尔公司主张郑某对相关女职工进行打击报复，亦属合理推断。其次，霍尼韦尔公司2017年版《员工手册》明确规定在公司内部调查中作虚假陈述的行为属于会导致立即辞退的严重违纪行为。霍尼韦尔公司提供的2019年1月15日调查笔录显示郑某在调查过程中存在虚假陈述情况。郑某虽称该调查笔录没有按照其所述内容记录，其不被允许修改很多内容，但此主张与郑某对该调查笔录中诸多问题的答复都进行过修改的事实相矛盾，法院对此不予采信。该调查笔录可以作为认定郑某存在虚假陈述的判断依据。

综上，郑某提出的各项上诉理由难以成为其上诉主张成立的依据。霍尼韦尔公司主张郑某存在严重违纪行为，依据充分，不构成违法解除劳动合同。对郑某要求霍尼韦尔公司支付违法解除劳动合同赔偿金368,130元的上诉请求，不予支持。

【理论释义】

随着社会经济的发展进步和科学技术的不断更新迭代，劳动合同在履行过程中经常会发生变更，由此引发劳动关系的变化，对用人单位和青年劳动者提出了更高的要求。

一、劳动合同的履行

《劳动合同法》第二十九条规定，用人单位与劳动者应当按照劳动合同的约定，全面履行各自的义务。这一规定的重点在于“全面履行”。全面履行，是指用人单位与劳动者双方按照劳动合同的约定，在约定的时间、地点，以适当的方式，按照约定的内容，全面履行合同义务。这需要劳动者亲自履行、实际履行、协作履行及允许变更和解除。[1]

亲自履行，就是劳动者本人亲自实施劳动。这是劳动关系的本质要求，劳动的付出与劳动者的人身密不可分，劳动关系是财产性的，更具有强烈的人身性。劳动合同中用人单位和劳动者之间存在管理与被管理、控制与被控制、监督与被监督的特质。用人单位作为劳动者的管理者和劳动的使用者，劳动者则是自身劳动力的拥有者，用人单位有权利要求劳动者亲自履行劳动义务而不得由他人代为履行；作为管理者的用人单位，也必须亲自履行按照合同管理劳动者的义务，这样才能确保劳动者的利益。实践中，时有发生劳动者冒用他人的身份证件参加用人单位的招聘应聘，用他人身份进行劳动、接受管理、领取工资，一旦冒用身份的事实被查实，劳动者的利益维护就出现较大的难题。

实际履行就是《劳动法》第十七条第二款中明确规定的，劳动合同依法订立即具有法律约束力，当事人必须履行劳动合同规定的义务。劳动者和用人单位应当按照实际订立的劳动合同的内容，行使各自的权利、履行各自的义务、承担各自的责任。

协作履行是合同的内在要求，是诚实信用原则在劳动合同履行中的表现。劳动合同需要双方当事人互助合作才能顺利实现。用人单位应当为劳动者提供劳动条件，执行劳动定额标准，按时支付工资；劳动者需要积极劳动，遵守用人单位的规章制度，接受用人单位的管理等。

二、劳动合同的变更

依据《劳动法》和《劳动合同法》的规定，劳动合同的变更可以分为劳动合同主体变更和劳动合同内容变更两种形态。

---

〔1〕参见梁智主编：《劳动合同法实务一本全》，中国法制出版社2008年版，第116页。

（一）劳动合同主体的变更

关于劳动合同主体的变更，有两种情况：一是用人单位名称或者负责人的变更，这种情况可以认为是解除原有的劳动合同，重新订立一份新的劳动合同；也可以归类为劳动合同的变更。《劳动合同法》第三十三条规定，用人单位变更名称、法定代表人、主要负责人或者投资人等事项，不影响劳动合同的履行。二是劳动者的变更，这就属于劳动合同的解除或者终止，而非劳动合同的变更。

用人单位名称的变更。用人单位的名称就是登记在“营业执照”“许可证书”或者其他相关资质证书上的企业名称（名称）。在中国境内依法需要办理登记的企业，包括公司、非公司企业法人、合伙企业、个人独资企业和上述企业分支机构，个体工商户和外国公司分支机构等企业名称我国有专门的制度《企业名称登记管理规定实施办法》予以规范。使用企业名称应遵守法律法规规定，出让方与受让方应当签订书面合同，依法向企业登记机关办理企业名称变更登记，并由企业登记机关通过国家企业信用信息公示系统向社会公示企业名称转让信息。用人单位的合并、分立、解散、被撤销或终止都会涉及名称的变更。用人单位名称的变更一经完成，应当及时与企业的劳动者完成劳动合同中“用人单位名称”的变更，以有效地保护双方的权益。

用人单位的法定代表人、主要负责人、投资人的变更不属于劳动合同变更的情形。《民法典》第六十一条第一款规定：“依照法律或者法人章程的规定，代表法人从事民事活动的负责人，为法人的法定代表人。”《公司法》第十条第一款规定：“公司的法定代表人按照公司章程的规定，由代表公司执行公司事务的董事或者经理担任。”用人单位与劳动者签订劳动合同，需要劳动者和用人单位签字盖章才能生效，用人单位的签字盖章包含两方面，一是单位盖章，即加盖印有“用人单位名称”的公章；二是法定代表人签字或盖名章。法定代表人的变化不会当然引起用人单位的变化，在这种情况下劳动者和用人单位的劳动合同不受影响，应当正常履行。同样，公司的主要负责人、投资人的变更也不会引起用人单位的变化，不能认为是劳动合同的变更，劳动者的劳动合同应当正常履行。

（二）劳动合同内容的变更

《劳动合同法》第三十五条第一款规定："用人单位与劳动者协商一致，可以变更劳动合同约定的内容。变更劳动合同，应当采用书面形式。"可见，在法律、法规允许的范围内，劳动者和用人单位协商一致的前提下，对正在履行的劳动合同中的具体内容可以进行修订、删减或补充，并且必须采用书面形式固定双方协商的结果。

依据《劳动合同法》的相关规定，劳动合同的变更情况，见表8－1。

表8－1　劳动合同变更情形

<table>
<tr><th>合同变更的原因</th><th>合同双方协商的不同情况</th><th>双方的权利义务</th></tr>
<tr><td colspan="2">当事人有约定</td><td>按照双方的约定处理</td></tr>
<tr><td rowspan="2">劳动合同订立时所依据的客观情况发生重大变化，致使劳动合同无法履行</td><td>协商一致（达成变更劳动合同内容协议）</td><td>双方按照变更后的合同继续履行</td></tr>
<tr><td rowspan="2">协商不一致（未能就变更劳动合同内容达成协议）</td><td>劳动者主动解除劳动合同，提前30日以书面形式通知用人单位</td></tr>
<tr><td>劳动者和用人单位协商一致</td><td>用人单位主动解除劳动合同，提前30日以书面形式通知劳动者本人或者额外支付1个月工资</td></tr>
</table>

劳动合同的变更应当按照以下程序进行：第一，双方应当秉承平等自愿、协商一致的原则；第二，符合法律法规的规定；第三，应当采取书面形式，且变更后的劳动合同文本由用人单位和劳动者各执一份。

劳动合同变更，意味着原先议定的劳动合同条款的失效，变更后的条款开始生效。

如果因为劳动合同的变更，给劳动者或用人单位造成了损失，按照"过错责任原则"，谁的错谁担责；双方都有责任的，共同分担损失。

三、用人单位的规章制度和劳动纪律

用人单位制定规章制度和劳动纪律是建立现代企业制度的需要，目的是规范指引部门工作与职工行为，是完善“劳动合同制”，解决劳动争议不可缺少的有力手段。现实生活中，用人单位制定的规章制度和劳动纪律种类繁多，内容广泛，涉及用人单位经营管理的各个方面，名称更是五花八门，有制度、规则、规定、规程、细则、守则、手册、办法、通知等，如《安全生产制度》《关于安全用电的通知》《图书馆借书规则》《车间操作规程》《高等学校学生守则》等。

对于用人单位的规章制度，《劳动合同法》第四条规定：“用人单位应当依法建立和完善劳动规章制度，保障劳动者享有劳动权利、履行劳动义务。用人单位在制定、修改或者决定有关劳动报酬、工作时间、休息休假、劳动安全卫生、保险福利、职工培训、劳动纪律以及劳动定额管理等直接涉及劳动者切身利益的规章制度或者重大事项时，应当经职工代表大会或者全体职工讨论，提出方案和意见，与工会或者职工代表平等协商确定。在规章制度和重大事项决定实施过程中，工会或者职工认为不适当的，有权向用人单位提出，通过协商予以修改完善。用人单位应当将直接涉及劳动者切身利益的规章制度和重大事项决定公示，或者告知劳动者。”由此可见，用人单位规章制度是用人单位用工自主权和劳动者参与民主管理权相结合的产物。

（一）用人单位规章制度的制定依据

规章制度是用人单位规范运行和行使用人权的重要方式之一，应尽可能最大限度地利用和行使好法律赋予的这一权利。规章制度还是用人单位依法依规制定的，并在本单位实施的组织劳动和进行劳动管理的规则和制度的总和。规章制度也被称为内部劳动规则，是企业内部的“法律”。

1997 年 11 月劳动部颁发的《关于对新开办用人单位实行劳动规章制度

备案制度的通知》指出，规章制度主要包括：劳动合同管理、工资管理、社会保险福利待遇、工时休假、职工奖惩，以及其他劳动管理规定。《劳动法》和《劳动合同法》均赋予用人单位在保障劳动者享有劳动权利和履行劳动义务的前提下，依法建立和完善规章制度的权利和义务，并且对规章制度的内容进行了限制性规范。

用人单位制定规章制度首先应当严格执行国家法律、法规的规定；其次应当体现权利与义务一致、奖励与惩罚结合，不得违反法律、法规的规定。

总之，规章制度必须合乎法律法规，还应当合理，符合社会道德的要求。合法不合理则不能被法律认可，应当及时予以纠正，如有的企业规章制度规定一顿饭只能几分钟吃完；一天只能上几次厕所，一次只能几分钟等。

（二）用人单位规章制度的制定程序

1. 一般程序

用人单位制定的不直接涉及劳动者切身利益或者重大事项的规章制度，现行法律法规并没有规范，由用人单位自行决定。

2. 特殊程序

用人单位在制定、修改或者决定有关劳动报酬、工作时间、休息休假、劳动安全卫生、保险福利、职工培训、劳动纪律以及劳动定额管理等直接涉及劳动者切身利益的规章制度或者重大事项时，其制定程序必须经过以下环节。

第一，应当经职工代表大会或者全体职工讨论，提出方案和意见，与工会或者职工代表平等协商确定。

第二，在规章制度和重大事项决定实施的过程中，工会或者职工认为不适当的，有权向用人单位提出，用人单位应当与工会、职工代表通过协商予以修改完善。

第三，用人单位应当将直接涉及劳动者切身利益的规章制度和重大事项决定进行公示，或者告知劳动者，如在企业告示栏张贴告示或者直接将规章制度作为劳动合同的附件发给劳动者或者向每个劳动者发放员工手册等。未经公示或者告知程序的规章制度，是无效的。

劳动者严重违反用人单位的规章制度包括以下含义：一是“规章制度”必须是用人单位根据《劳动合同法》第四条的规定制定的合法、有效的规章制度，才能适用于劳动者。二是作为用人单位的职工，劳动者有义务遵守用人单位的规章制度。三是劳动者没有遵守本应遵守的规章制度。四是劳动者违反规章制度，从程度和影响来判断，属于“严重违反”。何谓“严重”，一般应当以劳动法规所规定的限度和用人单位的规章制度的具体界定为准，并按照规章制度规定的程序处理，但不得违反法律、法规规定，不得违反公平原则。《劳动合同法》第八十条规定：“用人单位直接涉及劳动者切身利益的规章制度违反法律、法规规定的，由劳动行政部门责令改正，给予警告；给劳动者造成损害的，应当承担赔偿责任。”自2021年1月1日起施行的最高人民法院《关于审理劳动争议案件适用法律问题的解释（一）》第五十条规定：“用人单位根据劳动合同法第四条规定，通过民主程序制定的规章制度，不违反国家法律、行政法规及政策规定，并已向劳动者公示的，可以作为确定双方权利义务的依据。用人单位制定的内部规章制度与集体合同或者劳动合同约定的内容不一致，劳动者请求优先适用合同约定的，人民法院应予支持。”

【拓展案例】〔1〕

2016年7月1日，孙某锋（乙方）与淮安西区人力资源开发有限公司（以下简称西区公司）（甲方）签订劳动合同，约定：劳动合同期限为自2016年7月1日起至2019年6月30日止；乙方的工作地点为连云港，从事邮件收派与司机岗位工作；乙方严重违反甲方的劳动纪律、规章制度的，

〔1〕 孙某锋诉淮安西区人力资源开发有限公司劳动合同纠纷案，最高人民法院指导案例180号（2022年）。

甲方可以立即解除本合同且不承担任何经济补偿；甲方违约解除或者终止劳动合同的，应当按照法律规定和本合同约定向乙方支付经济补偿金或赔偿金；甲方依法制定并通过公示的各项规章制度，如《员工手册》《奖励与处罚管理规定》《员工考勤管理规定》等文件作为本合同的附件，与本合同具有同等效力。之后，孙某锋根据西区公司的安排，负责江苏省灌南县堆沟港镇区域的顺丰快递收派邮件工作。西区公司自2016年8月25日起每月向孙某锋的银行账户结算工资，截至2017年9月25日，孙某锋前12个月的平均工资为6329.82元。2017年9月12日、10月3日、10月16日，孙某锋先后存在工作时间未穿工作服、代他人刷考勤卡、在单位公共平台留言辱骂公司主管等违纪行为。事后，西区公司依据《奖励与处罚管理规定》，由用人部门负责人、建议部门负责人、工会负责人、人力资源部负责人共同签署确认，对孙某锋的上述违纪行为分别给予扣2分、扣10分、扣10分的处罚，但具体扣分处罚时间难以认定。

2017年10月17日，孙某锋被所在单位用人部门以未及时上交履职期间的营业款项为由安排停工。次日，孙某锋至所在单位刷卡考勤，显示刷卡信息无法录入。10月25日，西区公司出具的离职证明载明，孙某锋自2017年10月21日从西区公司正式离职，已办理完毕手续，即日起与公司无任何劳动关系。10月30日，西区公司又出具解除劳动合同通知书，通知书载明，孙某锋在既未履行请假手续也未经任何领导批准的情况下，自2017年10月20日起无故旷工3天以上，依据国家的相关法律法规及单位规章制度，经单位研究决定自2017年10月20日起与孙某锋解除劳动关系，限孙某锋于2017年11月15日前办理相关手续，逾期未办理，后果自负。之后，孙某锋向江苏省灌南县劳动人事争议仲裁委员会申请仲裁，仲裁裁决后孙某锋不服，遂诉至法院，要求西区公司支付违法解除劳动合同赔偿金共计68,500元。

西区公司在案件审理过程中提出，孙某锋在职期间存在未按规定着工作服、代人打卡、谩骂主管以及未按照公司规章制度及时上交营业款项等违纪行为，严重违反了用人单位的规章制度；自2017年10月20日起，孙某锋在既未履行请假手续且未经批准的情况下无故旷工多日，依法自2017年10月20日起与孙某锋解除劳动关系，符合法律规定。

江苏省灌南县人民法院于2018年11月15日作出（2018）苏0724民初2732号民事判决：（1）被告西区公司于本判决发生法律效力之日起10日内支付原告孙某锋经济赔偿金18,989.46元。（2）驳回原告孙某锋的其他诉讼请求。西区公司不服，提起上诉。江苏省连云港市中级人民法院于2019年4月22日作出（2019）苏07民终658号民事判决：驳回上诉，维持原判。

法院生效裁判认为，用人单位单方解除劳动合同是由于劳动者存在违法违纪、违反劳动合同的行为，对其合法性的评价也应以作出解除劳动合同决定时的事实、证据和相关法律规定为依据。用人单位向劳动者送达的解除劳动合同通知书，是用人单位向劳动者作出解除劳动合同的意思表示，对用人单位具有法律约束力。解除劳动合同通知书明确载明解除劳动合同的依据及事由，人民法院审理解除劳动合同纠纷案件时应以该决定作出时的事实、证据和法律为标准进行审查，不宜超出解除劳动合同通知书所载明的内容和范围。否则，将偏离劳资双方所争议的解除劳动合同行为的合法性审查内容，导致法院裁判与当事人诉讼请求以及争议焦点不一致；同时，也违背了民事主体从事民事活动所应当秉持的诚实信用这一基本原则，造成劳资双方权益保障的失衡。

本案中，孙某锋与西区公司签订的劳动合同系双方真实意思表示，合法有效。劳动合同附件《奖励与处罚管理规定》作为用人单位的管理规章制度，不违反法律、行政法规的强制性规定，合法有效，对双方当事人均具有约束力。根据《奖励与处罚管理规定》，员工连续旷工3天（含）以上的，公司有权对其处以第五类处罚责任，即解除合同、永不录用。西区公司向孙某锋送达的解除劳动合同通知书中明确载明解除劳动合同的事由为孙某锋无故旷工达3天以上，孙某锋诉请法院审查的内容也是西区公司以其无故旷工达3天以上为由解除劳动合同行为的合法性，故法院对西区公司解除劳动合同的合法性审查也应以解除劳动合同通知书载明的内容为限，而不能超越该诉争范围。虽然西区公司在庭审中另提出孙某锋在工作期间存在不及时上交营业款、未穿工服、代他人刷考勤卡、在单位公共平台留言辱骂公司主管等其他违纪行为，也是严重违反用人单位规章制度，公司仍有权解除劳动合同，但是根据在案证据及西区公司的陈述，西区公司在已知孙某锋存在上述行为的情况下，没有提出解除劳动合同，而是主动提出重新安排孙某锋从事其他工作，在向孙某锋出具解除劳动合同通知书时也没有将上述行为作为解除劳动合同的理由。对于西区公司在诉讼期间提出的上述主张，法院不予支持。

西区公司以孙某锋无故旷工达3天以上为由解除劳动合同，应对孙某锋无故旷工达3天以上的事实承担举证证明责任。但西区公司仅提供了本单位出具的员工考勤表为证，该考勤表未经孙某锋签字确认，孙某锋对此亦不予认可，认为是单位领导安排停工并提供了刷卡失败视频为证。因孙某锋在工作期间被安排停工，西区公司之后是否通知孙某锋到公司报到、如何通知、通知时间等事实，西区公司均没有提供证据加以证明，故孙某锋无故旷工3天以上的事实不清，西区公司应对此承担举证不能的不利后果，其以孙某锋旷工违反公司规章制度为由解除劳动合同，缺少事实依据，属于违法解除劳动合同。

专题九　青年就业中劳动合同解除问题研究

【典型案例】[1]

2005 年 7 月，被告王某进入原告中兴通讯（杭州）有限责任公司（以下简称中兴通讯）工作，劳动合同约定王某从事销售工作，基本工资每月 3840 元。该公司的《员工绩效管理办法》规定：员工半年、年度绩效考核分别为 S、A、C1、C2 四个等级，分别代表优秀、良好、价值观不符、业绩待改进；S、A、C（C1、C2）等级的比例分别为 20%、70%、10%；不胜任工作原则上考核结果为 C2。王某原在该公司分销科从事销售工作，2009 年 1 月后由于分销科解散等原因，转岗至华东区从事销售工作。2008 年下半年、2009 年上半年及 2010 年下半年，王某的考核结果均为 C2。中兴通讯认为，王某不能胜任工作，经转岗后，仍不能胜任工作，故在支付了部分经济补偿金的情况下解除了劳动合同。

2011 年 7 月 27 日，王某提起劳动仲裁。同年 10 月 8 日，仲裁委作出裁决：中兴通讯支付王某违法解除劳动合同的赔偿金余额 36, 596. 28 元。中兴通讯认为其不存在违法解除劳动合同的行为，故于同年 11 月 1 日诉至法院，请求判令不予支付解除劳动合同赔偿金余额。

浙江省杭州市滨江区人民法院于 2011 年 12 月 6 日作出（2011）杭滨民初字第 885 号民事判决：原告中兴通讯于本判决生效之日起 15 日内一次性

---

〔1〕 中兴通讯（杭州）有限责任公司诉王某劳动合同纠纷案，最高人民法院指导案例 18 号（2013 年）。

支付被告王某违法解除劳动合同的赔偿金余额 36, 596. 28 元。

【法理分析】

中兴通讯以王某不胜任工作，经转岗后仍不胜任工作为由，解除劳动合同，对此应负举证责任。根据《员工绩效管理办法》的规定，“C（C1、C2）考核等级的比例为 10%”，虽然王某曾经考核结果为 C2，但是 C2 等级并不完全等同于“不能胜任工作”，中兴通讯仅凭该限定考核等级比例的考核结果，不能证明劳动者不能胜任工作，不符合据此单方解除劳动合同的法定条件。虽然 2009 年 1 月王某从分销科转岗，但是转岗前后均从事销售工作，并存在分销科解散导致王某转岗这一根本原因，故不能证明王某系因不能胜任工作而转岗。因此，中兴通讯主张王某不胜任工作，经转岗后仍然不胜任工作的依据不足，存在违法解除劳动合同的情形，应当依法向王某支付经济补偿标准二倍的赔偿金。

用人单位不能仅因劳动者在考核中居于末位等次而单方解除劳动合同。单方解除劳动合同必须符合法定条件，有利于依法促进就业，保护劳动者合法权益，也能够促使用人单位依法制定绩效考核和内部管理规章制度，从而维护和谐稳定的劳动关系，促进经济和社会协调健康发展。劳动者在用人单位等级考核中居于末位等次，不等同于“不能胜任工作”，不符合单方解除劳动合同的法定条件，用人单位不能据此单方解除劳动合同。

【理论释义】

随着经济的快速发展和就业市场的变化，青年人对工作的需求和期望与以往不同，青年人追求自由、发展和成长的机会，注重工作环境、企业文化、同事关系等软环境，关注薪酬待遇和工作时间的弹性。这些需求和期望导致越来越多的青年人离职，面临劳动合同解除的现实问题。

一、劳动合同终止

（一）劳动合同终止的情况

依据《劳动合同法》第四十四条和《劳动合同法实施条例》的相关规定，合同终止的法定情形主要有7种，分别是：劳动合同期满的；劳动者开始依法享受基本养老保险待遇的；劳动者死亡，或者被人民法院宣告死亡或者宣告失踪的；用人单位被依法宣告破产的；用人单位被吊销营业执照、责令关闭、撤销或者用人单位决定提前解散的；劳动者达到法定退休年龄的；法律、行政法规规定的其他情形。

劳动合同的逾期终止主要有两种情况：一是劳动合同期满，有用人单位不得解除劳动合同的法定情形之一的，劳动合同应当续延至相应的情形消失时终止；但是丧失或者部分丧失劳动能力劳动者的劳动合同的终止，按照国家有关工伤保险的规定执行。二是劳动合同期满但是双方存在培训协议，约定服务期未满的，劳动合同应当续延至相应的情形消失时终止。

（二）劳动合同终止的法律责任

以完成一定工作任务为期限的劳动合同因任务完成而终止的，用人单位应当依照《劳动合同法》第四十七条的规定，按照劳动者在该单位的工作年限，每满1年支付1个月工资的标准向劳动者支付经济补偿。工作年限6个月以上不满1年的，按1年计算；不满6个月的，按照向劳动者支付半个月工资的标准支付经济补偿金。劳动者月工资高于用人单位所在直辖市、设区的市级人民政府公布的本地区上年度职工月平均工资三倍的，向其支付经济补偿的标准按职工月平均工资三倍的数额支付，向其支付经济补偿的年限最高不超过十二年。月工资是指劳动者在劳动合同解除或者终止前十二个月的平均工资。

用人单位依法终止工伤职工的劳动合同的，除依照《劳动合同法》第四十七条的规定支付经济补偿外，还应当依照国家有关工伤保险的规定支付一次性工伤医疗补助金和伤残就业补助金。

用人单位被依法宣告破产的或者用人单位被吊销营业执照、责令关闭、撤销或者用人单位决定提前解散而导致终止劳动合同的，依照《劳动合同法》第四十七条的规定支付经济补偿金。

用人单位违反《劳动合同法》规定终止劳动合同的，劳动者要求继续履行劳动合同的，用人单位应当继续履行；劳动者不要求继续履行劳动合同或者劳动合同已经不能继续履行的，用人单位应当依照《劳动合同法》第八十七条的规定按照二倍的经济补偿金的标准向劳动者支付赔偿金。

二、劳动合同解除

劳动合同的解除意味着劳动者和用人单位之间劳动法律关系的结束，双方主要权利义务关系的终结。劳动合同的解除不同于一般民事合同的解除和终止，同样渗透着倾斜保护劳动者的立法目的。为了充分保护劳动者，劳动法律制度不但对劳动合同的解除和终止设置了许多限制性的条款，还设置了经济补偿金这一劳动法上独特的制度以体现对劳动者的保护。同时，劳动合同解除之后，合同双方还必须根据劳动合同的约定或法律的规定，履行一些附随的义务，保密和竞业限制义务就是附随义务中的重要内容。

劳动合同的解除，是指劳动合同有效成立之后，完全履行之前，这一段时间内，由于某种原因导致劳动者和用人单位一方或双方无法继续履行合同，从而提前消灭劳动法律关系的法律行为。

根据劳动合同解除原因的不同，可以将劳动合同解除分为法定解除和协议解除两大类。

（一）劳动合同的法定解除

劳动合同的法定解除，是指出现国家法律、行政法规规定的可以解除劳动合同的情况时，不需双方当事人的协商同意，合同效力可以自然终止或者单方提前终止。法定解除分为用人单位单方解除与劳动者单方解除两种情况。劳动者单方解除主要是劳动者的主动辞职，本书不再赘述，主要解读用人单位单方解除劳动合同的情形。

1. 用人单位因劳动者本人有过失而导致劳动合同解除的情形

在劳动者有过失时，用人单位无须事先通知劳动者即可单方解除劳动合同，也称即时性解除劳动合同。在这种情况下解除劳动合同，用人单位不用先通知劳动者，也不用支付劳动者经济补偿金，因而对劳动者的影响极大，所以法律对这种情况下劳动合同的解除进行了严格控制。《劳动合同法》第三十九条规定了在6种劳动者有过失的情况下，用人单位可以单方解除劳动合同。

（1）劳动者不符录用条件解除，即在试用期间被证明不符合录用条件而解除。在这种情况下，单方解除劳动合同，用人单位必须举证证明劳动者确实不符合录用条件。如果用人单位不能提供录用条件或劳动者不符合条件的证据，就要承担因违法解除劳动合同所带来的法律后果。

（2）劳动者严重违反用人单位的规章制度。这是指严重违反用人单位的劳动纪律或者用人单位制定的其他规章制度。劳动者既然是用人单位的一员，就应该遵守用人单位规章制度。但是，《劳动合同法》同时对用人单位规章制度制定的程序和内容的合法性作出严格的规定。《劳动合同法》第四条规定："用人单位应当依法建立和完善劳动规章制度，保障劳动者享有劳动权利、履行劳动义务。用人单位在制定、修改或者决定有关劳动报酬、工作时间、休息休假、劳动安全卫生、保险福利、职工培训、劳动纪律以及劳动定额管理等直接涉及劳动者切身利益的规章制度或者重大事项时，应当经职工代表大会或者全体职工讨论，提出方案和意见，与工会或者职工平等协商确定。在规章制度和重大事项决定实施过程中，工会或者职工认为不适当的，有权向用人单位提出，通过协商以修改完善。用人单位应当将直接涉及劳动者切身利益的规章制度和重大事项决定公示，或者告知劳动者。"在这种情况下，只要用人单位制定的劳动纪律或者其他规章制度不违反国家的强制性法律法规，经过了法定程序，又向劳动者进行公示或者明确告知，劳动者就应该遵守。

当然，如果用人单位制定的规章制度中有不符合法律法规的强制性规定的条款，该条款无疑属于无效的条款，至于哪些情况属于严重违反用人单位劳动纪律和规章制度的行为，《劳动合同法》和《劳动法》并没有予以明确规定。劳动部办公厅在1994年9月5日发布的《关于〈中华人民共和国劳动法〉若干条文的说明》中指出，《劳动法》第二十五条中的“严重违反劳动纪律”的行为，可根据《企业职工奖惩条例》和《国营企业辞退违纪职工暂行规定》等有关法规认定。虽然以上国务院颁布的两个法规现在已经不再适用（《企业职工奖惩条例》，国务院1982年4月10日公布，2008年1月15日废止；《国营企业辞退违纪职工暂行规定》，国务院1986年7月12日发布，2001年10月6日废止)，但规定当中的一些内容，仍然可以作为实际执行中的参考。两个法规中所列举的劳动者违反劳动纪律或者用人单位制定的规章制度的情形，主要包括诸如：影响生产、工作秩序的玩忽职守，违反技术操作规程和安全规程，或者违章指挥，造成事故，使人身财产遭受损失或者损坏设备工具、原材料、能源，造成经济损失的；有贪污、盗窃、赌博等行为又不够刑事处分的等方面。

（3）严重失职解除，即严重失职、营私舞弊、给用人单位的利益造成重大损害。所谓严重失职，营私舞弊，是指劳动者在履行劳动合同期间，违反其忠于职守的义务，出现未尽职责的严重过失行为，或者利用职务之便，谋取私利，致使用人单位的财产、人员或者声誉遭受重大损害。如工作时间因不负责任致使重大事故发生，利用职务之便牟取私利，给用单位造成重大损失，或者向竞争对手出卖商业秘密等。

（4）劳动者同时与其他用人单位建立劳动关系，对完成本单位的工作造成严重影响，或者经用人单位提出，拒不改正。现代社会，劳动者除本职工作之外，在工作之余在外兼职已经不是个别现象，但是法律法规并没有规定，劳动者一旦兼职就与所从事第二职业的用人单位同时建立了劳动法律关系。现行法律规定，劳动者有且只有一个劳动法律关系，劳动者只能与其兼职的用人单位之间形成劳务关系或者雇佣关系。劳动者的兼职行为虽然没有达到严重影响本职工作的程度，但是用人单位已经作出了明确反对表示，而劳动者本人拒不改正（劳动者罔顾单位反对兼职行为的表意）的，用人单位就可以单方解除劳动合同。

（5）用人单位受到劳动者的欺诈、胁迫而订立、变更劳动合同。《劳动合同法》在第二十六条第一款第一项中规定，以欺诈、胁迫的手段或者乘人之危，使对方在违背真实意思的情况下订立或者变更劳动合同的，劳动合同无效。也就是说，如果用人单位是在劳动者以欺诈、胁迫等手段的情况下订立的劳动合同，违背了用人单位的真实意思，用人单位可以单方解除劳动合同。常见的情况通常为劳动者通过伪造学历证书、学位证书、职称技能等级证书等与用人单位订立劳动合同，事后用人单位经过查证，发现了劳动者的欺骗行为，这种情况用人单位可以单方解除劳动合同。

（6）劳动者被依法追究刑事责任。根据原劳动部办公厅《关于〈劳动法〉若干条文的说明》第二十五条第四款的规定，"被依法追究刑事责任"包括被人民检察院免予起诉的；被人民法院判处刑罚（主刑：管制、拘役、有期徒刑、无期徒刑、死刑；附加刑：罚金、剥夺政治权利、没收财产）的；被人民法院依据《刑法》第三十二条免予刑事处分的等 3 种情形。

2. 劳动者无过失的情况下，用人单位单方解除劳动合同

法律规定用人单位在这种情况下解除劳动合同，不但要事先预告并支付经济补偿金，而且还明确规定了适用的条件。《劳动合同法》第四十条规定了三种劳动者无过失解除劳动合同的情形，并规定应当提前 30 天以书面形式通知劳动者本人或者额外支付劳动者 1 个月的工资（也称代通知金）用人单位才可以解除劳动合同。三种情况如下。

（1）劳动者患病或者非因工负伤，在规定的医疗期满后不能从事原工作也不能从事由用人单位另行安排的工作的。该条中规定的患病为非职业病，是非由于职业原因所患的其他疾病，如果是职业病或者因工负伤，则不能适用该条规定解除劳动合同，而是应当依据《工伤保险条例》进行处理。医疗期时间的长短，应当依照劳动部 1994 年 12 月 1 日发布的《企业职工患病或非因工负伤医疗期规定》（劳部发〔1994〕479 号）及劳动部 1995

年 5 月 23 日发布的《关于贯彻企业职工患病或非因工负伤医疗期规定的通知》（劳部发〔1995〕236 号）中的有关规定，根据劳动者本人实际参加工作年限和在本单位工作年限给予 3～24 个月的医疗期。当然，变更劳动合同需双方协商一致，另行安排的工作也应当根据劳动者的实际情况安排。

（2）劳动者不能胜任工作，经过培训或者调整工作岗位，仍不能胜任工作。劳动者不能胜任工作，是指不能按劳动合同中岗位职务的要求完成约定的任务或者同工种、同岗位人员的工作量。用人单位故意提高个别员工的定额标准，使劳动者无法完成的不属于不胜任的情形。此外，用人单位应当对其进行培训或者调整到其他工作岗位工作；培训后，仍不能胜任原岗位的工作要求，或者调整至其他岗位后不能胜任，用人单位才可以解除劳动合同。典型案例中提出的“末位淘汰”并不是劳动者不胜任工作，因此，法院判决用人单位违法解除劳动合同是合法有据的。

（3）劳动合同订立时所依据的客观情况发生了重大变化、致使劳动合同无法履行，经用人单位与劳动者协商，未能就变更劳动合同内容达成协议的。所谓客观情况发生重大变化，是指出现了在订立劳动合同时，当事人双方都无法预见的客观情况的重大变化，或者出现了不可抗力致使劳动合同的全部或部分条款根本无法继续履行下去。例如，企业因遇灾害而被迫迁移、被兼并、进行重大技术改造、转产，致使原先劳动合同所确定的生产工作岗位消失等。这些情况的出现都不是当事人在原先订立合同时所能预见到的。在这种情况下，由于原先的劳动合同无法履行，只能变更或者解除。劳动者与用人单位不能就变化了的情况重新协商确定新的合同内容的，解除劳动合同只能是唯一的出路。

3. 用人单位因经济性裁员致使劳动合同解除

《劳动法》第二十七条和《劳动合同法》第四十一条规定了企业在因经营不善、资不抵债等情况面临破产重整，或者因其他客观情况的变化致使部分劳动合同无法继续履行下去时，为了使企业能够在激烈的市场竞争中承续下去，保护更大部分劳动者的权益，规定了经济性裁员的条款。即在法律所规定的几种情况下，用人单位可以单方解除一定数量或一定比例的劳动者的劳动合同，以减少用人单位的生产成本，维持企业生产的正常进行。但是，《劳动合同法》同时也对经济性裁员规定了严格的条件与程序。

（1）裁员的原因应当符合法律规定。裁员的原因只能是《劳动合同法》第四十一条规定的4种情况：依照企业破产法规定进行重整的；生产经营发生严重困难的；企业转产、重大技术革新或者经营方式调整，经变更劳动合同后，仍需裁减人员的；其他因劳动合同订立时所依据的客观经济情况发生重大变化，致使劳动合同无法履行的。

（2）裁员人数应当符合法律规定。一次性裁减人员在20人以上或裁减不足20人但是占企业职工总数的10%以上。

（3）裁员程序应当符合法律规定。用人单位提前30天向工会或者全体职工说明裁员的情况，并听取工会或者职工的意见之后，将裁员方案向劳动行政部门报告，才能开始裁员。

（4）裁员的限制性规定。在裁员时，应当优先留下《劳动合同法》第四十一条第二款规定的三类人员：与本单位订立较长期限的固定期限劳动合同的；与本单位订立无固定期限劳动合同的；家庭无其他就业人员，有需要扶养的老人或者未成年人的。

4. 禁止用人单位解除劳动合同的情形

《劳动合同法》第四十二条规定，从事接触职业病危害作业的劳动者未进行离岗前职业健康检查，或者疑似职业病病人在诊断或者医学观察期间的；在本单位患职业病或者因工负伤并被确认丧失或者部分丧失劳动能力的；患病或者非因工负伤，在规定的医疗期内的；女职工在孕期、产期、哺乳期的；在本单位连续工作满15年，且距法定退休年龄不足5年的；法律、行政法规规定的其他情形。这6种情形用人单位不得依照《劳动合同法》第四十条、第四十一条的规定解除劳动合同。

5. 约定解除劳动合同

约定解除又称协议解除，是指劳动合同双方当事人在没有法定的情况出现时，由于某种原因，在完全自愿的情况下，经过协商，在达成一致的基础上提前终止劳动合同的效力。

《劳动合同法》第三十六条规定了双方协商一致可以解除劳动合同，既可以在劳动合同的履行过程中进行协议解除，也可以在订立劳动合同时，在合同条款中约定，发生某种非法定情形时，双方一致同意提前解除劳动合同。

（二）劳动合同解除的法律责任

《劳动合同法》第四十三条规定了用人单位单方解除劳动合同的通知义务，即用人单位单方解除劳动合同的，应当事先将解除合同的理由通知工会，如果用人单位违反法律行政法规定或者劳动合同约定的，工会有权要求用人单位纠正，用人单位应当研究工会的意见，并将处理结果书面通知工会。

此外，依据《劳动合同法》第四十六条的规定，解除劳动合同，用人单位应当向劳动者支付经济补偿金，按劳动者在本单位工作的年限，每满1年支付1个月工资的标准向劳动者支付。6个月以上不满1年的，按1年计算；不满6个月的，向劳动者支付半个月工资的经济补偿。劳动者月工资，是指劳动者在劳动合同解除或者终止前12个月的平均工资，按照劳动者的应得工资计算，包括计时工资或者计件工资以及奖金、津贴和补贴等货币性收入。平均月工资高于用人单位所在直辖市、设区的市级人民政府公布的本地区上年度职工月平均工资3倍的，向其支付经济补偿的标准按职工月平均工资3倍的数额支付，向其支付经济补偿的年限最高不超过12年。平均月工资不足本地区上年度职工月平均工资3倍且高于当地最低工资标准的，按照实际的平均月工资进行支付，并且没有经济补偿年限的限制。劳动者在劳动合同解除或者终止前12个月的平均工资低于当地最低工资标准的，按照当地最低工资标准计算。劳动者工作不满12个月的，按照实际工作的月数计算平均工资。

用人单位违反《劳动合同法》的规定解除劳动合同，劳动者要求继续履行劳动合同的，用人单位应当继续履行；劳动者不要求继续履行劳动合同或者劳动合同已经不能继续履行的，用人单位应当依照《劳动合同法》

第八十七条的规定支付赔偿金。

用人单位应当在解除劳动合同时出具解除劳动合同的证明，证明中应当写明劳动合同期限、解除或者终止劳动合同的日期、工作岗位、在本单位的工作年限，并在15日内为劳动者办理档案和社会保险关系转移手续。

劳动者应当按照双方约定，办理工作交接。依法应当向劳动者支付经济补偿的，在办结工作交接时支付。

用人单位对已经解除的劳动合同的文本，至少保存二年备查。

【拓展案例】〔1〕

再审申请人李某因与被申请人北京锦江富园大酒店有限公司（以下简称富园酒店）劳动争议一案，不服北京市第二中级人民法院（2022）京02民终3184号民事判决，向北京市高级人民法院申请再审。北京市高级人民法院依法组成合议庭进行了审查，现已审查终结。

李某申请再审称，（1）二审法院对如下主要事实没有查清：①二审法院对富园酒店什么时间通知李某解除劳动关系的基本事实没有查清；②二审法院对富园酒店首次通知李某解除劳动的方式没有查清；③二审法院对解除合同成立的要件没有进行认定；④二审法院对富园酒店在本案中以口头方式通知李某解除合同的行为是否符合解除合同的法定要件没有进行认定；⑤二审法院对富园酒店2022年4月20日上午以开会决定的形式通知李某解除合同的方式是否发生法律效力没有查清并认定；⑥二审法院对富园酒店法定裁员开始执行的起止时间没有查清；⑦二审法院对富园酒店在裁员之前应当具备哪些条件没有查清；⑧二审法院对此次裁员是否存在程序违法没有查清；⑨《劳动合同法》第四十一条规定，听取工会或者职工的意见后，裁减人员方案经向劳动行政部门报告，可以裁减人员，本案中，富园酒店裁减人员方案经向劳动行政部门报告的时间没有查清；⑩二审法

〔1〕 李某诉北京锦江富园大酒店有限公司劳动争议案，北京市高级人民法院（2023）京民申3132号民事裁定书。

院对李某是否与富园酒店存在无固定期限劳动关系没有查清；⑪二审法院对李某家庭中是否还有其他就业人员没有查清；⑫二审法院对李某家中是否有需要扶养的老人或者未成年人或婴儿没有查清；⑬二审法院对富园酒店留用人员情况没有查清；⑭二审法院对富园酒店没有优先留用李某的原因没有查清；⑮二审法院对富园酒店安排李某调岗的情况没有查清。（2）公司裁员的流程是，第一步提前30日向工会或者全体职工说明情况；第二步听取工会或者职工的意见；第三步制定裁减人员方案；第四步向劳动行政部门报告；第五步开始裁减人员。本案中，北京经济技术开发区委员会事业局于2022年5月11日出具《收悉证明》，依据《劳动合同法》第四十一条，富园酒店在5月11日之前无权实施裁员行为。（3）在当事人行使解除权的情况下，解除合同的意思表示送达对方即可发生解除合同的效力，只需要对方知悉，不需要对方表示同意。本案中，李某认为，4月20日，自己已经知悉公司的解除通知。解除时间点已经非常明确，2022年4月20日为解除时间点。综上，李某认为，二审判决认定事实不清，证据不足，适用法律错误，故依据《民事诉讼法》的相关规定申请再审。

北京市高级人民法院经审查认为，二审法院确定案件的争议焦点是正确的。即李某主张富园酒店应向其支付违法解除劳动合同赔偿金应否支持。《劳动合同法》第四十一条第一款规定："有下列情形之一，需要裁减人员二十人以上或者裁减不足二十人但占企业职工总数百分之十以上的，用人单位提前三十日向工会或者全体职工说明情况，听取工会或者职工的意见后，裁减人员方案经向劳动行政部门报告，可以裁减人员：（一）依照企业破产法规定进行重整的；（二）生产经营发生严重困难的；（三）企业转产、重大技术革新或者经营方式调整，经变更劳动合同后，仍需裁减人员的；（四）其他因劳动合同订立时所依据的客观经济情况发生重大变化，致使劳动合同无法履行的。"本案中，根据富园酒店提交的《企业裁员工作方案》《员工调岗通知书》等在案证据，其在经济性裁员之前听取了工会意见并将裁减人员方案向劳动行政部门进行了报告，富园酒店实行经济性裁员的措施符合上述法律规定。当事人对自己提出的诉讼请求所依据的事实或者反驳对方诉讼请求所依据的事实，应当提供证据加以证明，但法律另有规定的除外。在作出判决前，当事人未能提供证据或者证据不足以证明其事实主张的，由负有举证证明责任的当事人承担不利的后果。李某主张富园酒店属于违法解除，坚持主张违法解除劳动合同赔偿金，但其未能提交充分有效的证据证明其主张，其应当承担举证不能的不利后果。一审、二审法院根据查明的事实及双方诉辩意见，综合在案证据，在对争议焦点充分论述的基础上，对李某该项主张未予支持，并无不当。综上，一审、二审判决认定事实清楚，适用法律正确，李某的再审申请不符合《民事诉讼法》第二百零七条规定的情形。

最终裁定驳回李某的再审申请。

专题十　青年就业中的职业道德问题研究

【典型案例】[1]

于某于2017年6月14日入职北京某公司，在公司的出纳岗位工作，双方签订了若干次劳动合同，末次劳动合同的期限截至2020年12月31日。于某入职时向公司提交的个人简历和员工入职登记表均载明其毕业于哈尔滨某学院。末次劳动合同期满前双方在沟通续签劳动合同时，公司发现于某提交的毕业证书是假的，于是要求于某补充提交毕业证书《学历电子注册备案表》《会计从业资格证书》，但于某未按要求提交且在聊天记录中向公司表示“不同意续签”，该公司于2021年5月21日以于某未满足其上述要求为由，认为于某放弃续签劳动合同，从而作出解除劳动关系的决定。后于某提起仲裁，要求确认自2017年6月14日起至2021年5月21日止与北京某公司存在劳动关系，并要求该公司支付解除劳动合同经济补偿金、2021年1月1日至5月21日未签订劳动合同二倍工资差额。仲裁裁决后双方均不服，于某向北京丰台法院提起诉讼。

【法理分析】

法院认为，于某认可其毕业证书是假证，且其向北京某公司提供了虚

〔1〕 商丽颖：《找工作？涨薪水？能力品德是关键、伪造简历不可取！》，载北京法院网2020年7月16日，https：//bjgy. chinacourt. gov. cn/article/detail/2022/01/id/6501699. shtml。

假学历证明的行为，致使北京某公司产生信赖并在违背真实意思的情况下与于某订立劳动合同，于某存在欺诈情形，双方签订的劳动合同应属无效合同。北京某公司要求于某补充提交相关学历材料，于某拒不提供并明确表示不同意续签劳动合同，在此情况下北京某公司与于某解除劳动关系，不违反法律规定，故对于某关于未签订劳动合同二倍工资差额及解除劳动合同经济补偿金的诉讼请求，不予支持。

根据《劳动法》《劳动合同法》的相关规定，劳动者在入职时向用人单位提交虚假的学历证明、采用欺诈手段使用人单位与其建立劳动关系，根据法律规定双方签订的劳动合同应属无效。因此，用人单位无须支付劳动者未签订劳动合同二倍工资差额及解除劳动合同经济补偿金。法院通过不支持伪造学历者请求经济补偿、未签订劳动合同二倍工资差额的方式，对“伪造学历”的行为予以否定评价，引导劳动者在求职应聘过程中向用人单位提供真实的学历等招聘重点信息，恪守诚实信用原则。

此外，司法实践中，求职者出于对就业歧视的担忧或者认为此类信息与工作内容无关，而选择隐瞒疾病、婚姻史等信息的现象较为常见，司法实践中应结合工作内容和岗位属性具体分析隐瞒行为是否具有欺诈性质。用人单位和劳动者在行使权利和履行义务时，都应当以“诚实信用原则”为基本要求，促进建立合法、诚信、和谐的劳动关系，推动形成良好的社会风尚。

【理论释义】

在青年中培育和践行社会主义核心价值观。引导青年勤学、修德、明辨、笃实，使社会主义核心价值观内化为青年的坚定信念，外化为青年的自觉行动。深入开展形式多样的青年群众性精神文明创建活动，引导青年大力弘扬社会公德、职业道德、家庭美德，培养良好个人品德，积极倡导和培育诚信品格，争当“向上向善好青年”，在引领社会文明风尚中发挥积极作用。面向企业青年，广泛开展岗位建功活动，引导他们正确看待个人、企业、社会、国家的关系，以积极、务实、理性的态度面对职业生涯中遇到的具体问题。面向进城务工青年，注重把解决思想问题与解决实际问题相结合，在排忧解难、传递关怀中引导他们心向党和政府、矢志拼搏奋斗。面向农村青年，广泛宣传党和政府的支农惠农政策，引导他们树立“农村天地广阔、青年大有可为”的思想认识。

一、职业道德概述

中共中央《关于加强社会主义精神文明建设若干问题的决议》中规定了各行各业都应共同遵守的职业道德的5项基本规范，即“爱岗敬业、诚实守信、办事公道、服务群众、奉献社会”。

爱岗敬业作为最基本的职业道德规范，是对人们工作态度的一种普遍要求。爱岗是对人们工作态度的一种普遍要求，就是热爱自己的工作岗位，热爱本职工作，忠于职守，为做好本职工作尽心竭力；敬业就是要用一种恭敬严肃的态度对待自己的工作，任何时候用人单位只会倾向于选择那些既有真才实学又踏踏实实工作，保持良好态度工作的人，劳动者只有养成干一行、爱一行、钻一行的职业精神，专心致志搞好工作，才能实现敬业的深层次含义。

诚实守信就是待人做事不弄虚作假，它是各行各业的行为准则，也是做人做事的基本准则，是社会主义最基本的道德规范之一。诚实就是表里如一，说老实话，办老实事，做老实人。守信就是信守诺言，讲信誉，重信用，忠实履行自己承担的义务；在工作中严格遵守国家的法律、法规和本职工作的条例、纪律，不以权谋私，不弄虚作假。

在劳动合同签订时，劳动者和用人单位均负有如实告知的法定义务。对于劳动者而言，除了要如实提交学历信息之外，常见的还需如实告知以下内容：（1）身份信息，不虚报年龄、不使用虚假身份入职，用虚假身份证入职本身也是违法的行为；（2）从业经历，学校毕业后到社会参加工作的经历，很多用人单位对从业经验有要求，劳动者必须真实详尽地说明其入职前的工作单位、工作年限、工作内容等；（3）身体状况，尤其是特殊环境作业比如餐饮、井下作业等对劳动者的年龄、身体情况就有特殊的要求，劳动者应如实告知；（4）特殊工种从业资格证书，在一些专业领域，从业资格证书是准入门槛，实践中存在劳动者为了上岗伪造职业技能证书如电工证、钳工证、注册工程师等情形，这样做是不可取的，不仅会给劳动者带来劳动合同履行的法律风险，而且也给用人单位的经营管理埋下隐患。

办事公道是指对人和事的一种态度，也是千百年来人们所称道的职业道德。它要求劳动者在办事情处理问题时，要站在公正的立场上，按照同一标准和同一原则办事；处理事务要公道正派、不偏不倚、客观公正、公平公开；对不同的服务对象一视同仁、秉公办事，不因职位高低、贫富亲疏的差别而区别对待。

服务群众就是为人民群众服务，有效地履职尽责。做好本职工作是服务人民最直接的体现。它是社会全体从业者通过互相服务，促进社会发展、实现共同幸福的手段之一；它是一种现实的生活方式，也是职业道德要求的一个基本内容；服务群众是社会主义职业道德的核心，它是贯穿于社会共同的职业道德之中的基本精神。

奉献社会这一道德自始至终体现在爱岗敬业、诚实守信、办事公道和服务群众的各种要求之中，它要求劳动者履行对社会、对他人的义务，自觉地、努力地为社会、为他人做出贡献；是一种对事业忘我的全身心投入。奉献社会并不意味着不要个人的正当利益，不要个人的幸福，奉献和个人利益是辩证统一的。[1]

劳动合同具有很强的人身针对性，劳动者作为一方当事人也不例外，用人单位与劳动者签订合同的基础就是双方对彼此的了解，对另一方履行合同、实现劳动过程的预期。基于诚实信用原则，劳动者应当亲自履行劳

〔1〕 社会主义职业道德（百度百科词条），载百度网 2021 年 2 月 28 日，https：//baike. baidu. com/item/。

动义务，而不得由他人代替。

劳动者应当不断提高自身素质和职业技能，全面履行劳动合同，保质保量完成劳动任务，不断提高自身的职业技能，贯彻落实劳动安全卫生规程，遵守劳动纪律和职业道德。完成劳动任务是劳动者最主要的义务，如果劳动者不能完成劳动任务，就违反了劳动合同的约定，用人单位可以因此解除劳动合同。提高职业技能，不仅是对劳动者自身素质的提高，对用人单位生产活动的顺利进行也有巨大的推动作用，更能从整个社会的层面提高整体劳动生产率。这也是劳动者在履行劳动合同过程中应尽的义务。执行劳动安全卫生规程，是安全生产的保障。安全保障一方面需要用人单位提供必备措施，另一方面也需要劳动者予以配合。

二、劳动合同的效力

劳动合同的有效要件通常散见于具体的劳动合同法律规范中，并没有集中的规定。从理论上归纳，立法中规定的劳动合同有效要件，一般包括：合同主体适格，即当事人都必须具备法定的主体资格；意思表示真实，即当事人自愿行为；符合法律规定，即内容合法，不违反社会公共利益、社会公德，形式合法，依据法律规定劳动合同必须是书面形式；订立程序合法，劳动合同当事人订立合同应当秉持协商一致、平等自愿的原则。

（一）无效劳动合同的认定问题[1]

劳动合同缺少有效要件时，会导致劳动合同的部分无效或者全部无效。全部无效就是劳动合同自始无效，可能会导致劳动关系的消灭；部分条款无效，是指在合同中部分内容具有相对独立性并且其内容不是当事人主要的缔约目的或主要意思表示的条款无效，不影响劳动合同的整体效力，其

〔1〕参见林嘉主编：《劳动法和社会保障法》（第4版），中国人民大学出版社2016年版，第138～139页。

他条款仍然有效，只是相关合同条款无效。

《劳动合同法》第二十六条规定了劳动合同无效和部分无效的情形，主要包括：（1）以欺诈、胁迫的手段或者乘人之危，使对方在违背真实意思的情况下订立或者变更劳动合同的；（2）用人单位免除自己的法定责任、排除劳动者权利的；（3）违反法律、行政法规强制性规定的。

对劳动合同的无效或者部分无效的认定主体，只能是劳动争议仲裁机构或人民法院。其他行政机关、司法机关都没有确认劳动合同无效的权力。

1. 主体不适格情况下劳动合同的效力

主体不适格是指劳动合同的一方或双方当事人不具有劳动法律规定的主体资格，即劳动者不具有劳动权利能力和劳动行为能力或者用人单位不具有用人权利能力和用人行为能力，在《劳动合同法》第二十六条中并没有这一规定。具体讲，劳动者应符合以下条件：一是达到法定年龄。根据《劳动法》第十五条的规定，我国最低就业年龄标准是 16 周岁。对一些特定行业，国家还规定不得招用未满 18 周岁的未成年人。二是身体健康。将患有精神病、因伤病完全丧失劳动能力的都视为无劳动行为能力。用人单位则必须是依法成立的，具有劳动用工权的经济组织，一般来讲，企业自其领取营业执照时起便是适格的用工主体。《劳动合同法》第九十三条规定，对不具备合法经营资格的用人单位的违法犯罪行为，依法追究法律责任；劳动者已经付出劳动的，该单位或者其出资人应当依照该法有关规定向劳动者支付劳动报酬、经济补偿、赔偿金；给劳动者造成损害的，应当承担赔偿责任。

2. 当事人意思表示不真实情况下劳动合同的效力

当事人意思表示不真实主要包括受欺诈和受胁迫两种情况。受欺诈，是指一方当事人故意捏造虚假情况或故意隐瞒真实情况，如作虚假劳动报酬的陈述、隐瞒恶劣劳动条件、提供假学历假文凭等，使对方陷入错误认识而与之订立劳动合同。受胁迫，是指一方故意以某种现实或将来的危害使他人陷入恐惧而订立劳动合同，某些合法行为如以揭发对方违法行为相要挟亦构成胁迫。

3. 合同内容不合法情况下劳动合同的效力

劳动合同的内容不得低于劳动基准和集体合同规定标准，必须符合法律、行政法规的强制性规定，否则内容无效。宪法、劳动法中存在大量对劳动者基本权利、劳动保护、工作时间、工资等方面的强制性规定，违反这些强制性规定的合同内容无效。如约定工伤概不负责、约定工作内容为违法犯罪活动等均属无效劳动合同。《劳动合同法》第十八条规定，劳动合同对劳动报酬和劳动条件等标准约定不明确，引发争议的，用人单位与劳动者可以重新协商；协商不成的，适用集体合同规定；没有集体合同或者集体合同未规定劳动报酬的，实行同工同酬；没有集体合同或者集体合同未规定劳动条件等标准的，适用国家有关规定。第八十一条规定，用人单位提供的劳动合同文本未载明本法规定的劳动合同必备条款或者用人单位未将劳动合同文本交付劳动者的，由劳动行政部门责令改正；给劳动者造成损害的，应当承担赔偿责任。

4. 显失公平情况下劳动合同的效力

双方当事人的权利义务严重不对等的劳动合同应认定为无效。在具体判断劳动合同的条款是否显失公平时，应依法律法规严格对待，只有在条款不公平性达到严重程度时，才否定其效力。对于一般程度的不公平条款，不能一概认定无效。

上述各种导致劳动合同无效的原因可因实际情况不同而有所差异。一般来说，对主体不适格的合同，应确认为全部无效，对其他原因导致的合同无效则应视具体情况，或全部无效，或部分无效。

（二）无效劳动合同的法律责任

无效劳动合同，自始无效。《劳动合同法》第二十六条规定，以欺诈、胁迫的手段或者乘人之危，使对方在违背真实意思的情况下订立的劳动合同无效。法律规定如果劳动合同被确认无效，劳动者已付出劳动的，用人单位应向劳动者支付劳动报酬。劳动报酬的数额，参照本单位相同或相近岗位劳动者的报酬确定。也就是说，劳动合同无效，但劳动者付出的劳动应得到相应的对价，用人单位还是应当支付劳动者相应的劳动报酬；同时，还要说明的是，如果劳动合同被确认无效，给对方造成损害的，有过错的一方应当承担赔偿责任。总之，因为合同无效而给劳动者或用人单位带来损失的，应当按照“过错责任原则”，谁的错谁担责；双方都有责任的，共同分担损失，共同承担责任。

【拓展案例】[1]

徐某2016年3月7日入职亿亨公司担任出纳，2016年3月25日公司前台以QQ形式通知加公司“赵总”微信，徐某加了该微信后，“赵总”说有一个合同临时取消，要求把钱退还到客户王某的账户。徐某称，亿亨公司前任出纳对其告知给赵总转账不需要走审批手续，直接通过网银转账即可。公司赵总确实有多个手机号，每个手机号都可以注册微信。故徐某听从“赵总”的微信指示安排将48万元汇至王某的账户。后“赵总”通过微信再让徐某汇款36万元，徐某觉得不妥，用亿亨公司赵总的另一个微信与赵总确认后，发现被诈骗，随后报警。公安机关立即将该刑事诈骗案立案侦查，尚无调查结果。亿亨公司诉至法院称，徐某作为公司的专业财务人员，在履行职务期间，未尽审查义务，存在重大过错，造成公司财产的巨额损失，应当承担赔偿责任。一审法院经审理后认为，徐某对亿亨公司的损害结果不具有故意及重大过失，且亿亨公司在财务管理上亦存在漏洞，故判决驳回亿亨公司的全部诉讼请求。亿亨公司不服，提起上诉。二审法院经审理认为，徐某作为刚入职员工对公司人事关系和内部管理并不熟知，且公司财务管理制度存在明显不规范情况，对于公司因职务风险遭受诈骗产生的经济损失不存在重大过错，故判决驳回上诉，维持原判。

---

〔1〕《遭遇电信诈骗员工是否要赔偿公司》，载微信公众号“朔城司法”2018年3月6日，https://mp.weixin.qq.com/s?_biz=MzI3OTM5ODc5Nw==&mid=2247486709&idx=3&sn=1a827796e6d1e6ff9d199fff82d9874a&chksm=eb491c17dc3e9501effc65a4923f09a21d4c3af99a13b5cf422c1c4ba41c6db3d39ac07620f7&scene=27。

第一种观点认为，劳动者不应承担赔偿责任。因第三人直接侵权造成公司的财产损失，与劳动者无关。自己行为，自己负责，公司损失应追及直接侵权人。特别是电信网络诈骗，欺骗性强、手段隐蔽，一般普通人难以识别防范，不能将此风险转嫁至劳动者承担。劳动法的基本精神是保护劳动者权益，劳动者的赔偿责任需要有明确的法律规定。劳动法和劳动合同法均没有规定，在第三人侵权下应由劳动者承担赔偿责任。

第二种观点认为，在劳动合同明确约定的情况下劳动者才承担赔偿责任。《工资支付暂行规定》第十六条规定，因劳动者本人原因给用人单位造成经济损失的，用人单位可按照劳动合同的约定要求其赔偿经济损失。经济损失的赔偿，可从劳动者本人的工资中扣除。但每月扣除的部分不得超过劳动者当月工资的20%。若扣除后的剩余工资部分低于当地月最低工资标准，则按最低工资标准支付。因此，首先需要认定系劳动者本人原因；其次需要合同明确约定赔偿责任。如合同没有约定，劳动者承担赔偿责任无法律依据。

第三种观点认为，劳动者在故意或重大过失下应承担相应的赔偿责任。劳动者履职过程中的行为系职务行为，代表用人单位对外处理事务，由单位承担一切法律后果。因遭受第三人侵权产生的损失，理应由单位承担。但是劳动者对用人单位具有忠实和勤勉义务，在履职过程中存在重大过错的情况下，应当根据诚实信用原则承担部分责任。

以用人单位自担风险为原则，以劳动者赔偿为例外。这个例外情形就是劳动者作为用人单位主体的一部分，存在不可控制的因素。让劳动者承担部分责任亦是为了督促劳动者认真积极履行职责。

劳动者确实存在直接故意的情况下，劳动者作为直接侵权人，应当承担财产的全部返还赔偿义务。在本案的电信网络诈骗犯罪中，一般考虑到劳动者恶意与犯罪分子或侵权人串通，共同诈骗公司财产。

用人单位在与劳动者签订劳动合同时即开始承担用人风险，对劳动者的行为负责。其法理基础在于劳动者受雇于企业，系企业之替身，受企业之支配。为了维持社会一般之安全，雇佣人须尽到一定的监督、管理、教育或控制义务。员工的行为，即企业自身行为；自己行为，自己负责，系民事责任的基本形态。《劳动合同法》第九十条规定，劳动者只有在违法解除劳动合同，或者违反劳动合同中约定的保密义务或者竞业限制，给用人单位造成损失的，才应当承担赔偿责任。除此之外，用人单位要求劳动者承担赔偿责任没有明确的法定责任依据。所以，在电信诈骗犯罪或第三人侵权的情况下，以用人单位自担损失为原则。

专题十一 青年就业中的劳务派遣和非全日制用工问题研究

【典型案例】[1]

2018年11月，西城区市政工程管理处与智选在线公司订立劳务派遣协议，约定派遣岗位和人员数量、派遣期限、劳动报酬和社会保险费的数额与支付方式以及违反协议的责任，其中规定每名派遣工每月工资2600～2800元。2018年12月19日，智选在线公司与王某签订固定期限劳动合同，合同期2年，自2018年12月19日至2020年12月18日，合同约定智选在线公司派遣王某至北京市西城区园林市政管理中心工作，工作岗位为绿化工，在用工单位期间的劳动报酬为2120元/月。

王某认为其与智选在线公司订立的劳动合同中约定的劳动报酬为2120元/月，然而西城区市政工程管理处与智选在线公司订立劳务派遣协议中约定每名派遣工每月工资2600元，劳动合同约定的工资数额低于劳动派遣协议约定的工资数额，差额达到480元，因此王某提出诉请，要求西城区市政工程管理处、智选在线公司共同承担2018年12月19日至2020年12月18日欠发工资差额48,000元。

西城区市政工程管理处、智选在线公司共同辩称，王某的工资已经结

---

〔1〕 王某诉北京市智选在线科技有限公司、北京市西城区市政工程管理处劳动争议案，北京市朝阳区人民法院（2022）京0105民初41004号民事判决书。

清，双方约定的工资标准就是基本工资 2120 元、绩效工资 480 元，另有加班费等。该约定符合劳务派遣协议的约定，故不同意王某的诉讼请求。

【法理分析】

法院在审理中，查明事实如下。智选在线公司提交了工资表，其中显示 2018 年 12 月至 2020 年 11 月，王某的基本工资每月均为 2120 元，绩效工资每月均为 480 元，以上金额为每月固定发放。另有高温补助、加班费、其他，上述款项非每月固定发放。王某每月的税前工资及扣除社保后的应发工资均高于 2600 元。王某认可该工资表的真实性。

法院认为：王某主张 2018 年 12 月 19 日至 2020 年 12 月 18 日存在欠发工资的情形，但是其认可真实性的工资表显示其每月基本工资 2120 元及绩效工资 480 元为固定发放工资，共计 2600 元，该数额并不低于项目合同书中的约定。王某的主张没有事实依据，其诉讼请求不予支持。最终驳回王某的诉讼请求。

【理论释义】

随着经济的发展和就业岗位的多元化，青年劳动者在就业方面的选择越来越多样化。大量“斜杠青年”的涌现，表明当前的青年人并不满足于只做一份工作，会同时兼任多个工作，这种情况下的青年劳动者权益的法律保护更需要关注。“斜杠青年”指的是一群不再满足“专一职业”的生活方式，而选择拥有多重职业和身份的多元生活的人群。该词来源于英文 slash，出自《纽约时报》专栏作家麦瑞克·阿尔伯撰写的书籍《双重职业》。这些人在自我介绍中会用斜杠进行区分，例如，张三，记者/演员/摄影师。由此“斜杠”便成了他们的代名词。“斜杠青年”越来越流行，已成为年轻人热衷的生活方式。[1]

一、劳务派遣

《劳动合同法》明确了劳务派遣单位和被派遣劳动者之间签订的劳动合同，属于劳动关系，那么，作为用人单位一方的劳务派遣单位就必须承担《劳动法》及《劳动合同法》中相关的义务和责任。

（一）劳务派遣合同的内容

1. 劳务派遣单位与被派遣劳动者订立的劳动合同，除应当载明《劳动合同法》第十七条规定的事项外，还应当载明被派遣劳动者的用工单位以及派遣期限、工作岗位等情况。劳务派遣只能在以下工作岗位上实施：（1）临时性工作岗位，即存续时间不超过 6 个月；（2）辅助性工作岗位，即为主营业务岗位提供服务的非主营业务岗位；（3）替代性工作岗位，即由于脱产学习、休假等原因无法工作的一定期间，可以由其他劳动者替代工作的岗位。辅助性岗位，应当经职工代表大会或者全体职工讨论，提出方案和意见，与工会或者职工代表平等协商确定，并在用工单位内进行公示。

劳务派遣单位应当与被派遣劳动者订立两年以上的固定期限劳动合同，也就是说双方的劳动合同最低年限为两年以上的固定期限劳动合同，也可以包括无固定期限的劳动合同，立法的目的在于增强劳动者与劳务派遣单位之间劳动关系的稳定性。

劳务派遣单位应当按月支付工资，并且在被派遣劳动者没有工作期间，仍然要支付劳动者当地人民政府所规定的最低工资以确保劳动者的基本生活得以保障。

2. 与用工的单位订立劳务派遣协议。劳务派遣协议应当约定派遣岗位

---

〔1〕“斜杠青年”，百度百科词条，载百度网 2022 年 12 月 20 日，https：//baike.baidu.com/item/%E6%96%9C%E6%9D%A0%E9%9D%92%E5%B9%B4/19447422。

和人员数量、派遣期限、劳动报酬和社会保险费的数额与支付方式以及违反协议的责任。

劳务派遣单位应当将劳务派遣协议的内容告知劳动者；不得克扣用工单位按照劳务派遣协议支付给被派遣劳动者的劳动报酬；不得向被派遣劳动者收取费用；被派遣劳动者在无工作期间，派遣单位应向劳动者支付报酬（最低工资）。

劳务派遣单位可以依法与被派遣劳动者约定试用期，但是只能约定一次试用期。

（二）用工单位的权利义务责任

用工单位应当执行国家劳动标准，提供相应的劳动条件和劳动保护；告知被派遣劳动者的工作要求和劳动报酬；支付加班费、绩效奖金，提供与工作岗位相关的福利待遇；对在岗被派遣劳动者进行工作岗位所必需的培训；连续用工的，实行正常的工资调整机制；用工单位不得将被派遣劳动者再派遣到其他用人单位；用工单位应当严格控制劳务派遣用工数量，使用的被派遣劳动者数量不得超过其用工总量的10%，用工总量就是订立劳动合同人数与使用的被派遣劳动者人数之和；协助工伤认定的调查核实工作；负责处理职业病诊断、鉴定事宜，并如实提供职业病诊断、鉴定所需的劳动者职业史和职业危害接触史、工作场所职业病危害因素检测结果等资料。

（三）劳务派遣单位的权利义务

劳务派遣单位就是用人单位，是与劳动者形成劳动关系的主体，应当按照《劳动法》《劳动合同法》等法律规范履行用人单位的权利义务，并且应当与劳动者签订2年以上的劳动合同，为劳动者缴纳社会保险。

（四）劳务派遣单位的法律责任

劳务派遣单位的责任就是通常所说的“雇主责任”，指的是在劳动者为完成劳动工作而造成他人人身或财产损害的，由单位承担赔偿责任。《民法典》第一千一百九十一条第二款规定：“劳务派遣期间，被派遣的工作人员因执行工作任务造成他人损害的，由接受劳务派遣的用工单位承担侵权责任；劳务派遣单位有过错的，承担相应的责任。”此规定明确了劳务派遣单位的法律责任，严格区分用工单位与劳务派遣单位的侵权责任。劳务派遣期间，被派遣的工作人员因执行工作任务造成他人损害的，由接受劳务派遣的用工单位承担侵权责任；劳务派遣单位有过错的，承担相应的补充责任。

（五）劳务派遣关系中劳动者的权利义务

劳务派遣关系中的劳动者，拥有劳动法、劳动合同法中规定的所有的权利义务。重要的权利义务是同工同酬权；依法参加或者组织工会，维护自身的合法权益；与劳务派遣单位解除劳动合同的权利。

（六）劳务派遣与劳务外包的区别

劳务派遣与劳务外包的区别有四个方面。

一是用工需求不同。对劳务派遣而言，用工单位需要的是派遣公司为自己提供约定数量的“派遣工”，至于派遣工完成多少工作量，与派遣公司并不相关。对劳务外包而言，发包单位需要的是外包公司为自己完成约定的“工作量”，至于承包方使用多少劳动力，与发包单位没有实质关系。

二是适用法律不同。劳务派遣适用《劳动合同法》的规定，在工作过程中，给劳动者造成损害的，劳务派遣单位与用工单位按《劳动合同法》的规定承担连带赔偿责任。劳务外包适用《民法典》的规定，即发包方和承包方之间按双方合同承担责任。

三是对劳动者的管理权限不同。劳务派遣作为一种用工形式，是派遣方、用工方、派遣工三方的法律关系；劳务派遣的劳动者主要由用工单位直接管理，要遵守用工单位的各项规章制度。劳务外包作为一个经营服务项目，产生的是发包方、承包方之间的法律关系；劳务外包中的劳动者，主要由承包方直接管理，发包方不得直接管理劳动者。

四是用工风险的承担者不同。劳务派遣作为一种劳动用工方式，用工单位作为劳务派遣三方法律关系中的一方主体，需承担一定的用工风险。劳务外包中，发包方与承包方自行承担各自的用工风险。

二、非全日制用工的法律规定

非全日制用工，是指以小时计酬为主，劳动者在同一用人单位一般平均每日工作时间不超过 4 小时，每周工作时间累计不超过 24 小时的用工形式。非全日制用工双方当事人既可以订立书面协议也可以订立口头协议。

从事非全日制用工的劳动者可以与一个或者一个以上用人单位订立劳动合同；但是，后订立的劳动合同不得影响先订立的劳动合同的履行。合同中不得约定试用期。双方当事人中任何一方都可以随时通知对方终止用工。终止用工，用人单位不向劳动者支付经济补偿。

非全日制用工小时计酬标准不得低于用人单位所在地人民政府规定的最低小时工资标准。劳动报酬结算支付周期最长不得超过 15 日。

实践中，在区分劳动关系与非全日制劳动关系时，应当仔细分析考量劳动者劳动的时间，用人单位支付劳动报酬的周期、劳动报酬的计算依据（是否以小时计算）以及劳动合同的约定内容等方面。具体见表 11－1。

表 11－1 非全日制用工与全日制用工的异同

项目	非全日制用工	全日制用工
工作时间不同	每天 4 小时，每周工作时间不超过 24 小时	每天工作不超过 8 小时，每周不超过 40 小时的标准工时制度
合同形式不同	可以书面劳动合同也可口头协议	书面劳动合同
合同解除后果不同	对经济补偿金没有明确的规定	一般情况下须向劳动者支付经济补偿金

续表

项目	非全日制用工	全日制用工
社会保险缴纳义务不同	只缴纳工伤保险	必须缴纳各种社会保险费用
工资支付周期不同	以小时计酬，结算支付周期最长不超过15日	应当按月以货币形式定时支付

【拓展案例】[1]

李某林于2014年9月4日入职中国人民解放军总医院，岗位是厨师，当日签订期限自2014年9月4日起至2015年9月4日的《劳动合同书》。2015年9月4日、2016年9月4日、2017年9月4日、2018年9月4日、2019年9月4日、2020年9月4日双方分别签订《劳动合同变更书》，变更约定的合同期限，其中2020年9月4日的《劳动合同变更书》约定“本合同期限为2014年9月4日至2020年9月4日，现变更为2014年9月4日至2021年9月4日”。解放军总医院于2021年9月2日向李某林送达《终止劳动合同通知书》，显示“鉴于您劳动合同于2021年9月3日到期，人事部已于一个月前以书面形式下发了劳动合同续签通知单，您本人阅读后并未进行是或否的签字。2021年9月2日您本人以面谈的形式与人事部进行沟通，明确表示不继续留在康馨大厦工作，请您于2021年9月4日前与部门办理完有关工作的相关事宜，2021年9月6日到人事部办理离职手续”。李某林在《人事部回执单》上签字确认，该回执单显示“本人已收到单位于2021年9月2日发出的终止劳动合同通知书，已完全阅读并理解内容”。李某林于2021年9月3日离职。

2021年11月，李某林向北京市海淀区劳动人事争议仲裁委员会（以下简称仲裁委）申请劳动仲裁，要求解放军总医院支付其：（1）违法终止劳动合同赔偿金102,200元；（2）2019年9月4日至2021年9月3日未休年

〔1〕 李某林诉中国人民解放军总医院劳动争议案，北京市海淀区人民法院（2022）京0108民初29860号民事判决书。

假工资14,940元；(3) 2014年9月4日至2021年9月3日超时、休息日加班费405,324元；(4) 2019年7月25日至2021年9月3日的工资差额11,803元。2022年4月22日，仲裁委出具京海劳人仲字［2022］第2772号裁决书，裁决：(1) 解放军总医院支付李某林2019年9月4日至2021年9月3日未休年休假工资6721.84元；(2) 驳回李某林的其他仲裁请求。解放军总医院认可裁决结果，李某林认可仲裁裁决结果第1项，不服其他项，于2022年5月7日诉至法院。

庭审中，双方就李某林的工资标准及构成有争议。李某林主张每月收入中除加班费不固定之外，其余均为固定的劳动收入，其离职前12个月的月均工资为7491.31元，为此其提供了三张工资条（均显示相对固定的工资构成为法定出勤日工资5382元、保险补助1100元以及数额不固定的加班工资）、银行流水。解放军总医院对上述证据的真实性予以认可，认可按照银行流水核算李某林的离职前12个月的月均收入为7491.31元，但主张工资构成中包括1100元社保补助，不应计算为李某林的收入，故离职前12个月的月均工资为6391.31元。李某林对此不予认可，主张社保补贴系解放军总医院单方拆分其劳动收入，双方未就支付社保补贴有明确的约定。就解放军总医院主张李某林的工资中包括1100元社保补贴，其未举证予以证实。

双方就终止劳动合同的原因有争议。李某林主张因解放军总医院单方变更了续签劳动合同的主体且不与其续签无固定期限劳动合同，故不同意继续留在康馨大厦工作。为证明其主张，李某林提供了如下证据：(1) 空白的《签订劳动合同回执单》原件，显示“李某林同志：您与康馨大厦的劳动合同于2021年9月4日到期，您是否愿意重新签订劳动合同（北京多宝力劳务派遣有限公司）。如愿意，请填写是，不愿意请填写否。请填写完毕后于2021年8月15日之前提交到人事部……”(2) 案外人李某某与解放军总医院之间的已经生效的京海劳人仲字［2022］第4401号裁决书，其中显示李某某提交的《劳动合同回执单》中所载内容为“您与康馨大厦的劳动合同于2021年2月7日到期，您是否愿意重新签订劳动合同（北京多宝力劳务派遣有限公司）”……李某某与人事王某某的对话录音显示，李某某称要续签以前的合同，王某某称“都没有了，签不了，全大厦都一样”，解放军总医院认可上述证据的真实性。

解放军总医院对上述证据 1 的真实性不予认可，对证据 2 的真实性认可，关联性、证明目的均不予认可，主张与李某林续签劳动合同的主体并未变更，已经为李某林发送了续签劳动合同通知书，但内容与李某林提交的不一致，因原件没有留底，故无证据向法庭提交，不存在康馨大厦只能签劳务派遣公司的情形。就解放军总医院主张的续订劳动合同的条件为原劳动合同约定的条件，未能提供任何证据证实。

法院认为，用人单位应当就劳动者的劳动报酬举证予以证实。本案根据查明的事实，解放军总医院虽主张李某林月工资包含保险补助 1100 元，但未就此举证证明，在李某林对此不予认可的情况下，该医院应当承担举证不能的不利后果，故法院认定 1100 元应视为李某林的劳动所得，进而认定李某林离职前 12 个月平均工资为 7491. 31 元。

关于未休年休假工资一节。双方均认可解放军总医院应支付李某林 2019 年 9 月 4 日至 2021 年 9 月 3 日未休年休假工资 6721. 84 元，法院不持异议并予以确认。

关于违法终止劳动合同赔偿金一节。解放军总医院与李某林连续多次在劳动合同期限届满前变更劳动合同期限，应视为双方对劳动合同连续多次的续订，故依据《劳动合同法》第十四条第二款第三项之规定，在解放军总医院未举证证明李某林存在相关法定情形的情况下，无权在李某林最后一次劳动合同到期后选择终止劳动合同。解放军总医院提供的相关证据仅显示李某林表示“不继续留在康馨大厦工作”，未显示解放军总医院续订劳动合同的具体条件以及李某林不继续留在康馨大厦工作的原因，现双方就续订条件产生争议的情况下，该医院未能举证予以证实，应当承担举证不能的不利后果。经核算，解放军总医院应当支付李某林违法终止劳动合同赔偿金 104, 878. 34 元。

综上所述，依据《劳动法》《劳动合同法》规定，判决如下：

（1）解放军总医院于本判决生效之日起 7 日内支付李某林违法终止劳

动合同赔偿金104, 878. 34 元；

（2）解放军总医院于本判决生效之日起 7 日内支付李某林 2019 年 9 月 4 日至 2021 年 9 月 3 日未休年休假工资 6721. 84 元；

（3）驳回李某林的其他诉讼请求。

如果未按本判决指定的期间履行给付金钱义务，应当依照《民事诉讼法》第二百六十条之规定，加倍支付迟延履行期间的债务利息。

案件受理费 10 元，李某林已预交，由解放军总医院负担，于本判决生效之日起 7 日内给付李某林。

专题十二 新业态经济中青年的劳动权益问题研究

【典型案例】[1]

2019年，李某经在甲公司食堂工作的王某介绍，入职甲公司从事厨师工作，并应甲公司要求与提供共享经济智能综合服务云平台的乙公司签订《共享经济自由职业者服务合作协议》（以下简称《共享服务协议》），李某按约定以自由职业者的身份在云平台上进行注册。甲公司于2020年1月19日、2020年2月28日分三次在云平台发布未载明内容的订单，李某在云平台上接收订单并领取了相应的服务费。2020年5月，王某告知李某，甲公司决定关闭食堂并对其解聘。

李某认为其与甲公司存在劳动关系，遂提起劳动仲裁，要求甲公司支付2020年1月至5月的工资、未休带薪年休假工资及解除劳动关系经济补偿金共计3万余元。

甲公司认为其公司与乙公司签订了《共享经济智能综合服务总包合作协议》，甲公司在云平台上发布任务，云平台自动匹配并向注册的自由职业者李某派单，李某接单后完成工作任务并领取报酬，故李某系与乙公司存在合作关系，与其公司不存在劳动关系。

---

〔1〕 管元梓：《互联网平台不是规避劳动关系认定的“避风港”》，载北京法院网2021年8月1日，https：//bjgy. chinacourt. gov. cn/article/detail/2021/07/id/6159624. shtml。

仲裁委员会认为李某与甲公司存在劳动关系，并裁决甲公司支付李某2020年1月至5月的工资8478.39元。甲公司不服仲裁裁决，向一审法院提起诉讼，请求判令无须支付李某2020年1月至5月的工资。一审法院经审理认为，李某与甲公司存在劳动关系，并对仲裁裁决结果予以确认。甲公司不服上诉，二审法院维持原判，现判决已经生效。

【法理分析】

甲公司和李某均符合法律、法规规定的用人单位和劳动者的主体资格；李某系经王某介绍到甲公司食堂工作，其在甲公司提供实际劳动，从事的工作由甲公司安排，接受甲公司的用工管理，工作内容系甲公司开展经营活动的辅助性工作；其劳动报酬虽系通过乙公司提供的云平台以服务费的形式支付，但最终的支付主体仍为甲公司。据此，甲公司虽然在与李某的用工关系中引入了乙公司提供的云平台服务，但乙公司对李某的实际招用及用工情况并非《共享服务协议》约定的通过互联网平台寻找、筛选、匹配、选用自由职业者的用工形式，其实质仍为传统的线下用工模式。该案系用人单位借助互联网科技公司提供的共享经济智能综合服务平台进行用工而规避劳动关系认定的典型案例。用人单位产生用工需求后，为避免与劳动者建立劳动关系、规避社会保险义务、降低用工成本，在自行招录劳动者后，不依法与劳动者订立劳动合同，而以共享经济的名义，要求劳动者以自由职业者的身份在互联网服务平台进行注册，并与该平台所属公司签订合作协议，建立合作关系，用人单位定期通过在互联网服务平台下单的方式为劳动者结算劳动报酬。该种用工形式虽引入互联网服务平台因素，但从用工情况来看，双方符合劳动关系的构成要件，应成立劳动关系。用人单位关于使用互联网平台用工而不成立劳动关系的主张不能成立。

用人单位应提高守法意识，与劳动者建立劳动关系应订立书面劳动合同，及时足额支付劳动报酬，并依法为劳动者缴纳社会保险。有用工需求的用人单位在招录劳动者后，应按照法律规定与劳动者订立书面劳动合同，明确约定双方的权利义务；在履行劳动合同过程中，应注意及时、足额支付劳动者的劳动报酬，建立和完善劳动规章制度，保障劳动者享有劳动权利、履行劳动义务。用人单位应避免借助互联网平台用工的表象规避劳动关系的认定及社会保障义务的承担。

劳动者应提高自身法律意识，遇用人单位借助互联网平台用工的情况应及时留存证据。劳动者应了解《劳动法》《劳动合同法》等法律法规的规定，做到知法懂法；遇用人单位借助互联网平台用工的情况，应避免与互联网平台及其所属公司订立与实际用工情况不符的合作协议，必要时可要求用人单位明确劳动关系归属，并留存证据，以备不时之需。

【理论释义】

《中长期青年发展规划》中明确提出在各类青年群体之间逐步实现社会保障均等化，充分覆盖青年急需的保障需求。着重两方面：一是加强对残疾青年的关心关爱和扶持保障。健全完善残疾青年教育、医疗、就业等方面的服务保障政策，进一步提高保障水平和服务能力。推动残疾青年平等参与社会生活、共享经济社会发展成果，依法保障残疾青年政治、经济、社会、文化教育权利。大力开展面向残疾青年的专业社会工作和志愿服务，鼓励和引导社会各界参与、支持残疾青年权益维护，培育理解、尊重、关心、帮助残疾青年的社会风尚。二是加强青年社会救助工作。完善社会救助制度，健全救助服务管理工作机制。加大对流浪未成年人的救助力度，促使其回归家庭，有针对性地解决流浪未成年人在心理、健康、技能等方面存在的问题。为家庭困难的失学、失业、失管青年提供就业、就学、就医、生活等方面的帮助。加大临时救助政策的落实力度，解决包括进城务工青年在内的困难群众突发性、紧迫性、临时性生活困难。切实解决部分农村留守儿童中存在的学业失教、生活失助、亲情失落、心理失衡、安全失保问题。大力推进城镇基本公共服务向常住人口全覆盖，为进城务工青年与其未成年子女共同生活提供生活居住、日间照料、义务教育、医疗卫生等方面的帮助。

劳动合同是劳动者与用人单位确立劳动关系、明确双方权利和义务的协议。建立劳动关系应当订立劳动合同。劳务合同是指劳务提供人与劳务接受人依照法律规定签订协议，劳务提供人向接受人提供劳务活动，接受人向提供人支付劳动报酬的合同。已过退休年龄的人与用人单位建立的法律关系属于劳务合同关系。在劳务合同中，雇主处于支配地位，雇员则处于被支配的从属地位。虽然双方当事人的法律主体地位在形式上平等，但在合同履行过程中，雇主与雇员之间的主体身份是不平等的。由于劳务合同在《劳动法》和《劳动合同法》中未明文规定，劳务合同纠纷适用《民法典》和最高人民法院《关于审理人身损害赔偿案件适用法律若干问题的解释》予以调整。

一、劳动合同与劳务合同的实践分析

（一）劳动合同与劳务合同的区别

1. 主体资格不同。劳动合同的主体一方是企业、个体经济组织、民办非企业单位等组织，即用人单位，另一方则是劳动者个人；劳务合同的主体双方当事人可以同时都是法人、组织、公民。

2. 主体性质及其关系不同。劳动合同的双方主体间存在经济关系和人身关系，即行政隶属关系，劳动者除提供劳动之外，还要接受用人单位的管理，服从其安排，遵守其规章制度等，属于用人单位的内部职工；劳务合同的双方主体之间存在经济关系，彼此之间不存在行政隶属关系，劳动者提供劳务服务，用人单位支付劳务报酬，各自独立、地位平等。

3. 雇主的义务不同。为了保护劳动者的合法权益，《劳动法》给用人单位强制性地规定了许多义务，如必须为劳动者缴纳养老保险、医疗保险、失业保险、工伤保险、生育保险，用人单位支付劳动者的工资不得低于政府规定的当地最低工资标准等，这些必须履行的法定义务，不得协商变更。

劳务合同的雇主一般没有上述义务，双方可以自由约定上述内容。

4. 调整的法律不同。劳务合同主要由民法调整，而劳动合同由《劳动法》和《劳动合同法》规范调整。

5. 不履行合同的法律责任不同。劳动合同不履行所产生的责任不仅有民事上的责任，还有行政上的责任，如用人单位支付劳动者的工资低于当地的最低工资标准，劳动行政部门会责令用人单位限期补足低于标准部分的工资，拒绝支付的，劳动行政部门同时还可以给用人单位警告等行政处分；劳务合同所产生的责任只有民事责任——违约责任和侵权责任，不存在行政责任。

6. 纠纷的处理方式不同。劳动合同纠纷发生后，当事人应当依照《劳动争议调解仲裁法》的规定，先到劳动仲裁委员会仲裁，除仲裁终局的案件以外，不服仲裁裁决的可以在法定期间内到人民法院起诉，劳动仲裁是前置程序；但劳务合同纠纷出现后可以由双方当事人协商解决，也可以直接起诉。

（二）劳动关系与雇佣关系的区别

1. 性质不同。劳动关系属于社会法调整的对象，而雇佣关系、劳务关系都属于民事关系的一种，属于私法范畴。

2. 主体不同。主体不同包括两个方面的内容：一是指在主体范围上，劳动关系的主体必定一方是劳动者，另一方是用人单位；而雇佣关系与劳务关系当事人双方只需要是平等的民事主体即可；二是指在主体之间的地位与关系上，劳动关系的主体具有人身关系上的从属性，一旦建立劳动关系，劳动者就成为用人单位的一员，需要接受用人单位的管理，包括规章制度与人事调动。这种从属性是劳动关系区别于雇佣关系与劳务关系的关键，在雇佣关系和劳务关系中，这种人身关系上的从属性较弱甚至不具备。雇佣关系中受雇人与雇佣人在人身关系上有相对的独立性，而在劳务关系中，双方是纯粹的财产关系而没有人身关系，由此产生三个法律后果：劳务合同的履行主体可替代，可以让他人替代履行；劳务合同如何履行，由劳务合同订立者自由安排；劳务合同中提供劳务的一方不享有社会保险和福利等权利。

3. 报酬确定依据不同。雇佣关系确定报酬的依据在于当时劳动力市场的价格，只需要受雇人提供了劳动，不论是否有劳动成果，均可取得报酬；而在劳务关系中，报酬的确定直接依赖于劳动成果及质量。

4. 法律风险不同。在雇佣关系中，受雇人只负责提供劳动，生产资料的筹措、劳动活动的组织等方面均由雇主负责，受雇人在受雇期内将获得劳动报酬；而在劳务关系中，由于劳务提供方具有高度的独立性，生产资料筹措以及劳动活动组织，甚至还有劳动力的购买，都由提供劳务一方提供。因此，劳务提供者需要支出一定的生产成本，有亏损的风险。

二、平台经济中的劳动关系

近年来，我国平台经济发展迅速，创造了大量的就业机会，出现大量的新职业，依托互联网平台就业的网约配送员、网约车驾驶员、货车司机、互联网营销师等新就业形态劳动者数量大幅增加，维护劳动者劳动保障权益面临新情况、新问题。外卖平台、平台入驻企业与平台劳动者之间的法律关系性质引发了社会的普遍关注。实践中，不同的平台之间用工模式存在差异，有的平台企业属于提供信息的中介；有的平台企业主要负责交易撮合；有的平台企业不仅提供信息、撮合交易，还对劳动者进行组织、管理、控制；有的平台企业利用所占有的数据信息，通过制定规则、设定算法等对劳动者的工作机会、劳动条件、劳动方式、劳动收入、进出平台自由等进行限制或施加影响，并由此获益等。平台企业不同的服务和管理方式直接影响平台企业与劳动者之间法律关系的认定。《关于维护新就业形态劳动者劳动保障权益的指导意见》（人社部发〔2021〕56号）中明确将平台企业与劳动者的关系分为5种，第一种是平台企业与劳动者之间符合确立劳动关系情形的；第二种是平台企业与劳动者之间不完全符合确立劳动关系情形，但企业对劳动者进行劳动管理；第三种是平台企业与劳动者之间没有劳动关系，主要是个人依托平台自主开展经营活动、从事自由职业等；第四种是平台企业采取劳务派遣等合作用工方式组织劳动者完成平台工作；第五种是采取外包等其他合作用工方式的情形。

以上5种情形，有不同的法律措施，对于第一种情形，企业应当依法与劳动者订立劳动合同；对于第二种情形，应当指导企业与劳动者订立书面协议，合理确定企业与劳动者的权利义务；对于第三种情形，则按照民事法律调整双方的权利义务；第四种情形中平台企业采用劳务派遣方式用工的，依法履行劳务派遣用工单位责任；第五种情形，需要根据事实认定平台企业和劳动者的关系，劳动者权益受到损害的，平台企业依法承担相应责任。

此外，平台企业还应当落实公平就业、健全最低工资制度和工资支付制度、完善休息制度、健全并落实劳动安全卫生责任制、完善基本养老保险、医疗保险相关政策、强化职业伤害保障、鼓励平台企业通过购买人身意外、雇主责任等商业保险，提升平台灵活就业人员保障水平等。

（一）网约配送员与平台企业之间的劳动关系

根据《关于发布智能制造工程技术人员等职业信息的通知》（人社厅发〔2020〕17号）的相关规定，网络配送员是指通过移动互联网平台等，从事接收、验视客户订单，根据订单需求，按照平台智能规划路线，在一定时间内将订单物品递送至指定地点的服务人员。网络配送员的主要工作任务包括5个方面：通过移动智能终端接收、验视、核对客户订单，包括但不限于数量、尺寸、规格、颜色、保质期、价格、地址；分类整理订单物品，编排递送顺序；按照客户要求及网络平台智能规划的配送路线，在一定时间内将订单物品递送至指定地点；处理无人接收、拒收、破损等递送异常情况；处理客户投诉及其他递送诉求。

网约配送员，俗称“外卖员”（外卖小哥），与外卖平台之间的法律关系多种多样。第一种是传统的劳动用工模式，即外卖平台直接雇佣劳动者；第二种是众包模式，外卖平台通过直接招募众包骑手或通过众包服务公司招募众包骑手；第三种是专送模式，外卖平台通过配送商招募专送骑手，进而演变为联合多家公司对骑手进行共同管理的网络状外包模式。此外，配送商与灵活用工平台合作，由平台将专送骑手注册为个体工商户，并让专送骑手以个体工商户名义与平台签订承揽协议等。第二种和第三种模式，平台所做的就是“法律隔离”（配送商、灵活用工平台、个体工商户）以降低用工风险，增加了用工关系的复杂化，一旦发生纠纷，很难判断谁是真正的用工主体，给新形态从业青年依法维权带来了极大挑战。[1]

（二）网络主播与文化主播公司之间的劳动关系

在传统演艺领域，企业以经纪人身份与艺人订立的合同通常兼具委托合同、中介合同、行纪合同等性质，并因合同约定产生企业对艺人的“管理”行为，但此类管理与劳动管理存在明显差异：从“管理”的主要目的看，企业除安排艺人从事演艺活动为其创造经济收益之外，还要对艺人进行培训、包装、宣传、推广等，使之获得相对独立的公众知名度和市场价值；而在劳动关系中，企业通过劳动管理组织劳动者进行生产经营活动，并不以提升劳动者独立的公众知名度和市场价值为目的。从“管理”事项的确定看，企业对艺人的管理内容和程度通常由双方自主协商约定，艺人还可以就自身形象设计、发展规划和收益分红等事项与企业进行协商；而在订立劳动合同时，单个劳动者与企业之间进行个性化协商的空间一般比较有限，劳动纪律、报酬标准、奖惩办法等规章制度通常由企业统一制定并普遍适用于企业内部的劳动者。此外，从劳动成果的分配方式看，企业作为经纪人，一般以约定的分成方式获取艺人创造的经济收益；而在劳动关系中，企业直接占有劳动者的劳动成果，按照统一标准向劳动者支付报酬及福利，不以约定分成作为主要分配方式。综上，企业作为经纪人与艺人之间的法律关系体现出平等协商的特点，而存在劳动关系的用人单位与

〔1〕 王群、陈诗銮：《新业态从业青年劳动权益保护的法理及路径探析》，载《中国青年社会科学》2022 年第 4 期。

劳动者之间则体现出较强的从属性特征，可据此对两种法律关系予以区分。[1]

【拓展案例】[2]

2018年4月27日，北京三快在线科技有限公司与丰渝公司签订了美团外卖合作协议，协议约定合作区域为重庆市南川区，丰渝公司使用北京三快在线科技有限公司的美团外卖平台在南川区开展的运营工作，协议有效期自2018年4月27日起至2020年6月13日止。2019年3月22日，北京三快在线科技有限公司与丰渝公司又补充签订了美团外卖合作协议，该协议确认乙方（丰渝公司）以其他账户收款：乙方收款账户信息见乙方另行签署的《商户银行账户信息》（乙方收款账户的开立及款项结算依据乙方另行签署的包括但不限于《钱袋宝支付服务协议》、《商户银行账户信息》、协议/文件的具体名称以实际签署的为准），其余条款与2018年4月27日签订的美团外卖合作协议的内容一致。

2020年5月22日，北京三快在线科技有限公司与锐勃公司签订了美团外卖合作协议，协议约定合作区域为重庆市南川区，锐勃公司使用北京三快在线科技有限公司的美团外卖平台在南川区开展的运营工作，协议有效期自2020年5月22日起至2021年6月12日止。丰渝公司签订的第1份和第2份美团外卖合作协议的第5.1.8条均约定“甲方承诺协议期内，乙方为本协议约定合作区域内，甲方唯一合作方及配送服务商”，锐勃公司签订的美团外卖合作协议的第5.1.8条约定“甲方承诺协议期内，除甲方自营区域（如有）外，乙方为本合作区域内唯一合作商”。丰渝公司租赁了南川区南洋城的门面作为站点从事美团外卖配送工作。

---

〔1〕《人力资源社会保障部　最高人民法院关于联合发布第三批劳动人事争议典型案例的通知》，载人力资源社会保障部网，http：//www.mohrss.gov.cn/wap/zc/zcwj/202305/t20230526_500567.html。

〔2〕罗某与重庆市丰渝网络科技有限公司等劳动争议案，重庆市南川区人民法院（2020）渝0119民初2962号民事判决书。

罗某于 2018 年 11 月 7 日起到南川区南洋城站点从事美团外卖配送工作，并与丰渝公司订立书面《劳动合同》，合同第一条约定，“甲、乙双方选择以固定期限形式签订本合同。合同期限满后自动续约。合同期限一年，即自 2018 年 11 月 7 日至 2019 年 11 月 6 日止”，第六条约定：“甲方按月每月 20 日前以货币形式足额支付乙方工资。给乙方基本薪酬 4 元/单的基本提成，根据顾客好评率给予 0.3 ~1 元每单的额外奖励。每月保底工资为 2000 元，即如果公司无法提供每月 500 单量将支付乙方 2000 元的保底工资。”后双方因协商另订立外卖配送承揽服务协议发生纠纷，罗某于 2020 年 2 月 26 日起未到丰渝公司从事外卖配送工作。丰渝公司于 2020 年 3 月 3 日通过短信向罗某发送返岗通知，要求其在 2020 年 3 月 5 日前返岗；丰渝公司于 2020 年 3 月 6 日再次通过短信向罗某发送返岗通知，要求在 2020 年 3 月 9 日前返岗；由于罗某未返岗，丰渝公司于 2020 年 3 月 10 日以罗某旷工严重影响公司经营秩序为由提出解除劳动合同，并通过短信向罗某送达《解除劳动合同通知书》。2020 年 3 月 10 日，罗某以锐勃公司未订立书面劳动合同、未参加社会保险、未安排带薪年休假为由解除劳动关系，并向锐勃公司邮寄《解除劳动关系通知书》，锐勃公司于 2020 年 3 月 12 日收悉该《解除劳动关系通知书》。2020 年 3 月 14 日，罗某以丰渝公司未订立书面劳动合同、未参加社会保险、未安排带薪年休假为由解除劳动关系，并向丰渝公司邮寄《解除劳动关系通知书》，丰渝公司于 2020 年 3 月 17 日收悉该《解除劳动关系通知书》。

2020 年 3 月 16 日，罗某以丰渝公司、锐勃公司为被申请人向重庆市南川区劳动人事争议仲裁委员会申请仲裁，请求裁决被申请人锐勃公司支付未签劳动合同双倍工资差额 21,389.2 元、二被申请人返还押金 150 元、支付经济补偿金 8020.95 元和未休年休假工资报酬 1475.1 元。

重庆市南川区劳动人事争议仲裁委员会经审理后于 2020 年 4 月 30 日作出南川劳人仲案字（2020）第 135 号仲裁裁决书，裁决丰渝公司支付罗某带薪年休假报酬 919.54 元。罗某对该仲裁不服，遂诉至法院。

一审法院查明，丰渝公司于 2016 年 5 月 27 日在重庆市綦江区市场监督管理局登记成立，股东为杨某和刘某，法定代表人为杨某，2020 年 5 月 12 日法定代表人变更登记为黄某容。锐勃公司于 2019 年 1 月 8 日在重庆市南川区市场监督管理局登记成立，股东为杨某和刘某，法定代表人为杨某。丰渝公司与锐勃公司的经营范围基本一致。丰渝公司、锐勃公司既未为罗某参加社会保险，又未在劳动合同期限届满后与其续签书面劳动合同。在 2019 年 3 月之前，罗某的劳动报酬通过签字领取现金的方式发放。2019 年 4 月之后的劳动报酬通过银行转账方式按月发放，分别为 2019 年 4 月 4652.5 元、5 月 3695 元、6 月 4767.7 元、7 月 6229.7 元、8 月 7470.4 元、9 月 5639.5 元、10 月 5500.3 元、11 月 4281.8 元、12 月 5527 元，2020 年 1 月 5709.1 元、2 月 1057.8 元。

一审诉讼中，罗某出示其用于办理健康证备案的锐勃公司的营业执照复印件、锐勃公司代理南川部分商家入驻美团外卖平台所签订的部分《代理服务合同》电子合同网签件、骑手许某的社会保险个人参保证明、2020 年 2 月 25 日会议录音光盘及文字整理资料等证据，拟证明锐勃公司实际从事南川区域美团外卖的管理工作，与其关联公司丰渝公司是罗某的共同用人单位，二公司对此虽然不予认可，但未提供证据予以反驳。丰渝公司和罗某均认可罗某的工资是北京钱袋宝支付技术有限公司通过银行转账方式支付的，丰渝公司陈述是该公司委托北京钱袋宝支付技术有限公司支付的。双方当事人均认可罗某劳动合同期限届满后发放的第 2 个月的工资作为开始计算双倍工资差额。

一审法院认为：第一，关于丰渝公司、锐勃公司是否存在共同用工的认定问题。首先，丰渝公司与罗某于 2018 年 11 月 7 日签订书面劳动合同，合同到期后双方虽未签订书面劳动合同，但罗某根据原劳动合同继续在丰渝公司从事外卖配送工作并获取劳动报酬，因此罗某与丰渝公司存在劳动关系。其次，根据查明的事实，由于二公司股东相同、业务经营范围相同，并且 2020 年 5 月 12 日丰渝公司的法定代表人变更前与锐勃公司的法定代表人相同，因此依法认定二公司之间具有关联性。虽然丰渝公司与北京三快在线科技有限公司签订了美团外卖合作协议，在 2018 年 4 月 27 日至 2020

年6月13日取得了重庆市南川区域美团外卖平台代理和管理商户入驻经营资格，但在该经营期间和授权区域内，锐勃公司对外招揽外卖配送业务，并与商户签订外卖配送代理服务协议，为部分骑手员工提供锐勃公司作为用工单位的营业执照用于办理健康证，与个别骑手签订书面劳动合同，参加社会保险，并在2020年2月25日与南川美团外卖骑手代表共同磋商薪酬待遇、社会保险等劳动关系事宜。锐勃公司的上述行为，足以认定锐勃公司以自己的名义参与了丰渝公司对南川区域美团外卖的管理和经营。因此可以依法确定锐勃公司与丰渝公司招聘的骑手之间存在用工关系。综上，丰渝公司、锐勃公司与南川美团外卖所有骑手构成共同用工关系，依法应当承担共同责任。二公司以丰渝公司是经营者，锐勃公司未参与经营，且二公司不是关联公司为由主张锐勃公司不是罗某的用人单位，且双方不存在劳动关系，与事实不符，依法不予采信。

第二，关于未签订劳动合同二倍工资差额的问题。虽然罗某与丰渝公司于2018年11月7日签订了书面劳动合同约定了双方合同期限为1年，即自2018年11月7日至2019年11月6日，合同期限满后自动续约。但是合同到期后，该公司一直未与罗某签订续约后的书面劳动合同，根据《劳动合同法》第八十二条第一款“用人单位自用工之日起超过一个月不满一年未与劳动者订立书面劳动合同的，应当向劳动者每月支付二倍的工资”的规定，二公司应支付罗某未签订书面劳动合同的二倍工资差额12,293.9元（5527元+5709.1元+1057.8元）。

第三，关于经济补偿金问题。罗某于2020年2月26日起未到公司工作，并经丰渝公司于3月3日、3月6日两次通知返岗而未返岗，由此应认定罗某的行为是旷工行为。丰渝公司于2020年3月10日以严重违反劳动纪律为由通过手机短信形式向其发出解除劳动合同通知的行为合法有效，因此，依法认定双方之间的劳动关系于2020年3月10日解除，二公司在该情形下依法无须支付经济补偿金。虽然罗某向二公司寄送书面解除劳动合同通知，但罗某的解除行为发生在双方解除劳动关系之后，依法不产生法律效力。对于罗某提出因公司要求全体员工另订立外卖配送承揽服务协议侵犯了其合法权益，导致双方发生纠纷经相关部门协调无果而未上班，是罗某正当的维权行为，不能确定为违反劳动纪律的旷工行为，以及另提出公司将其工号删除，导致其无法继续工作的辩解意见，因其未举示充分证据予以证明，依法不予采纳。对罗某主张二公司支付经济补偿金的诉讼请求，依法不予以支持。

第四，关于带薪年休假工资报酬问题。罗某于2018年11月7日入职，于2020年3月10日解除劳动关系，因此其依法从连续工作满1年（2019年11月24日）起享受带薪年休假，根据其在2019年度的剩余日历天数和2020年度的已过日历天数计算，其在2019年度带薪年休假和2020年度带薪年休假的天数均不足1整天，因此依法不支付带薪年休假工资报酬。

第五，关于押金问题。罗某未举证证明丰渝公司收取押金，因此对其主张退还押金150元的证据不足，法院依法不予支持。

综上，丰渝公司、锐勃公司应支付罗某未签订书面劳动合同的二倍工资差额12,293.9元。对于罗某主张的其他诉讼请求，于法无据，依法予以驳回。据此，依照《劳动法》第二十五条第二项，《劳动合同法》第十条、第四十六条、第八十二条，《职工带薪年休假条例》第二条、第三条，《企业职工带薪年休假实施办法》第三条、第五条、第十条、第十一条、第十二条，最高人民法院《关于适用〈中华人民共和国民事诉讼法〉的解释》第九十条之规定，判决：（1）由丰渝公司、锐勃公司于判决生效之日起10日内支付罗某二倍工资差额12,293.9元。（2）驳回罗某的其他诉讼请求。案件受理费10元，由丰渝公司、锐勃公司共同负担。

罗某、锐勃公司、丰渝公司均不服判决，提出上诉，二审法院经审理认为一审判决认定事实清楚，适用法律正确，判决驳回上诉，维持原判。

专题十三　青年就业中的劳动保障问题研究

【典型案例】[1]

罗某均系重庆市涪陵志大物业管理有限公司（以下简称涪陵志大物业公司）保安。2011 年 12 月 24 日，罗某均在涪陵志大物业公司服务的圆梦园小区上班（24 小时值班）。8 时 30 分左右，在兴华中路宏富大厦附近有人对一过往行人实施抢劫，罗某均听到呼喊声后立即拦住抢劫者的去路，要求其交出抢劫的物品，在与抢劫者搏斗的过程中，不慎从 22 步台阶上摔倒在巷道拐角的平台上受伤。罗某均于 2012 年 6 月 12 日向被告重庆市涪陵区人力资源和社会保障局（以下简称涪陵区人社局）提出工伤认定申请。涪陵区人社局当日受理后，于 2012 年 6 月 13 日向罗某均发出《认定工伤中止通知书》，要求罗某均补充提交见义勇为的认定材料。2012 年 7 月 20 日，罗某均补充了见义勇为的相关材料。涪陵区人社局核实后，根据《工伤保险条例》第十四条第七项之规定，于 2012 年 8 月 9 日作出涪人社伤险认决字〔2012〕676 号《认定工伤决定书》，认定罗某均所受之伤属于因工受伤。涪陵志大物业公司不服，向法院提起行政诉讼。在诉讼过程中，涪陵区人社局作出《撤销工伤认定决定书》，并于 2013 年 6 月 25 日根据《工伤保险条例》第十五条第一款第二项之规定，作出涪人社伤险认决字〔2013〕

---

〔1〕 重庆市涪陵区志大物业管理有限公司诉重庆市涪陵区人力资源和社会保障局劳动和社会保障行政确认案，最高人民法院指导案例 94 号（2018 年）。

524 号《认定工伤决定书》，认定罗某均受伤属于视同因工受伤。涪陵志大物业公司仍然不服，于 2013 年 7 月 15 日向重庆市人力资源和社会保障局申请行政复议，重庆市人力资源和社会保障局于 2013 年 8 月 21 日作出渝人社复决字〔2013〕129 号《行政复议决定书》，予以维持。涪陵志大物业公司认为涪陵区人社局的认定决定适用法律错误，罗某均的受伤依法不应认定为工伤。遂诉至法院，请求判决撤销《认定工伤决定书》，并责令被告重新作出认定。另查明，重庆市涪陵区社会管理综合治理委员会对罗某均的行为进行了表彰，并作出了涪综治委发〔2012〕5 号《关于表彰罗某均同志见义勇为行为的通报》。

重庆市涪陵区人民法院于 2013 年 9 月 23 日作出（2013）涪法行初字第 00077 号行政判决，驳回涪陵志大物业公司要求撤销被告作出的涪人社伤险认决字〔2013〕524 号《认定工伤决定书》的诉讼请求。一审宣判后，双方当事人均未上诉，裁判现已发生法律效力。

【法理分析】

涪陵区人社局是县级劳动行政主管部门，根据国务院《工伤保险条例》第五条第二款的规定，具有受理本行政区域内的工伤认定申请，并根据事实和法律作出是否工伤认定的行政管理职权。被告根据第三人罗某均提供的重庆市涪陵区社会管理综合治理委员会《关于表彰罗某均同志见义勇为行为的通报》，认定罗某均在见义勇为中受伤，事实清楚，证据充分。罗某均不顾个人安危与违法犯罪行为作斗争，既保护了他人的个人财产和生命安全，也维护了社会治安秩序，弘扬了社会正气。法律对于见义勇为的行为，应当予以大力提倡和鼓励。

《工伤保险条例》第十五条第一款第二项规定："职工……在抢险救灾等维护国家利益、公共利益活动中受到伤害的"，视同工伤。据此，虽然职工不是在工作地点、由于工作原因受到伤害，但其是在维护国家利益、公共利益活动中受到伤害的，也应当按照工伤处理。公民见义勇为，与违法犯罪行为作斗争，与抢险救灾一样，同样属于维护社会公共利益的行为，应当予以大力提倡和鼓励。因见义勇为、制止违法犯罪行为而受到伤害的，应当适用《工伤保险条例》第十五条第一款第二项的规定，即视同工伤。

另外，《重庆市鼓励公民见义勇为条例》为重庆市地方性法规，其第十九条、第二十一条进一步明确规定，见义勇为受伤视同工伤，享受工伤待遇。该条例的上述规定符合《工伤保险条例》的立法精神，有助于最大限度地保障劳动者的合法权益、最大限度地弘扬社会正气，在本案中应当予以适用。

【理论释义】

加强青年就业权益保障。完善青年就业、劳动保障权益保护机制，加大劳动保障监察执法、劳动人事争议调解仲裁诉讼、安全生产监管监察工作力度。加强人力资源市场监管，规范招人用人制度，营造公平就业环境。完善失业保险、社会救助与就业的联动机制。这是《国家中长期青年发展规划纲要》中提出的主要任务之一。

社会保障作为法律概念，最早出现在美国1935年的《社会保障法》中。作为社会保障法核心内容的“社会保障”，早在1883—1891年就已由德国政府创立。

在社会保障创立后的一百多年的历程中，人们对“社会保障”的含义作了多种相关的表述。

联合国国际劳工组织对“社会保障”的定义是：社会通过采取一系列的公共措施向其成员提供保护，以便与由于疾病、生育、工伤、失业、伤残、年老和死亡等原因造成停薪或大幅度减少工资而引起的经济和社会贫困进行斗争，并提供医疗和对有子女的家庭实行补贴法。

英国《牛津法律大辞典》一书中“社会保障”的定义是：社会保障是对一系列相互联系的、旨在保护个人免除因年老、疾病、残疾或失业而遭受损失的法律的总称。

德国学者的定义是：社会保障旨在使竞争中失败的人不致遭受灭顶之灾，并能获得重新参与竞争的机会；并为那些由于失去劳动能力或遭受意外困难而不能参加竞争的人，提供生活保障。

美国人认为社会保障是根据立法建立的，为人们提供由于年老、疾病、失业、伤残等原因中断或丧失劳动能力的经济保护，因结婚、生育和死亡带来的特殊开支以及抚育子女的家庭津贴的保障体系。

日本学者认为社会保障是在国民生活中出现收入中断或永久丧失时，国家为保障其最低生活水平的收入而制定的综合性的措施和制度。

我国在第七个五年计划（1980—1985 年）中开始使用“社会保障”一词。在我国，社会保障是国家通过法律对社会成员在生、老、病、死、伤、残、丧失劳动力或因自然灾害面临生活困难时给予物质帮助，以此保障每个公民的基本生活需要的制度。

总之，社会保障是为丧失劳动能力以及需要某些特殊帮助者提供的维持其基本生活需要的保障制度。社会保障法是调整社会保障关系的法律规范的总称，在内容上，包括社会保险关系、社会救济关系、社会福利关系、社会优抚关系。目前，在我国主要是人力资源和社会保障部负责社会保险、补充保险；民政部负责社会救助、社会福利、慈善福利事业；卫生健康委员会负责新型农村合作医疗；住房和城乡建设部负责住房保障；军管部门负责军人保障（属于社会优抚）。

社会保险法是社会保障制度的主要内容，是国家对公民在患病、伤残、失业、年老等情况下给予帮助的法律制度。这个制度具有社会性、强制性、互济性、补偿性。它是一项法定的社会保障制度；要求劳动者及其用人单位强制参加的；是国家对劳动者履行的社会责任，也是劳动者应该享受的基本权利。

我国目前有三部统一的社会保险法律法规，一是 2010 年 10 月 28 日全国人大常委会颁布，2011 年 7 月 1 日实施，2018 年予以修订的《社会保险法》；二是 2011 年 6 月 29 日人力资源和社会保障部颁布，2011 年 7 月 1 日实施的《社会保险法实施条例》；三是 1999 年 1 月 22 日国务院颁布，自颁布之日起实施的《社会保险费征缴暂行条例》，该条例于2019年修订。

我国《劳动法》规定，“国家发展社会保险事业，建立社会保险制度”。这个多层次的社会保险制度包括：

（1）以社会保险基金为主渠道的社会保险。

（2）用人单位补充保险。这是以提高保险待遇，或者在特殊情况下不致使保险待遇水平降低而设立的社会保险措施。

（3）储蓄性保险。即由劳动者个人以储蓄方式进行，既有将保险功能和储蓄功能相结合、大多是保险公司推出的险种，常见的有寿险、教育险等；也有单纯的劳动者在银行的各种期限的存款，如活期存款、一年期存款、三年期存款等。

我国目前社会保险主要包括养老、失业、工伤、医疗和生育五项保险内容。其中养老保险、医疗保险、失业保险实行社会统筹和个人账户相结合，均是由国家、用人单位和劳动者个人三方共同负担的。

工伤保险、生育保险由国家和用人单位负担，劳动者个人不需缴纳相关费用。

一、养老保险

我国当前的养老方式是多方面的，有国家基本养老保险、个人储蓄养老、家庭养老等。现行社会保障法律规定的仅是国家基本养老保险，是指在劳动者达到法定退休年龄并累计缴纳社会保险费满15年后，由国家和社会依法给予一定的物质帮助，以维持其老年生活的一种社会保险法律制度。达到法定退休年龄时累计缴费不足15年的，可以缴费至满15年，按月领取基本养老金；也可以转入新型农村社会养老保险或者城镇居民社会养老保险，按照国务院规定享受相应的养老保险待遇。

现行《社会保险法》规定，职工（特指城镇企事业单位的职工）应当参加基本养老保险，由用人单位和职工共同缴纳基本养老保险费。无雇工的个体工商户、未在用人单位参加基本养老保险的非全日制从业人员以及其他灵活就业人员可以参加基本养老保险，由个人缴纳基本养老保险费。用人单位缴纳基本养老保险费的比例不超过企业工资总额的20%，个人缴纳的标准为缴费工资的8%，基本养老金由统筹养老金和个人账户的养老金组成，统筹养老金是以当地上年度在岗职工月平均工资和本人指数化月平均缴费工资的平均值为基数，缴费每满1年发给1%，个人缴费工资基数越高、缴费年限越长，基础养老金就越高；个人账户养老金是个人账户的全部储存额除以计发月数，个人缴费工资基数越高、缴费年限越长、投资收益率越高，个人账户养老金也就越高。

基本养老金根据个人累计缴费年限、缴费工资、当地职工平均工资、个人账户金额、城镇人口平均预期寿命等因素确定。

新型农村社会养老保险实行个人缴费、集体补助和政府补贴相结合。新型农村社会养老保险待遇由基础养老金和个人账户养老金组成。参加新型农村社会养老保险的农村居民，符合国家规定条件的，按月领取新型农村社会养老保险待遇。

国家建立和完善城镇居民社会养老保险制度。省、自治区、直辖市人民政府根据实际情况，可以将城镇居民社会养老保险和新型农村社会养老保险合并实施。

二、医疗保险

医疗保险是劳动者在工作中遇到非工作原因的疾病而给予的社会保障。依据《社会保险法》的规定，我国的医疗保险制度分为城镇职工基本医疗保险、新型农村合作医疗、城镇居民基本医疗保险。

城镇职工基本医疗保险，由用人单位和职工按照国家规定共同缴纳基本医疗保险费。城镇居民基本医疗保险实行个人缴费和政府补贴相结合。职工达到法定退休年龄时累计缴费达到国家规定年限的，退休后不再缴纳基本医疗保险费，按照国家规定享受基本医疗保险待遇；未达到国家规定年限的，可以缴费至国家规定年限。用人单位缴纳基本医疗保险费的比例不超过企业工资总额的6%，各地的比例规定不同，北京是9%，上海是10%；个人缴纳的标准为缴费工资的2%。

三、失业保险

世界各国中，法国是世界上最早建立失业保险制度的国家，英国是第一个实行强制性失业保险制度的国家。我国实行强制性失业保险制度，《社会保险法》规定城镇职工应当参加失业保险，由用人单位和职工按照国家规定共同缴纳失业保险费。

失业人员符合下列条件的，从失业保险基金中领取失业保险金：（1）失业前用人单位和本人已经缴纳失业保险费满一年的；（2）非因本人意愿中断就业的；（3）已经进行失业登记，并有求职要求的。失业人员失业前用人单位和本人累计缴费满1年不足5年的，领取失业保险金的期限最长为12个月；累计缴费满5年不足10年的，领取失业保险金的期限最长为18个月；累计缴费10年以上的，领取失业保险金的期限最长为24个月。重新就业后，再次失业的，缴费时间重新计算，领取失业保险金的期限与前次失业应当领取而尚未领取的失业保险金的期限合并计算，最长不超过24个月。用人单位应当及时为失业人员出具终止或者解除劳动关系的证明，并将失业人员的名单自终止或者解除劳动关系之日起15日内告知社会保险经办机构。失业人员应当持本单位为其出具的终止或者解除劳动关系的证明，及时到指定的公共就业服务机构办理失业登记。失业人员凭失业登记证明和个人身份证明，到社会保险经办机构办理领取失业保险金的手续。失业保险金领取期限自办理失业登记之日起计算。

失业人员在领取失业保险金期间有下列情形之一的，停止领取失业保险金，同时停止享受其他失业保险待遇：（1）重新就业的；（2）应征服兵役的；（3）移居境外的；（4）享受基本养老保险待遇的；（5）无正当理由，拒不接受当地人民政府指定部门或者机构介绍的适当工作或者提供的培训的。

失业保险金的标准，由省、自治区、直辖市人民政府确定，不得低于城市居民最低生活保障标准。失业人员在领取失业保险金期间，参加职工基本医疗保险，享受基本医疗保险待遇。失业人员应当缴纳的基本医疗保险费从失业保险基金中支付，个人不缴纳基本医疗保险费。

四、工伤保险

工伤是指劳动者在从事职业活动或者与职业责任有关的活动时所遭受的事故伤害和职业病伤害。工伤保险制度是我国社会保障制度的重要组成部分，也是保障职工合法权益的坚强后盾。社会保险行政部门对职工所受伤害是否属于工伤的认定是工伤职工能否获得工伤医疗救治和经济补偿的前提条件和关键环节。

（一）工伤保险的概念和特征

工伤保险，是指劳动者在工作中或在规定的特殊情况下，遭受意外伤害或职业病导致暂时或永久丧失劳动能力以及死亡时，劳动者或其遗属从国家和社会获得物质帮助的一种社会保险制度。其主要特征如下。

1. 工伤保险的对象是在生产劳动过程中的全体劳动者。由于职业危害无处不在、无时不在，任何人都不能完全避免职业伤害，因此工伤保险作为抗击职业危害的保险制度适用于所有职工。任何职工发生工伤事故或遭受职业疾病，都应毫无例外地获得工伤保险待遇。

2. 工伤保险的责任具有赔偿性。工伤即职业伤害所造成的直接后果是伤害到职工的生命健康，并由此造成职工及家庭成员的精神痛苦和经济损失，也就是说劳动者的生命健康权、生存权和劳动权受到影响、损害甚至被剥夺了。因此工伤保险是基于对工伤职工的赔偿责任而设立的一种社会保险制度，其他社会保险是基于对职工生活困难的帮助和补偿责任而设立的。

3. 工伤保险实行无过错责任原则。无论工伤事故的责任归于用人单位还是职工个人或第三者，只要被认定为工伤，用人单位或社会保险机构就应承担保险责任。

4. 工伤保险不同于养老保险等险种，劳动者不需缴纳保险费，全部费用由用人单位负担。投保人是单位。

5. 工伤保险的目的在于对职业伤害的预防和受害者的事后救济相结合。

（二）工伤保险的情形

1. 应当认定为工伤的情形

《工伤保险条例》第十四条规定："职工有下列情形之一的，应当认定为工伤：（1）在工作时间和工作场所内，因工作原因受到事故伤害的；（2）工作时间前后在工作场所内，从事与工作有关的预备性或者收尾性工作受到事故伤害的；（3）在工作时间和工作场所内，因履行工作职责受到暴力等意外伤害的；（4）患职业病的；（5）因工外出期间，由于工作原因受到伤害或者发生事故下落不明的；（6）在上下班途中，受到非本人主要责任的交通事故或者城市轨道交通、客运轮渡、火车事故伤害的；（7）法律、行政法规规定应当认定为工伤的其他情形。"

2. 视同工伤的情形

职工有下列情形之一的，视同工伤：①在工作时间和工作岗位，突发疾病死亡或者在48小时之内经抢救无效死亡的；②在抢险救灾等维护国家利益、公共利益活动中受到伤害的；③职工原在军队服役，因战、因公负伤致残，已取得革命伤残军人证，到用人单位后旧伤复发的。

（三）工伤保险的责任认定

工伤保险可以保障因工作遭受事故伤害或者患职业病的职工获得医疗救治和经济补偿，促进工伤预防和职业康复，分散用人单位的工伤风险。用人单位应按规定为员工缴纳工伤保险费，切勿心存侥幸而因小失大。如果购买了工伤保险，则其中的一次性伤残补助金、一次工伤医疗补助金、医疗费用、住院伙食补助费、城市间往返的交通和食宿费用、护理费、辅助器具费7项费用，都可以由工伤保险基金支付。《工伤保险条例》保护的是因工作中遭受事故伤害的职工，除了患职业病和突发疾病死亡两种情形外，职工自身所患疾病不属于《工伤保险条例》的保障范围。

《工伤保险条例》第十九条规定，社会保险行政部门受理工伤认定申请后，根据审核需要可以对事故伤害进行调查核实，用人单位、职工、工会组织、医疗机构以及有关部门应当予以协助。《工伤认定办法》第十三条规定，社会保险行政部门在进行工伤认定时，对申请人提供的符合国家有关规定的职业病诊断证明书或者职业病诊断鉴定书，不再进行调查核实。交通事故责任无法认定的情形并不排斥受害职工主张享受工伤保险待遇的权利。从《工伤保险条例》第十四条第六项的规定看，受到道路交通事故伤害的认定为工伤需具备“非本人主要责任”的限制性条件，但该条文从责任划分角度仅排除了在交通事故中负主要责任和全部责任的受害人可以享受工伤待遇的情形，并未排除事故责任无法认定情形下的受害职工可以主张享受工伤保险待遇的权利。根据最高人民法院《关于审理工伤保险行政案件若干问题的规定》第一条的规定，认定是否存在“本人主要责任”应当以有权机构出具的事故责任认定书、结论性意见和人民法院生效裁判等法律文书为依据，但有相反证据足以推翻事故责任认定书和结论性意见的除外。前述法律文书不存在或者内容不明确，社会保险行政部门就“本人主要责任”作出认定的，人民法院应当结合其提供的相关证据依法进行审查。

工伤保险的立法目的核心要义在于工伤救济与补偿，保障因工作受到伤害的劳动者救济与补偿优先。因此，在穷尽调查手段后仍无法确定事故责任的情况下，应当根据立法本意，作出有利于劳动者的推断。当前，仍有不少用人单位，尤其是中小企业和个体工商户的职工未被纳入工伤保险的保障范围。虽然有些用人单位为职工投保了意外伤害险等商业保险，但商业保险的保障水平与工伤保险不能相提并论，赔付的金额也相差甚远，不足以补偿工伤事故给用人单位和职工造成的经济损失。

劳动者遇到工伤时，应有证据意识，准确认定事实。事后取证难是工伤职工面临的最大困难之一，此外在事实认定、执法程序及法律适用等方面都存在一定的困难，这些现实问题妨碍了工伤职工合法权益的及时实现。

劳动者应当严格按照《工伤保险条例》《工伤认定办法》等法规规定的方式、步骤、时限、顺序进行工伤认定的申请；尤其是严格遵守工伤认定的法定申请期限。

五、生育保险

职工应当参加生育保险，由用人单位按照国家规定缴纳生育保险费，职工不缴纳生育保险费。用人单位已经缴纳生育保险费的，其职工享受生育保险待遇；职工未就业配偶按照国家规定享受生育医疗费用待遇。所需资金从生育保险基金中支付。生育保险待遇包括生育医疗费用和生育津贴。

生育医疗费用包括下列各项：（1）生育的医疗费用；（2）计划生育的医疗费用；（3）法律、法规规定的其他项目费用。职工有下列情形之一的，可以按照国家规定享受生育津贴：（1）女职工生育享受产假；（2）享受计划生育手术休假；（3）法律、法规规定的其他情形。生育津贴按照职工所在用人单位上年度职工月平均工资计发。

【拓展案例】[1]

王某德系王某兵之父。王某兵是四川嘉宝资产管理集团有限公司峨眉山分公司职工。2013 年 3 月 18 日，王某兵因交通事故死亡。由于王某兵驾驶摩托车倒地翻覆的原因无法查实，四川省峨眉山市公安局交警大队于同年 4 月 1 日依据《道路交通事故处理程序规定》第五十条的规定，作出乐公交认定〔2013〕第 00035 号《道路交通事故证明》。该《道路交通事故证明》载明：2013 年 3 月 18 日，王某兵驾驶无牌“卡迪王”二轮摩托车由峨

〔1〕 王某德诉乐山市人力资源和社会保障局工伤认定案，最高人民法院指导案例 69 号（2016 年）。

眉山市大转盘至小转盘方向行驶。1 时 20 分许，当该车行至省道 S306 线 29. 3KM 处驶入道路右侧与隔离带边缘相擦剐，翻覆于隔离带内，造成车辆受损、王某兵当场死亡的交通事故。

2013 年 4 月 10 日，第三人四川嘉宝资产管理集团有限公司峨眉山分公司就其职工王某兵因交通事故死亡，向被告乐山市人力资源和社会保障局申请工伤认定，并同时提交了峨眉山市公安局交警大队所作的《道路交通事故证明》等证据。被告以公安机关交通管理部门尚未对本案事故作出交通事故认定书为由，于当日作出乐人社工时〔2013〕05 号（峨眉山市）《工伤认定时限中止通知书》（以下简称《中止通知》），并向原告和第三人送达。

2013 年 6 月 24 日，原告通过国内特快专递邮件方式，向被告提交了《恢复工伤认定申请书》，要求被告恢复对王某兵的工伤认定。因被告未恢复对王某兵的工伤认定程序，原告遂于同年 7 月 30 日向法院提起行政诉讼，请求判决撤销被告作出的《中止通知》。

四川省乐山市市中区人民法院于 2013 年 9 月 25 日作出（2013）乐中行初字第 36 号判决，撤销被告乐山市人力资源和社会保障局于 2013 年 4 月 10 日作出的乐人社工时〔2013〕05 号《中止通知》。一审宣判后，乐山市人力资源和社会保障局提起了上诉。乐山市中级人民法院二审审理过程中，乐山市人力资源和社会保障局递交撤回上诉申请书。乐山市中级人民法院经审查认为，上诉人自愿申请撤回上诉，属其真实意思表示，符合法律规定，遂裁定准许乐山市人力资源和社会保障局撤回上诉。一审判决已发生法律效力。

法院生效裁判认为，本案争议的焦点有两个：一是《中止通知》是否属于可诉行政行为；二是《中止通知》是否应当予以撤销。

1. 关于《中止通知》是否属于可诉行政行为的问题

法院认为，被告作出《中止通知》，属于工伤认定程序中的程序性行政行为，如果该行为不涉及终局性问题，对相对人的权利义务没有实质影响的，属于不成熟的行政行为，不具有可诉性，相对人提起行政诉讼的，不属于人民法院的受案范围。但是，如果该程序性行政行为具有终局性，对相对人的权利义务产生实质影响，并且无法通过提起针对相关的实体性行政行为的诉讼获得救济的，则属于可诉行政行为，相对人提起行政诉讼的，属于人民法院行政诉讼的受案范围。

虽然《道路交通安全法》第七十三条规定："公安机关交通管理部门应当根据交通事故现场勘验、检查、调查情况和有关的检验、鉴定结论，及时制作交通事故认定书，作为处理交通事故的证据。交通事故认定书应当载明交通事故的基本事实、成因和当事人的责任，并送达当事人。"但是，在现实道路交通事故中，也存在因道路交通事故成因确实无法查清，公安机关交通管理部门不能作出交通事故认定书的情况。对此，《道路交通事故处理程序规定》第五十条规定，道路交通事故成因无法查清的，公安机关交通管理部门应当出具道路交通事故证明，载明道路交通事故发生的时间、地点、当事人情况及调查得到的事实，分别送达当事人。就本案而言，峨眉山市公安局交警大队就王某兵因交通事故死亡，依据所调查的事故情况，只能依法作出《道路交通事故证明》，无法作出《交通事故认定书》。因此，本案中《道路交通事故证明》已经是公安机关交通管理部门依据《道路交通事故处理程序规定》就事故作出的结论，也就是《工伤保险条例》第二十条第三款中规定的工伤认定决定需要的"司法机关或者有关行政主管部门的结论"。除非出现新事实或者法定理由，否则公安机关交通管理部门不会就本案涉及的交通事故作出其他结论。本案被告在第三人申请认定工伤时已经提交了相关《道路交通事故证明》的情况下，仍然作出《中止通知》，并且一直到原告起诉之日，被告仍以工伤认定处于中止中为由，拒绝恢复对王某兵死亡是否属于工伤的认定程序。由此可见，虽然被告作出《中止通知》是工伤认定中的一种程序性行为，但该行为将导致原告的合法权益长期，乃至永久得不到依法救济，直接影响了原告的合法权益，对其权利义务产生实质影响，并且原告也无法通过对相关实体性行政行为提起诉讼以获得救济。因此，被告作出《中止通知》，属于可诉行政行为，人民法院应当依法受理。

2. 关于《中止通知》应否予以撤销的问题

法院认为,《工伤保险条例》第二十条第三款规定:“作出工伤认定决定需要以司法机关或者有关行政主管部门的结论为依据的，在司法机关或者有关行政主管部门尚未作出结论期间，作出工伤认定决定的时限中止。”如前所述，第三人在向被告就王某兵死亡申请工伤认定时已经提交了《道路交通事故证明》。也就是说，第三人申请工伤认定时，并不存在《工伤保险条例》第二十条第三款所规定的依法可以作出中止决定的情形。因此，被告依据《工伤保险条例》第二十条的规定，作出《中止通知》属于适用法律、法规错误，应当予以撤销。另外，需要指出的是，在人民法院撤销被告作出的《中止通知》判决生效后，被告对涉案职工认定工伤的程序即应予以恢复。

专题十四　青年就业中的劳动纠纷解决途径

【典型案例】[1]

张某于2013年4月入职某机电公司从事项目管理工作，双方的劳动合同期限至2018年12月31日。2017年4月27日，张某因工作安排、薪资待遇等问题与机电公司发生纠纷，向公司提出离职。当日，机电公司批准张某的离职申请，双方解除劳动关系。

2017年6月，机电公司提起劳动仲裁，后因不服仲裁裁决结果起诉至法院，要求张某赔偿公司的经济损失1.88万元。庭审中，机电公司称，张某在职期间曾经领用工程预算软件“加密狗”（软件密钥U盘）一只，但离职时并未交回，导致该工程预算软件无法使用；经咨询软件厂商，公司所使用的2007版工程预算软件已经停产，“加密狗”无法补办，故公司花费1.88万元另行购买了新版的工程预算软件（含软件及“加密狗”）；故张某应当按新版软件购入价格向公司赔偿损失1.88万元。为此，机电公司提交了2007年工程预算软件购买发票、“加密狗”领用申请及领用登记、2017年工程预算软件报价单等材料为证。其中，领用登记一栏显示有领用人张某签字及领用时间，但归还一栏确为空白。经庭审询问，张某认可机电公司使用该工程预算软件，认可在职期间曾经领用软件“加密狗”，但主

〔1〕 蔡笑、常丽：《劳动者辞职需守法　说走就走存风险》，载北京市海淀区人民法院网，https：//bjhdfy. bjcourt. gov. cn/article/detail/2018/04/id/4016546. shtml。

张离职时已经将“加密狗”返还。然而，案件审理过程中，张某既无法举证证明其已经完成工作交接将软件交还给机电公司，又无法举证证明其已经将“加密狗”留置在公司办公场所。

最终，因张某未能有效举证，法院采信了机电公司的主张，认定张某未能完成工作交接，给公司造成了损失。但考虑到遗失的“加密狗”所对应软件为机电公司在2007年购入且已经使用10年的客观情况，法院判决张某赔偿机电公司经济损失3000元。

【法理分析】

《劳动合同法》第五十条第一、二款规定，用人单位应当在解除或者终止劳动合同时出具解除或者终止劳动合同的证明，并在15日内为劳动者办理档案和社会保险关系转移手续；劳动者应当按照双方约定，办理工作交接。本案中，张某虽因工作安排、薪资待遇等问题与公司发生纠纷并提出离职，双方协商解除了劳动关系，但此时张某仍需依法完成工作交接，向公司返还其所持有、领用的财物。本案中，机电公司提交的证据足以证明张某在职期间领用了公司财物；张某虽自述已经交还了财物，但未能提交有效证据，也未能说明已经将财物在何时、何地交还给何人。因此，依据《劳动合同法》第九十条之规定，张某应赔偿机电公司的相应损失。

【理论释义】

一、劳动纠纷概述

《劳动争议调解仲裁法》规定，劳动争议的范围包括：因确认劳动关系发生的争议；因订立、履行、变更、解除和终止劳动合同发生的争议；因除名、辞退和辞职、离职发生的争议；因工作时间、休息休假、社会保险、福利、培训以及劳动保护发生的争议；因劳动报酬、工伤医疗费、经济补偿或者赔偿金等发生的争议；法律、法规规定的其他劳动争议。

最高人民法院《关于审理劳动争议案件适用法律问题的解释（一）》中对劳动争议的范围规定如下：劳动者与用人单位在履行劳动合同过程中发生的纠纷；劳动者与用人单位之间没有订立书面劳动合同，但已形成劳动关系后发生的纠纷；劳动者与用人单位因劳动关系是否已经解除或者终止，以及应否支付解除或者终止劳动关系经济补偿金发生的纠纷；劳动者与用人单位解除或者终止劳动关系后，请求用人单位返还其收取的劳动合同定金、保证金、抵押金、抵押物发生的纠纷，或者办理劳动者的人事档案、社会保险关系等移转手续发生的纠纷；劳动者以用人单位未为其办理社会保险手续，且社会保险经办机构不能补办导致其无法享受社会保险待遇为由，要求用人单位赔偿损失发生的纠纷；劳动者退休后，与尚未参加社会保险统筹的原用人单位因追索养老金、医疗费、工伤保险待遇和其他社会保险待遇而发生的纠纷；劳动者因为工伤、职业病，请求用人单位依法给予工伤保险待遇发生的纠纷；劳动者依据《劳动合同法》第八十五条规定，要求用人单位支付加付赔偿金发生的纠纷；因企业自主进行改制发生的纠纷。可见，司法解释对9种劳动争议纠纷的行为采用列举的方式进行精准规范。

最高人民法院《关于审理劳动争议案件适用法律问题的解释（一）》中对不属于劳动争议的情形进行列举式的规定，共6种情形，分别是：劳动者请求社会保险经办机构发放社会保险金的纠纷；劳动者与用人单位因住房制度改革产生的公有住房转让纠纷；劳动者对劳动能力鉴定委员会的伤残等级鉴定结论或者对职业病诊断鉴定委员会的职业病诊断鉴定结论的异议纠纷；家庭或者个人与家政服务人员之间的纠纷；个体工匠与帮工、学徒之间的纠纷；农村承包经营户与受雇人之间的纠纷。

二、劳动纠纷解决途径

用人单位与劳动者发生劳动争议，当事人可以和解、依法申请调解、仲裁、提起诉讼，也可以采取行政救济。

（一）和解

发生劳动争议，劳动者可以与用人单位协商，也可以请工会或者第三方共同与用人单位协商，达成和解协议。

（二）调解

发生劳动争议，当事人可以到下列调解组织申请调解：企业劳动争议调解委员会；依法设立的基层人民调解组织；在乡镇、街道设立的具有劳动争议调解职能的组织。

企业劳动争议调解委员会由职工代表和企业代表组成。职工代表由工会成员担任或者由全体职工推举产生，企业代表由企业负责人指定。企业劳动争议调解委员会主任由工会成员或者双方推举的人员担任。

劳动争议调解组织的调解员应当由公道正派、联系群众、热心调解工作，并具有一定法律知识、政策水平和文化水平的成年公民担任。

当事人申请劳动争议调解可以书面申请，也可以口头申请。口头申请的，调解组织应当当场记录申请人的基本情况、申请调解的争议事项、理由和时间。

调解劳动争议，应当充分听取双方当事人对事实和理由的陈述，耐心疏导，帮助其达成协议。经调解达成协议的，应当制作调解协议书。调解协议书由双方当事人签名或者盖章，经调解员签名并加盖调解组织印章后生效，对双方当事人具有约束力，当事人应当履行。

自劳动争议调解组织收到调解申请之日起 15 日内未达成调解协议的，当事人可以依法申请仲裁。达成调解协议后，一方当事人在协议约定期限内不履行调解协议的，另一方当事人可以依法申请仲裁。

（三）仲裁

劳动争议仲裁委员会由劳动行政部门代表、工会代表和企业方面代表组成。劳动争议仲裁委员会组成人员应当是单数；按照统筹规划、合理布局和适应实际需要的原则设立；省、自治区人民政府可以决定在市、县设立；直辖市人民政府可以决定在区、县设立；直辖市、设区的市也可以设立一个或者若干个劳动争议仲裁委员会。劳动争议仲裁委员会不按行政区划层层设立。劳动争议仲裁委员会下设办事机构，负责办理劳动争议仲裁委员会的日常工作。负责管辖本区域内发生的劳动争议。劳动争议由劳动合同履行地或者用人单位所在地的劳动争议仲裁委员会管辖。双方当事人分别向劳动合同履行地和用人单位所在地的劳动争议仲裁委员会申请仲裁的，由劳动合同履行地的劳动争议仲裁委员会管辖。

劳动争议仲裁公开进行，但当事人协议不公开进行或者涉及国家秘密、商业秘密和个人隐私的除外。

劳动争议申请仲裁的时效期间为一年。仲裁时效期间从当事人知道或者应当知道其权利被侵害之日起计算。这一仲裁时效，因当事人一方向对方当事人主张权利，或者向有关部门请求权利救济，或者对方当事人同意履行义务而中断。从中断时起，仲裁时效期间重新计算。因不可抗力或者有其他正当理由，仲裁时效中止。从中止时效的原因消除之日起，仲裁时效期间继续计算。

劳动关系存续期间因拖欠劳动报酬发生争议的，劳动者申请仲裁不受一年的仲裁时效期间的限制；但是，劳动关系终止的，应当自劳动关系终止之日起一年内提出。

劳动争议仲裁委员会收到仲裁申请之日起 5 日内，认为符合受理条件的，应当受理，并通知申请人；认为不符合受理条件的，应当书面通知申请人不予受理，并说明理由。对劳动争议仲裁委员会不予受理或者逾期未作出决定的，申请人可以就该劳动争议事项向人民法院提起诉讼。劳动争议仲裁委员会受理仲裁申请后，应当在5 日内将仲裁申请书副本送达被申请人。被申请人收到仲裁申请书副本后，应当在 10 日内向劳动争议仲裁委员会提交答辩书。劳动争议仲裁委员会收到答辩书后，应当在5 日内将答辩书副本送达申请人。被申请人未提交答辩书的，不影响仲裁程序的进行。仲裁庭裁决劳动争议案件，应当自劳动争议仲裁委员会受理仲裁申请之日起45日内结束。案情复杂需要延期的，经劳动争议仲裁委员会主任批准，可以延期并书面通知当事人，但是延长期限不得超过15日。逾期未作出仲裁裁决的，当事人可以就该劳动争议事项向人民法院提起诉讼。裁决应当按照多数仲裁员的意见作出，少数仲裁员的不同意见应当记入笔录。仲裁庭不能形成多数意见时，裁决应当按照首席仲裁员的意见作出。

（四）诉讼

当事人对发生法律效力的调解书、裁决书，应当依照规定的期限履行。一方当事人逾期不履行的，另一方当事人可以依照民事诉讼法的有关规定向人民法院申请执行。受理申请的人民法院应当依法执行。

（五）行政救济

向县级以上各级人民政府有关部门、各级工会行使检举和控告权。

【拓展案例】〔1〕

李某于2011年5月1日入职武汉艾德蒙科技股份有限公司（以下简称艾德蒙公司），担任司机，工作地点位于北京市朝阳区酒仙桥路10号，双方签订有效期限为2011年5月1日至2014年4月30日的劳动合同（甲方为艾德蒙公司，乙方为李某），合同第十二条约定："劳动争议的程序为……不服仲裁裁决的一方，可在收到仲裁裁决书即日起十五天内，向甲方所在地人民法院起诉。"艾德蒙公司的住所地为湖北省武汉市蔡甸区蔡甸经济开发区特8号，上述劳动合同第十二条系格式条款。

合同履行中，双方发生纠纷。2012年9月19日，李某向北京市朝阳区劳动人事争议仲裁委员会（以下简称朝阳区仲裁委）申请仲裁，要求艾德

〔1〕 李某诉武汉艾德蒙科技股份有限公司劳动争议纠纷案，北京法院参阅案例22号（2015年），载https：//www. bjcourt. gov. cn/article/newsDetail. htm？ NId = 55001508&channel = 100015001。

蒙公司支付其违法解除劳动关系的赔偿金103,950元。2013年3月8日，朝阳区仲裁委作出京朝劳仲字［2012］第11847号裁决书，裁决如下：(1）艾德蒙公司支付李某违法解除劳动合同的赔偿金20,790元；(2）驳回李某的其他仲裁请求。李某对仲裁裁决不服，起诉至北京市朝阳区人民法院，艾德蒙公司未起诉。

一审法院向艾德蒙公司送达起诉书及开庭传票，艾德蒙公司在答辩期内提出管辖权异议，并主张依据其与李某签订的劳动合同文本第十二条的约定，不服仲裁裁决的，由甲方（艾德蒙公司）所在地的人民法院管辖，艾德蒙公司住所地为湖北省武汉市蔡甸区蔡甸经济开发区特8号，故北京市朝阳区人民法院对此案无管辖权，申请北京市朝阳区人民法院将此案移送有管辖权的人民法院，或报请上级人民法院指定管辖。

北京市朝阳区人民法院于2014年5月12日作出（2013）朝民初字第13408号民事裁定书：驳回艾德蒙公司对本案管辖权提出的异议。一审裁定作出后，艾德蒙公司向北京市第三中级人民法院提起上诉，2014年8月6日，北京市第三中级人民法院作出（2014）三中民终字第10006号裁定书，裁定驳回上诉，维持原裁定。

法院认为：双方劳动合同的履行地为北京市朝阳区，而劳动争议案件应由用人单位所在地或者劳动合同履行地的基层人民法管辖，双方劳动合同中约定管辖的格式条款排除了劳动者的诉讼权利，给劳动者造成不便利，该条款应属无效，北京市朝阳区人民法院对该案依法具有管辖权。综上，依据最高人民法院《关于审理劳动争议案件适用法律若干问题的解释》（现已失效）第八条之规定，裁定驳回上诉，维持原裁定。

法院生效裁判认为，本案主要涉及在劳动争议纠纷中，双方是否可以就案件管辖法院进行约定，劳动合同中如果出现约定管辖的条款，其效力应如何认定。《民事诉讼法》第三十五条规定：“合同或者其他财产权益纠纷的当事人可以书面协议选择被告住所地、合同履行地、合同签订地、原告住所地、标的物所在地等与争议有实际联系的地点的人民法院管辖，但不得违反本法对级别管辖和专属管辖的规定。”可见，合同纠纷或其他财产权益纠纷可以适用约定管辖，劳动合同虽然具备一般合同的表象性特征，但约定管辖造成劳动者诉讼明显不便利的情况下，不应适用约定管辖。

首先，劳动合同具有特殊性，其与普通民事合同存在本质性区别：（1）普通民事合同体现的是合同双方当事人真实意思的表示，双方签订合同时可以自由表达自己的意愿，形成合意再签订合同，而劳动合同通常是格式合同，实践中大多数用人单位不会与劳动者就合同条款进行协商，劳动者很难就格式条款进行变更；（2）普通民事合同的双方当事人具有平等的民事主体地位，签订合同后仅需接受合同条款的约束，双方当事人之间没有隶属关系，而劳动关系具有人身依附性，双方当事人主体地位存在实质意义的不平等，劳动者需接受用人单位的管理，遵守用人单位的规章制度，通常处于相对弱势的缔约地位。因此，若允许用人单位在劳动合同中使用约定管辖的条款，并确认该条款的法律效力，通常会排除劳动者的诉讼权利。

其次，《民事诉讼法》第三十五条规定的是有关约定管辖的立法目的，一方面是为了方便当事人的诉讼，允许当事人自行约定管辖地；另一方面也是方便法院对案件的审理，有利于案件事实的查明。但由于劳动合同的特殊性，约定的管辖地可能与争议的联系并不紧密，并不方便案件事实的查明。同时在用人单位所在地距离劳动者的劳动生活地较远的情况下，约定由用人单位所在地管辖，则会对劳动者的诉讼带来较大困难，亦不符合协议管辖的立法宗旨。

综上，劳动合同中约定劳动争议纠纷由用人所在地的人民法院管辖，该约定给劳动者造成明显不便利，劳动者主张该约定管辖无效的，人民法院应予支持。

参考文献

一、著作

1. 冯彦君编著:《劳动法》，中国人民大学出版社 2020 年版。

2. 郑功成等:《社会法总论》，人民出版社 2020 年版。

3. 甘培忠主编:《共享经济的法律规制》，中国法制出版社 2018 年版。

4. 董保华主编:《中国劳动法案例精读》，商务印书馆 2016 年版。

5. 林嘉主编:《劳动法和社会保障法》（第 3 版），中国人民大学出版社 2016 年版。

6. 马立云:《劳动合同法十讲——法条解释、实务问答与事例分析》，中山大学出版社 2015 年版。

7. 黎建飞:《劳动法与社会保障法：原理、材料与案例》，北京大学出版社 2015 年版。

8. 高翔编著:《人力资源管理法规与“案”例》（第 2 版），清华大学出版社 2014 年版。

9. 夏桂颖等编著:《专项法律顾问事务操作与案例精解》，中国法制出版社 2014 年版。

10. 解廷民主编:《大学生就业求职法律指导》，中国政法大学出版社 2014 年版。

11. 刘阳:《香港劳工权益保障问题专题研究》，光明日报出版社 2013 年版。

12. ［日］荒木尚志：《日本劳动法》，李坤刚、牛志奎译，北京大学出版社 2010 年版。

二、期刊文章

1. 董保华、陆胤：《企业雇佣在校大学生相关法律问题探讨》，载《中国劳动》2007 年第 6 期。

2. 王倩：《非全日制用工规定的缺陷及其完善——以麦当劳低薪事件为例》，载《法学》2007 年第 7 期。

3. 尹晓明：《刍议企业社会责任与企业雇主品牌》，载《人口与经济》2009 年 S1 期。

4. 杨一帆：《对德国社会保险制度与政策的回顾和评析》，载《保险研究》2010 年第 7 期。

5. 王忠：《“双倍工资” 支付中的举证责任分配》，载《中国社会保障》2011 年第 9 期。

6. 姚佐莲：《工伤案件认定中的举证责任分配》，载《法制资讯》2011 年第 12 期。

7. 刘景景：《企业罚款制度与劳动者权益的冲突与规制》，载《人民法院报》2011 年 3 月 24 日，第 7 版。

8. 纪留利：《用人单位对劳动者的罚款处罚权探讨》，载《法制与经济》2012 年第 5 期。

9. 史峰、姜晓玲：《高校劳动争议及其处置机制研究》，载《法制博览》2014 年第 3 期（中）。

10. 杨杰：《浅析大学生实习期间的劳动权益法律保护问题》，载《法制与经济》2014 年第 2 期。

11. 刘砚华：《对完善高校毕业生就业三方协议制度的思考》，载《山东人力资源和社会保障》2016 年第 10 期。

12. 王一帆：《青年劳务派遣工权益困境与保障路径》，载《淮北师范大学学报（哲学社会科学版）》2017 年第 4 期。

13. 冀鹏飞、张彦伶：《大学生兼职的法律属性及其保护》，载《经济学研究导刊》2017 年第 5 期。

14. 王冀哲：《非标准劳动关系文献综述——兼论对劳动立法目的的考量》，载《广西政法管理干部学院学报》2017 年第 2 期。

15. 谢增毅：《互联网平台用工劳动关系认定》，载《社会科学文摘》2019 年第 2 期。

三、论文

1. 朱思颖：《非全日制用工的劳动者权益保护研究》，西南政法大学 2014 年硕士学位论文。

2. 潘正雨：《在校生劳动法主体资格司法实践中的问题与立法建议》，湖南大学 2010 年硕士学位论文。

四、参考案例

（一）最高人民法院指导性案例

1. 中兴通讯（杭州）有限责任公司诉王某劳动合同纠纷案，最高人民法院指导案例 18 号（2013 年）。

2. 胡某金拒不支付劳动报酬案，最高人民法院指导案例 28 号（2014 年）。

3. 孙某兴诉天津新技术产业园区劳动人事局工伤认定案，最高人民法院指导案例 40 号（2014 年）。

4. 王某德诉乐山市人力资源和社会保障局工伤认定案，最高人民法院指导案例 69 号（2016 年）。

5. 重庆市涪陵志大物业管理有限公司诉重庆市涪陵区人力资源和社会保障局劳动和社会保障行政确认案，最高人民法院指导案例 94 号（2018 年）。

6. 聂某兰诉北京林氏兄弟文化有限公司确认劳动关系案，最高人民法院指导案例 179 号（2022 年）。

7. 孙某锋诉淮安西区人力资源开发有限公司劳动合同纠纷案，最高人民法院指导案例 180 号（2022 年）。

8. 郑某诉霍尼韦尔自动化控制（中国）有限公司劳动合同纠纷案，最高人民法院指导案例 181 号（2022 年）。

9. 彭某翔诉南京市城市建设开发（集团）有限责任公司追索劳动报酬纠纷案，最高人民法院指导案例 182 号（2022 年）。

10. 房某诉中美联泰大都会人寿保险有限公司劳动合同纠纷案，最高人民法院指导案例 183 号（2022 年）。

11. 马某楠诉北京搜狐新动力信息技术有限公司竞业限制纠纷案，最高人民法院指导案例 184 号（2022 年）。

12. 闫某琳诉浙江喜来登度假村有限公司平等就业权纠纷案，最高人民法院指导案例 185 号（2022 年）。

（二）中国裁判文书网案例

1. 李某林与中国人民解放军总医院劳动争议案，北京市海淀区人民法院（2022）京 0108 民初 29860 号民事判决书。

2. 王某国与北京智选在线科技有限公司、北京市西城区市政工程管理处劳动争议案，北京市朝阳区人民法院（2022）京 0105 民初 41004 号民事判决书。

3. 于某与华颂汽车租赁大连有限公司沈阳分公司劳动争议案，辽宁省沈阳市大东区人民法院（2022）辽 0104 民初 16121 号民事判决书。

4. 孙某若与华鑫国际信托有限公司平等就业权纠纷案，北京市第二中级人民法院（2021）京 02 民终 11342 号民事判决书。

5. 关某与北京减脂时代科技有限公司平等就业权纠纷案，北京市第三中级人民法院（2021）京 03 民终 6702 号民事判决书。

6. 李某苹青岛麒麟电子有限公司平等就业权纠纷案，山东省青岛市中级人民法院（2022）鲁 02 民再 101 号民事判决书。

7. 李某诉武汉艾德蒙科技股份有限公司劳动争议案，北京市第三中级人民法院（2014）三民终字第 10006 号民事裁定书。

8. 北京精实楷建筑装修装饰有限公司诉方某劳动争议案，北京市第三中级人民法院（2023）京 03 民终 193 号民事判决书。

9. 李某兵诉眉县康立医院劳动争议案，陕西省眉县人民法院（2023）

陕 0326 民初 2219 号民事判决书。

10. 沃民高新科技（北京）股份有限公司与余某劳动争议案，北京市海淀区人民法院（2023）京 0108 民初 9846 号民事判决书。

11. 北京国网伏安电力工程有限公司与李某峰劳动争议案，北京市大兴区人民法院（2023）京 0115 民初 1304 号民事判决书。

12. 李某燕与四川长虹佳华信息产品有限责任公司北京分公司劳动争议案，北京市丰台区人民法院（2023）京 0106 民初 10996 号民事判决书。

13. 华某军与和谐健康保险股份有限公司劳动争议案，北京市朝阳区人民法院（2022）京 0105 民初 26899 号民事判决书。

14. 李某与北京锦江富园大酒店有限公司劳动争议案，北京市高级人民法院（2023）京民申 3132 号民事裁定书。